Rudolf Gelpke

Vom Rausch im Orient und Okzident

Mit einem Nachwort
von Michael Klett

Klett-Cotta

Klett-Cotta

Printed in Germany
Schutzumschlag: Klett-Cotta-Design
Im Bleisatz gesetzt aus der 10 Punkt Sabon
von Alwin Maisch, Gerlingen
Auf säure- und holzfreiem Werkdruckpapier gedruckt
von Präzis-Druck, Karlsruhe
In Fadenheftung gebunden
von Kösel, Kempten
Einbandstoff: Garantleinen
Zweite Auflage, 1995

Die Deutsche Bibliothek – CIP-Einheitsaufnahme
Gelpke, Rudolf:
Vom Rausch im Orient und Okzident / Rudolf Gelpke. –
2. Aufl. – Stuttgart: Klett-Cotta, 1995
ISBN 3-608-91720-9

Inhalt

Vorwort

Die Anregung zu diesem Buch verdanke ich einem Gespräch, das im Spätsommer 1963 im Hause meines Freundes Philipp Wolff-Windegg (Basel) zwischen diesem, dem Verleger Herrn Ernst Klett und mir selbst stattfand. Damals schlug Herr Klett vor, die geplante Schrift „Apologie des Rausches" zu nennen. Man mag daraus schließen, daß wir uns von Anfang an einig waren, es sollte eine Attacke geritten werden; denn wer heute und in einer europäischen Sprache den Rausch verteidigt, der muß natürlich angreifen. Was bliebe ihm auch anderes übrig?

Wenn wir später den vorgesehenen Titel durch einen anderen ersetzten, so geschah dies mit Rücksicht auf die im Zentrum stehende west-östliche Fragestellung. Das Leitmotiv der „Apologie" blieb davon unberührt. Das Buch ist ein vorläufiges Ergebnis von Studien und Experimenten, Meditationen und Gesprächen, eigenen und fremden Erfahrungen, die zur Hauptsache in die vergangenen zehn Jahre entfallen. Ich habe diese zu ungefähr gleichen Teilen im Orient, vor allem in Iran (Persien), und im Okzident, Europa und den USA, verbracht.

Es handelt sich also um eine Art Quintessenz verschiedenartiger Begegnungen: mit Menschen aller Rassen und Klassen, Mystikern wie Psychiatern, Berühmtheiten wie Namenlosen, Nomaden der Großstadt und der Wüste, Suchern und Süchtigen, Professoren und Polizisten, Heilern und Hexern; aber auch mit literarischen Zeugen, westlichen Bestsellern wie vergessenen Handschriften des Ostens, wissenschaftlichen Traktaten und Konfessionen Einsamer, orientalischen Gedichten und abendländischen Romanen, mit Briefen, Tagebüchen und Protokollen.

Einige, die sich der Mühe unterzogen, schon das Manuskript dieser Schrift zu lesen, haben sie als „Bekenntnis" bezeichnet. Ein solches aber, so fügen kritische Freunde hinzu, könne wohl den Gefährten aus dem eigenen Lager überzeugen, den Gleichgestimmten und Gleichgesinnten den Rücken stärken, während es im Gegenteil den Außenstehenden und Andersdenkenden – also in diesem Falle zweifellos die große Mehrzahl – zu Totschweigen oder schärfster Ablehnung herausfordere.

Ich habe keineswegs die Absicht, diesem Urteil zu widersprechen. Ein Buch wie dieses, das seine Entstehung weniger dem Fachwissen seines Verfassers, als vielmehr dessen persönlicher Konstitution verdankt, kann wohl kaum den Anspruch darauf erheben, im wissenschaftlichen Sinne objektiv zu sein. Aber was heißt das schon? Gottfried Benn hat einmal gesagt, man solle „seine Existenz nicht über seine Konstitution hinaus erweitern". Ich gestehe, daß mir dieser Ausspruch, gerade auch während meiner Tätigkeit als Wissenschaftler und akademischer Lehrer, immer wie eine Warnung erschienen ist, nicht menschlich-allzumenschliche Furcht vor persönlicher Entscheidung und Verantwortung als „wissenschaftliche Objektivität" zu tarnen. Diese Versuchung ist bekanntlich groß, insbesondere für Vertreter der sogenannten Geisteswissenschaften, und jedenfalls kann man diesem Buch *eines* nicht vorwerfen, nämlich: ihr erlegen zu sein.

Es gibt zweierlei Wissen, intellektuell erworbenes und existentiell erfahrenes. Da, wo ersteres endet und letzteres beginnt, verläuft die Grenzlinie zwischen den Wissenschaften einerseits, Kunst, Dichtung und Mystik andererseits. Wenn nun auch der Verfasser, im ganzen gesehen, vor dieser Grenze nicht haltgemacht hat, so glaubt er doch feststellen zu dürfen, daß im einzelnen – nämlich überall da, wo Fragen und Probleme zur Diskussion standen, die wissenschaftlicher Beweisführung zugänglich sind – die Forderung nach einer objektiven Darstellung sine ira et studio erfüllt worden ist. Kein gerechter Kritiker wird übersehen, daß auch die Argumente der Gegner der in dieser Schrift vertretenen Haltung stets, auf breitem Raum und im vollen Wortlaut zitiert werden, obwohl doch auf dem Gebiet unseres Themas (des Rausches und der Rauschmittel) dieses Gebot der Fairness im umgekehrten Fall selten genug eingehalten wird.

Noch etwas: dieses Buch stellt einen Versuch dar, das Phänomen des Rausches zu deuten, indem es dessen Stellenwert innerhalb zweier großer Kulturkreise, des islamischen Orients und des christlichen Okzidents, von verschiedenen Perspektiven aus beleuchtet und umreißt. Man mag mit den Schlüssen, die aus dieser west-östlichen Konfrontation gezogen werden, einverstanden sein oder nicht – das Material selbst, die Fakten und Zeugnisse, auf die ich mich dabei stütze, bleiben davon unberührt. Das aber bedeutet, daß auch der entschiedenste Gegner meiner Thesen diese Untersuchung nicht ohne Gewinn lesen wird; denn sie bietet ihm Zugang zu gewissen Innenräumen orientalischen Denkens und Lebensgefühls, die bisher noch kaum in westliche Sprachen vermittelt worden sind.
Es ist vorgesehen, daß diesem ersten ein zweiter, ergänzender Band folgen soll, der unter dem Titel „Fahrten in den Weltraum der Seele" die Aufgabe hätte, auf der Grundlage der bisher gewonnenen Einsichten die Typologie der verschiedenen Rauschmittel, deren im Koordinatensystem von Raum und Zeit ständig wechselnde Stellenwerte, in den Mittelpunkt der Betrachtung zu rücken. Gemeinsam mit meinem Bruder Wendel Gelpke, dessen Interesse vor allem auch den gesellschaftlichen Aspekten der Drogenforschung gilt, habe ich reiches und noch weitgehend unerschlossenes Material zu dieser geplanten Fortsetzung gesammelt.

Teheran/Iran, im März 1966 *Rudolf Gelpke*

I

Orient und Okzident

Wo stehen wir?

Einer der umworbensten Götzen unserer Zeit heißt „Sicherheit". Seine Tempel sind die Paläste der Banken und Versicherungsgesellschaften, und keinem Gott der Vergangenheit hat man mehr und teurere erbaut. Je mehr Menschen diese Erde trägt, um so nachdrücklicher wird die Erhaltung des menschlichen Lebens um fast jeden Preis von Politikern, Wirtschaftsführern, Wissenschaftlern, Theologen und sogar Militärs als ein oberstes Prinzip der modernen Gesellschaft verkündet. Jedenfalls scheint es auf den ersten Blick so zu sein, als ob vom Erbe sämtlicher Religionen und Philosophien die Forderung „du sollst nicht töten" in stolzer Vereinsamung und Verabsolutierung ein sonst ziemlich leeres Feld beherrsche. Und ist es denn nicht so? Würden sonst jene Wohltäter der Menschheit, die zur Erhöhung der Lebenserwartung und zur Senkung der Kindersterblichkeit beitrugen, ein so ungeheures Prestige genießen?

Und doch ist dies nur die eine Hälfte der Wahrheit, wenn auch die offiziell proklamierte, öffentlich bekannte, allgemein geglaubte. Im Zeitalter der anonym gewordenen Demokratie, der abstrakten Menschenrechte, der Organisation und Organisationen, der Massen und Manager, der Statistik und des „Glücks der größten Zahl", der Atomzertrümmerung, Weltraumerforschung und Automation – in einem solchen Zeitalter muß man das Leben jedes einzelnen Individuums gleichsam heilig sprechen, um alle diese einzelnen über die Tatsache hinwegzutäuschen, daß sie mehr und mehr zu bloßen, auswechselbaren Funktionen geworden sind, in einem sozialen und technischen Mechanismus von schon beinah ameisenstaatlicher Präzision und Perfektionierung.

Da aber der Mensch noch immer keine Ameise ist, würde die nackte Erkenntnis, einer solchen immer ähnlicher zu werden, vermutlich unerträglich für ihn sein. Darum muß er sich, und muß man ihm, einreden und ständig versichern, die Menschheit sei in unablässigem Fortschritt begriffen, und dieser Fortschritt diene auch – und sogar vor allem – der Erhaltung seiner eigenen, ganz persönlichen Existenz. So lange nämlich diese untergründige Existenzangst, die eine Folge mangelnder Selbsterkenntnis ist, von einem oberflächlich befriedigten Sicherheitsstreben und einer systematisch genährten Hoffnung auf immer vollkommenere Sicherheit in Schach gehalten wird, scheut die große Mehrzahl aller Menschen vor dem Risiko eines Ausbrechens aus dem Gefängnis zurück. Sie zieht das möglichst reibungslose Funktionieren innerhalb des gesellschaftlichen Mechanismus einer gefahrvollen Selbstverwirklichung, die zwangsläufig zu Konflikten führen müßte, vor. Staat und Gesellschaft honorieren diese Einordnung des Individuums, indem sie es seines „absoluten Wertes“ und seiner „unveräußerlichen Menschenrechte“ versichern, deren Schutz ihre oberste Aufgabe bilde.
Wie steht es damit in Wirklichkeit? Wir sagten ja vorhin schon, daß diese offiziell geäußerten Bekenntnisse nur die *eine* Hälfte der Wahrheit seien. Die andere wird verschwiegen. Begreiflicherweise; denn würde man die unheimliche Tatsache ins öffentliche Bewußtsein heben, daß der Wert des Einzelmenschen wohl noch nie so relativ gewesen ist, und daß dieser Prozeß der Relativierung wie bei einer Geldentwertung dem rapiden Anwachsen der Menschheit parallel verläuft, so würde man damit die Voraussetzungen und Grundfesten unserer technischen Zivilisation in Frage stellen, nämlich: Leistungsprinzip, Zweckdenken und Zukunftsglauben.
Dank dieses Dreiklangs, ihres vielleicht letzten Credos, und durch dessen extrem extravertierten Charakter, hat die westliche Zivilisation die Erde erobert. Das Ende der kolonialistischen Aera und der europäischen Vorherrschaft, der neue politische Aufstieg der Völker Asiens und Afrikas, hat bisher diese Entwicklung nur noch beschleunigt. Denn: die technische Überlegenheit der Weißen hat die Erben der alten außereuropäischen Hochkulturen fast überall angespornt, den Prozeß der „Verwestlichung“ selbst und auf allen Gebieten voranzutreiben, um dadurch ihre Selbständigkeit zu verteidigen oder zurückzugewinnen. Japan ist dafür ein Schulbeispiel.

Um der ihm drohenden Unterwerfung und Ausbeutung zu entgehen, hat es seit 1850 freiwillig und mit äußerster Konsequenz die Verwestlichung angestrebt. Als Resultat dieser ganzen Entwicklung wird eine weltweite Einheitszivilisation erwartet, von der wir ja heute schon in vielen Lebensbereichen nicht mehr weit entfernt sind. Aber die Flutwelle der Verwestlichung, die jetzt die farbigen Völker überspült und entwurzelt hat, wird zurückrollen. Actio gleich Reactio. In einer nächsten Phase dieses gewaltigen Verschmelzungsprozesses wird sich auch der Westen dem gleichen Problem der „Überfremdung" gegenübersehen, das er infolge seiner größeren Dynamik zuerst den anderen aufgedrängt hatte. Welcher denkende Kopf könnte heute noch glauben, oder selbst hoffen, die Zivilisation und Gesellschaft der Zukunft werde nur von Schöpfungen, Wertmaßstäben und Begriffen bestimmt werden, die das Abendland hervorgebracht hat? Was aber heißt das? Es bedeutet doch, daß der Westen nicht wird vermeiden können, in ungleich vermehrtem Maße, als dies bisher geschehen ist, kulturelles Erbe, Lebensgefühl und geistige Grundlagen orientalischer, indianischer und anderer Hochkulturen und Naturvölker in sein Bewußtsein zu übernehmen. Wenn wir in diesem Zusammenhang von „Westen" sprechen, so meinen wir damit natürlich die Zivilisation des weißen Mannes, und zwar sowohl in ihrer „kapitalistischen" wie „kommunistischen" Variante. Asiaten und Afrikaner versichern uns mit ständig wachsendem Selbstvertrauen, daß sie im politischen Ost-West-Gegensatz keine echte Alternative erblicken könnten. Es handle sich dabei, so sagen sie, um einen innerwestlichen Konflikt, einen Streit zwischen feindlichen Brüdern von gleicher Herkunft und Sprache, die mit verschiedenen Methoden dasselbe anstreben.

Umgekehrt sind die Unterschiede zwischen den einzelnen außereuropäischen Hochkulturen offensichtlich weit geringer, als ihr gemeinsamer Gegensatz zur modernen Zivilisation des Westens. Auch das alte China beispielsweise besaß die wissenschaftlichen Voraussetzungen zur Schaffung einer der westlichen vergleichbaren technischen Zivilisation; aber da solche Nutzanwendung seinem geistigen Weltbild nicht entsprochen hätte, sondern durch sie nur das Gleichgewicht der Kräfte in Natur und Leben gestört worden wäre, wurde darauf folgerichtig verzichtet. Daß und wie tatsächlich dieses

Gleichgewicht gestört werden kann, blieb damit dem Westen zu beweisen vorbehalten. Die chinesische und andere außereuropäische Gesellschaften sind uns auf diesem Weg erst spät und nur gezwungenermaßen gefolgt; und ihnen die Abkürzungen, die sie heute einschlagen, zum Vorwurf zu machen, bedeutete Unwissenheit oder Heuchelei.

Der persische Homme de lettres M. Minowi hat kürzlich in einem Aufsatz erklärt, es gebe zwei Grundkonzeptionen der Freiheit: die eine, westliche, bestehe darin, immer mehr Bedürfnisse zu schaffen und zu befriedigen – während die andere, entgegengesetzte, vertreten von der traditionellen Geistigkeit des Orients, auf der Ansicht beruhe, der Mensch müsse immer mehr Bedürfnisse abbauen, um äußerlich und innerlich unabhängig zu werden [1]. Zeigt nicht dieses eine und einfache Beispiel schon, in welche Sackgasse des Mißverstehens eine Diskussion auch der elementarsten Begriffe führen kann? Ein amerikanischer und ein asiatischer Erzieher verstehen vielleicht unter dem gleichen Wort „Freiheit" etwas so durchaus Verschiedenes, daß sie selbst die Tiefe der sie trennenden Kluft nicht einmal ahnen, wenn nicht einer von beiden durch irgendeinen Glücksfall schon vorher mit der Geisteswelt und Denkweise seines Partners vertraut geworden ist.

Im allgemeinen wird der Orientale den Okzidentalen leichter und rascher verstehen als umgekehrt. Es gibt dafür zwei Hauptgründe, einen äußerlich bedingten historischen und einen grundsätzlichen, inneren. Der erstere hängt mit dem vorher Gesagten zusammen: die seine geistige und materielle Existenz bedrohende Dynamik und Expansion der westlichen Zivilisation hat den Asiaten gezwungen, sich mit dem Wesen dieser Bedrohung innerlich auseinanderzusetzen. Der zweite, wichtigere Grund besteht in der soviel größeren Instinktsicherheit des Orientalen, die wiederum aus dem entspringt, was ich seine „Gegenwärtigkeit" nennen möchte. Was ist damit gemeint? Nun – jene Leitmotive unserer modernen Gesellschaft, nämlich Leistungsprinzip, Zweckdenken und Zukunftsglauben, legen den Abendländer in seinem Denken und Handeln in einer ganz bestimmten Weise fest. Seine ständige Zielgerichtetheit prägt seinen Charakter, *ist* schon fast selbst dieser Charakter. Dadurch sieht und erlebt er alles, was ihm begegnet, unter dem besonderen Blickwinkel seines Ziels, das heißt: funktionell. Er beurteilt Menschen und

Dinge vorzugsweise danach, ob und wie sie ihn fördern oder hindern auf seinem Weg, das zu vollbringen und zu erreichen, was er sich vorgenommen hat. Auch die Zeit selbst wird ihm dabei zur bloßen Funktion, was im angelsächsischen Grundsatz „time is money“ (Zeit ist Geld) seinen geradezu klassischen Ausdruck gefunden hat.
Umgekehrt ist noch immer im ganzen Orient die Zeit der billigste Rohstoff. Also, könnte man vielleicht fragen und folgern, hängt der Orientale weniger am Geld? Das wäre natürlich ein Trugschluß; denn jenes asiatische Ideal von der Freiheit des Menschen durch Bedürfnislosigkeit konnte ja immer nur von einzelnen verwirklicht werden, und mußte auch von diesen der angeborenen Besitzgier stufenweise abgerungen werden. Aber immerhin – das Ideal bestand! Es genoß allgemeine Achtung und Anerkennung, und es färbte darum auch auf jene ab, die sich sonst wenig um geistige Dinge kümmerten. Man darf ja hier nicht vergessen, daß der Orientale niemals aufgehört hat, „existentialistisch“ zu denken und zu fühlen, und daß es durchaus kein Zufall ist, wenn die moderne westliche Existenzphilosophie im Orient weit mehr Anklang und echtes Verständnis gefunden hat, als andere weltanschauliche Richtungen, weil sie unter Verzicht auf alles Vorläufige, Bedingte und Zweitrangige unmittelbar die Grundprobleme jedes menschlichen Daseins ansteuert, und also mit anderen Worten antihistorisch ist. Der große französische Schriftsteller Albert Camus beginnt eines seiner Werke mit dem Satz: „Es gibt nur *ein* wirklich ernsthaftes philosophisches Problem: den Selbstmord.“ [2] Eine solche Sprache und Perspektive, die ohne alle Umschweife und Vorbehalte die Frage nach dem Sinn der eigenen Existenz in den Mittelpunkt des Denkens stellt, ist im Orient von jeher verstanden worden. Genau das aber ist gemeint mit jener „Gegenwärtigkeit“, von der wir gesprochen haben. Der westliche Mensch relativiert gewöhnlich sowohl die Gegenwart – durch sein Denken in historischen Bezügen –, wie auch das Subjekt, indem er sich auf wissenschaftliche Objektivität beruft. Er ist, typologisch gesehen, Evolutionist; das heißt: er glaubt an eine linear in der Zeit sich vollziehende Entwicklung. Folgerichtig stellt er sich absolute Begriffe wie „Wahrheit“ oder „Ewigkeit“ als eine Art hypothetischer Endsumme aller dieser zeitlichen Entwicklungsphasen vor.

Ganz anders der Orientale. Für ihn ist letzte Wirklichkeit nicht in der Ausdehnung der Zeit ins Unendliche zu finden, sondern ganz im Gegenteil in ihrer Verdichtung im ewigen Augenblick. Darum glaubt, extrem ausgedrückt, der Abendländer an das Kausalitätsprinzip, und der Morgenländer an das Schicksal. Wo ersteres nach Ursache und Wirkung fragt, die nach ihm weitgehend abhängig sind von der menschlichen Willensfreiheit, beruft sich letzterer auf das unerforschliche Walten des Himmelrades, und ist für ihn Weisheit, Ergebung in das Verhängte und Vorbestimmte und Erkenntnis von dessen höherer Notwendigkeit.
Es geht uns hier nicht darum, diese zwei Grundkonzeptionen einander gegenüber zu stellen. Wir erwähnen sie nur, damit deutlich wird, daß aus so verschiedenen Perspektiven heraus oft notwendigerweise mit denselben Worten und Begriffen ganz anderes gemeint wird.

Vom modernen Staat

Bleiben wir bei unserem Beispiel: der Freiheit. Der politische Westen nennt sich selbst bisweilen „die freie Welt", und enstanden ist diese Bezeichnung als Antithese gegen den Totalitarismus des Staates im östlichen Sozialismus. Worin besteht diese Freiheit? Sie ist die Summe einer Anzahl historisch bedingter Rechte politischer, wirtschaftlicher und sozialer Natur, die eine moderne Demokratie dem Individuum zu gewährleisten verspricht. Diesen Rechten entsprechen andererseits viele Pflichten, und beide entspringen der grundsätzlichen Überzeugung, daß recht ist, was die Mehrheit will und was der Mehrheit dient.
In Asien hat diese politische Konzeption der Freiheit, die der Demokratie und des Liberalismus, keinerlei Tradition. Sie war und ist dort Importware. Mit Recht schreibt der englische Geschichtsphilosoph A. J. Toynbee im Hinblick auf die Neuzeit im Abendland, die vom „Auftauchen der beiden beherrschenden sozialen Kräfte des Zeitalters: des Industrialismus und der Demokratie" geprägt wird, daß „das Gesetz, dem in Frankreich und England Bourbonen und Stuarts gehorchten, *nicht* galt für die Romanoffs in Rußland oder die Osmanen in der Türkei oder die Timuriden in Hindustan oder die Mandschu in China oder die Tokugawa in Japan ... Wir stoßen

hier auf eine Grenze. Die Wirkung dieses Gesetzes erstreckte sich auf die anderen Länder Westeuropas, aber sein Befehl drang nicht über die westlichen Grenzen Rußlands und der Türkei hinaus. Östlich dieser Linie gehorchte man zu dieser Zeit *anderen* politischen Gesetzen mit anderen Konsequenzen ...“ [3]

Als bloße Diagnose ist das natürlich richtig. Aber die Schlüsse, die man im Westen, und unter dessen Einfluß auch von seiten der Reformer und Modernisten in Asien selbst, aus dieser Tatsache gezogen hat, sind von solcher Einseitigkeit und Oberflächlichkeit, daß man sich wundern muß, wenn sie auch von sonst scharf denkenden Köpfen, die ihr Weltbild durchaus nicht ausschließlich von Presse und Rundfunk beziehen, tatsächlich geglaubt und wiederholt werden.

Eine dieser Zwangsvorstellungen besteht etwa darin, anzunehmen, eine demokratisch regierte Gesellschaft stehe an sich schon höher, sei „fortschrittlicher“, humaner und biete dem einzelnen mehr Freiheiten und Möglichkeiten, als eine hierarchisch gegliederte. Es ist nicht einmal nötig, diesen Aberglauben durch historische Beispiele zu widerlegen. Schon vom biologischen Standpunkt aus ist er unhaltbar. Wie der Verhaltensforscher Konrad Lorenz in seinem Buch „Das sogenannte Böse“ (Wien 1963) eindrucksvoll nachweist, ist das demokratischste Tier – die Ratte.

„Im Rattenrudel (im Gegensatz etwa zum Wolfsrudel) gibt es keine Rangordnung.“ – Die Ratten, so stellt Lorenz fest, seien in ihrem Verhalten gegenüber kleineren und schwächeren Mitgliedern der eigenen Gemeinschaft „wahre Vorbilder in allen sozialen Tugenden“, „aber“, so fährt er fort, „sie verwandeln sich in wahre Bestien, sowie sie es mit Angehörigen einer anderen als der eigenen Sozietät zu tun haben“; denn „was Ratten tun, wenn ein Glied einer fremden Rattensippe in ihr Revier gerät – oder vom Experimentator hineingesetzt wird – gehört zu den erregendsten, schauerlichsten und widerlichsten Dingen, die man an Tieren beobachten kann ... Mit vor Erregung aus dem Schädel quellenden Augen und gesträubten Haaren begeben sich die Ratten auf die Rattenjagd.“ Dabei erkennen sie sich gegenseitig „am Sippengeruch, genau wie Bienen und andere staatenbildende Insekten.“ [4]

Wer denkt hie nicht an den modernen Staat und dessen Totalitätsanspruch während der letzten 150 Jahre? An die so oft zur Schizophrenie entartete Heuchelei der doppelten Moral? An die „demokratische Rechte", die nicht wissen will, was die „nationalistische Linke" tut? Daran, daß man nach innen die Prinzipien der Demokratie vertritt, und nach außen imperialistisch handelt?

Auch die geistigen Eliten der außereuropäischen Völker durchschauen mehr und mehr die innere Hohlheit jenes Freiheitsbegriffs, der in und nach der Französischen Revolution den modernen Nationalstaat geschaffen hat.

„Wäre *das* Demokratie", schreibt beispielsweise der junge iranische Völkerrechtler M. A. Eslâmi sarkastisch, „so müßten auch manche der alten Eroberer, ja, so müßten selbst die Mongolen als Vorläufer der Demokratie gelten, weil sie die geraubte Beute gerecht unter ihre Krieger verteilten ..." [5] Auch die Ratten, so könnten wir jetzt noch hinzufügen. Tatsächlich nennt auch Lorenz die Ratte unseren „erfolgreichsten biologischen Gegenspieler", weil sie „mit grundsätzlich ähnlichen Mitteln arbeitet wie der Mensch, mit traditionsmäßiger Überlieferung von Erfahrung und ihrer Verbreitung innerhalb einer eng zusammenhaltenden Gemeinschaft." [6]

Besteht denn wirklich ein so großer Unterschied zwischen dem binnendemokratischen Chauvinismus der Ratte, die den Landsmann am Sippengeruch erkennt, und der Haltung unserer Väter und Zeitgenossen, die stattdessen auf Uniform, Parteiprogramm oder Muttersprache abstellen?

Verwestlichung des Orients

Jener Orient, der eine existentielle Alternative zu Lebensgefühl und Lebensform der westlichen Zivilisation bildet, steht heute auf der ganzen Front des öffentlichen Alltags in der Defensive. Einigermaßen unvermischt und unverfälscht ist er nur noch in Rückzugsgebieten zu finden, die bisher noch nicht von der Maschine in die Weltwirtschaft eingegliedert wurden. Wo immer das aber geschieht, wiederholt sich ein in seiner Monotonie doppelt hoffnungslos wirkender Vorgang. Er werden – so lauten die modernen Euphemismen – die „latenten Energien" von Natur und Menschen „aktiviert" und „erschlossen", das heißt: ausgebeutet, und damit setzt der Zerfall all jener Werte ein, die nunmehr als „unpraktisch" und „unrentabel“ gelten müssen, weil sie dem funktionalistischen System unserer technischen Zivilisation, ihren Dogmen von Ursache und Wirkung, Angebot und Nachfrage, Leistung und Expansion, hindernd im Wege stehen.

Nun beginnt jener „Entwicklungsprozeß“, der in Wahrheit ein mit immer größerer Schnelligkeit sich vollziehender Abbau und Ausverkauf der vorhandenen materiellen und seelischen Substanzen ist, und was dabei verloren geht, kann nicht mehr ersetzt werden; denn das einmal gestörte Gleichgewicht ist nur dadurch – vorübergehend – wiederherstellbar, daß ständig weiterer „Ballast“ abgeworfen wird. Je weniger jemand weiß von Erbe und Traditionen eines außereuropäischen Landes und Volkes, um so mehr werden ihm dessen sogenannte „Entwicklungsprobleme“ als bloße, zeitbedingte Wachstumsschwierigkeiten erscheinen.

Aber sind sie das denn? Haben sie wirklich recht, diese modernen Missionare des technischen Fortschritts, alle diese politischen, wirtschaftlichen und militärischen Experten, diese Handlungsreisenden einer kapitalistischen oder sozialistischen Gesellschaftsordnung, und ihre „rückständigen“ Klienten, Schüler und Nacheiferer – recht, wenn sie behaupten, es handle sich „nur“ darum, in zeitlicher Verkürzung einen Entwicklungsrückstand aufzuholen, also gleichsam unter Überspringung einiger Zwischenstufen eine „mittelalterliche“ Gesellschaft in eine des Atomzeitalters und der Weltraumfahrt zu verwandeln? Stimmt diese Ansicht, die Erben der außereuropäischen Hochkulturen hätten Renaissance und vor allem Französische Revolution „verpaßt“, und sie seien „darum stagniert“ auf der Stufe der abendländischen Gesellschaft im Mittelalter?

Wäre dem tatsächlich so, müßte man eine künftige Einheitszivilisation im Sinne einer allgemeinen und totalen Verwestlichung des Erdballs als eine historische Notwendigkeit mehr oder weniger vertrauensvoll – je nach Geschmack und Temperament – bejahen. Aber diese Theorie hat einen nicht zu beseitigenden Schönheitsfehler: sie überträgt unbesehen die evolutionistischen Denkprinzipien des weißen Mannes auf Völker und Kulturen, die bisher grundsätzlich anderen Leitmotiven gefolgt sind; und die Anzeichen dafür mehren sich, daß dieser verhängnisvolle Irrtum und seine Folgen in beiden Lagern, dem des Westens wie dem der Verwestlichten, allmählich erkannt wird. Warum hat es so lange gedauert?

Beispiele europäischer Expansion

Zunächst: die von der Macht ausgehende Faszination ist ein nie zu unterschätzender Faktor. Die Geschichte der europäischen Expansion ist voll von Beispielen dafür. Eine Handvoll spanischer Abenteurer hat die indianischen Großreiche Mittel- und Südamerikas fast kampflos vernichtet. Wie und womit? Im wesentlichen doch dadurch, daß die kulturell überlegenen Azteken oder Mayas vor den spanischen Feuerwaffen, der spanischen Entschlossenheit und Tollkühnheit, fast überall freiwillig kapitulierten und in seltsamer Verkennung der Realität die Spanier für höhere, ja, gottähnliche Geschöpfe hielten. Dabei war ja gerade die Stärke der Spanier, die wenig zu verlieren und fast alles zu gewinnen hatten, ihre geistige und moralische Dürftigkeit, ihre phantasielose Enge, diese ihre bizarre Mischung von Chauvinismus, Intoleranz, Gewinnsucht, fanatischem Missionseifer und nackter Gangstermentalität.
An weiteren Beispielen ist, wie jeder weiß, kein Mangel. Die Eroberung Indiens durch die Engländer oder Indonesiens durch die Holländer sind Siege skrupelloser Geschäftsmethoden, gut organisierter Profitgier und technischer Dynamik über die statische Schwerfälligkeit und aristokratischer Lässigkeit äußerst komplizierter Gesellschaftshierarchien, die viel zuviel Lebensart, Lebensfreude und Sinn für Form, Spiel und Spielregeln besaßen, um diesen so praktisch denkenden Händlern und puritanischen Rechnern aus dem Westen auf die Dauer gewachsen zu sein.

Das Gespenst des Fortschritts

Es geht uns nicht darum, hier geschichtsphilosophische Thesen zu demonstrieren. Was gezeigt werden soll, ist nur dies: die äußere, technische Überlegenheit der westlichen Zivilisation kann nicht als Ausdruck eines „Entwicklungsvorsprungs“ gegenüber den außereuropäischen Kulturen betrachtet werden. Wer das tut, beweist damit nur, daß er die Situation von Grund auf verkennt; denn wann hätte es jemals auf irgendeinem Gebiet einen „Fortschritt“ gegeben, der nicht gleichzeitig mit einem entsprechenden „Rückschritt“ auf einem andern Gebiet hätte bezahlt werden müssen?

Die Fortschrittsgläubigkeit der Aufklärung, des ganzen 19. Jahrhunderts, des Liberalismus wie des Marxismus, ist ja nichts anderes als die säkularisierte Form des christlichen Erlösungsgedankens, dessen Erfüllung nun nicht länger in der Transzendenz, sondern im zeitlichen Ablauf der historischen Prozesse selbst gesucht worden ist. Merkmale dieses Fortschrittsglaubens sind aggressive Dynamik auf der Ebene von Politik, Wirtschaft und naturwissenschaftlicher Forschung einerseits, Plattheit und Dürftigkeit vom philosophischen Standpunkt aus andrerseits.

Der Erfolg des Fortschrittsglaubens beruht darin, daß er zwar keine Werte schafft, wohl aber die latent vorhandenen abbaut, indem er sie in einer ganz bestimmten Weise „nutzbar" macht. So vollbringt er, scheinbar, das Wunder, Steine in Brot zu verwandeln. Was immer ihm begegnet, wird ausgebeutet: sei es das Erdöl unter dem Sand der Wüsten, mit dem er seine Maschinen füttert; seien es Wasserfälle und Flüsse, die er in elektrischen Strom umsetzt; seien es Menschen, Gedanken, Genüsse, Gedichte, die er für seine Zwecke mobilisiert. Der Fortschrittsgläubige ist sich selbst und der Gegenwart immer voraus. Ja, er *ist* gar nicht, insofern, als er das Seiende an sich weder sieht noch erlebt, sondern es stets sogleich zur Funktion dessen abstrahiert, was er „Fortschritt" heißt.

Diese innere Einstellung aber ist nicht das Resultat irgendeines „Entwicklungsvorsprungs", sondern der immer radikaleren Extraversion und Expansion des abendländischen Bewußtseins – einer durch Raubbau an der seelischen Substanz und durch Verlust an Tiefendimensionen erzielten Breitenwirkung –, und das Persönlichkeitsideal, das diese Wegrichtung der europäischen Gesellschaft am meisten bestimmt hat, ist der „faustische Täter".

Menschliche Leitbilder im Westen und Osten

Daß daneben im Westen auch andere typologische Möglichkeiten bestanden und zeitweise sogar überwogen, ist natürlich unbestritten. Tristan und Parzifal, Franz von Assisi, Angelus Silesius und Theresa von Avila, die Rosenkreuzer, die deutschen Romantiker, das L'art pour l'art der französischen und englischen Symbolisten, der Traditionalismus eines René Guénon, die statische Gegenwärtigkeit eines Stefan George: lauter Wegweiser, die fortführen von der großen Heerstraße des Okzidents, und die nichts beigetragen haben zur Entstehung dieses von wissenschaftlichem Positivismus, Historizismus, Leistungsprinzip, Zweckdenken und Fortschrittsgläubigkeit beherrschten Funktionärs-Fausts unserer Tage. Dieser aber ist – trotz aller warnenden Selbstkritik im Westen selbst, und trotz der erwähnten, in die Katakomben des Geistes führenden Alternativen – *das* Persönlichkeitsideal der modernen technischen Zivilisation.

Demgegenüber ist beispielsweise die orientalische Gesellschaft von grundsätzlich andersartigen Leitbildern geprägt worden. Das im europäischen Sinne „Faustische" fehlt dort fast völlig, auch in seiner Hamletschen, Don Quichotteschen oder Jeanne d'Arcschen Version. Es sind vor allem *drei* Gestalten, die uns die morgenländische Tradition in immer neuen Beispielen vor Augen führt: der gerechte Herrscher – der absolut Liebende – der mystische Gottsucher. Oft kommt es vor, daß diese Dreiheit ganz oder teilweise in ein und derselben Gestalt verkörpert erscheint (z. B. in König Salomo).

Noch viel häufiger dient dem mystischen Sucher real erlebte, aber gleichnishaft gedeutete, irdische Liebesleidenschaft als Wegweiser zur Gottheit (Rumis Liebe zu Schams Tabrizi); oder aber der Liebende transzendiert, weil er erkennt, daß die Absolutheit seiner Hingabe Erfüllung im Sinne eines endlichen und begrenzten Glückes mit dem geliebten Menschen notwendig ausschließt (Madschnun und Leila).

Ohne im geringsten zu übertreiben, können wir feststellen, daß dieses Dreieck (Fürst, Liebender, Derwisch) für die gesamte islamische Welt vom Atlantik bis an den Indischen Ozean während mehr als eines Jahrtausends die Elemente idealen Menschentums enthalten hat. Um ähnliche Leitbilder im Abendland zu finden, müßten wir die verhältnismäßig so kurze Periode der stark maurisch beeinflußten Troubadours mit jener des Hohenstaufen Friedrich II. und der Hochblüte spanisch-deutscher Mystik zeitlich koordinieren; und selbst dann blieben noch bedeutsame Unterschiede: es fehlten in Europa weitgehend die dem Orient doch so selbstverständliche Querverbindung zwischen den drei Idealen, insbesondere auch das Band zwischen erotischer Liebesleidenschaft und mystischer Erkenntnis; denn ein solches war ja innerhalb des Christentums zu keiner Zeit möglich; während der Islam den Eros grundsätzlich bejaht und Askese mehr als Mittel zum Zweck auffaßt. Diese verschiedene Haltung der beiden Religionen und Kulturkreise gegenüber der Erotik entspricht nun aber ziemlich genau ihrem Verhältnis zu Rausch und Ekstase überhaupt.

Vom islamischen Persönlichkeitsideal

Der deutsche Orientalist H. H. Schaeder hat in seinem Essay „Das Individuum im Islam“ (1929) den Versuch unternommen, die Grundzüge des orientalisch-islamischen Menschenideals, das auch uns hier beschäftigt, zu definieren [7]. Daß Schaeder einerseits ein Gelehrter von selten umfassender Bildung, andererseits ein überzeugter Christ und Vertreter des abendländischen Humanismus gewesen ist, macht die Schlüsse, zu denen er gelangt, für uns nur um so bedeutungsvoller.

Der Islam, so stellt unser Autor fest, sei im Unterschied zum Christentum nicht „in unheilvoller Weise von der Aufstellung sexualasketischer Ideale beeinflußt“, sondern habe „in dieser Hinsicht einen Stand unschuldiger Natürlichkeit festhalten können, der an den der vorchristlichen Kulturen erinnert“.

Dieses Lob wird allerdings sogleich abgeschwächt durch die Bemerkung, die „Verschließung der Frauen in den Harem“ habe „das Aufkommen und die Ausbreitung von sexuellen Perversionen in unerfreulicher Weise gefördert“ [8]. So begreiflich es auch sein mag, daß ein deutscher Professor die Knabenliebe nicht unbedingt billigen kann – daß er sie unter die „sexuellen Perversionen“ einreiht, ist ein ebensolcher Mißgriff, wie wenn man heute die Andersartigkeit des Orients als „Entwicklungsrückstand“ definiert, oder wie wenn man orientalische Opium- oder Haschischraucher unbesehen als „Rauschgiftsüchtige“ deklariert. Solche Urteile sind immer schief, weil sie auf westlichem Boden gewachsene Wertungen auf eine nicht-westliche Gesellschaft übertragen, die anderen Gesetzen gehorcht.

Was nun das Beispiel der Knabenliebe angeht, so ist diese im Orient weder eine Folge der Stellung der Frau im Islam, noch auch eine „sexuelle Perversion“, sondern eine Institution, die dort viel älter ist als der Islam, und die als solche (wie im klassischen Griechenland, wie im Mittelmeerraum überhaupt) *neben* der Mann-Frau-Beziehung besteht und diese nicht ausschließt, sondern ergänzt. Wer das nicht einsehen und zugeben kann, der sollte folgerichtig auch darauf verzichten, die Philosophie eines Plato, die Mystik eines Dschalaloddin Rumi, die Dichtungen eines Sa'di oder Hafis, verstehen und lieben zu wollen. Jedenfalls wäre das ehrlicher als die komische Verschämtheit so vieler Philologen, die ganz im Gegensatz zu ihrer üblichen Fußnoten-Pedanterie stur „er" mit „sie", „Geliebter" mit „Geliebte" übersetzen, statt daß sie, wie der persische Gelehrte E. Yârshâter, ganz einfach zugeben, „daß in der persischen Lyrik (im Gegensatz zur Epik) der geliebte Mensch gewöhnlich keine Frau ist" [9].

Doch kehren wir nach dieser Abschweifung zu unserem Thema zurück. Nach der Meinung von Schaeder, der wir uns anschließen, ist es die (vorwiegend persische) Mystik, die das „höchste Persönlichkeitsideal in der islamischen Kultur" geschaffen hat, wobei dieses Ideal paradoxerweise gerade in der „Negierung und Auslöschung des Persönlichen" besteht.

Die Mystiker hätten nach „Mitteln und Methoden" gesucht, „um die Zustände der Ekstase auch in Zeiten seelischer Erschlaffung und Dürre herbeizuführen". Dazu hätten ihnen teils „mechanisch-physische Erregungen" gedient (wie Tanz, Drehen um die eigene Achse, Wiederholung bestimmter Worte oder Silben, Disziplinierung des Atmens und dergleichen), teils aber auch die Anwendung „spezifischer Rauschmittel" (wie beispielsweise Haschisch).

Positiv ausgedrückt, sei das Ziel der Mystik „Vereinigung" (mit dem Geliebten, mit Gott), negativ definiert das „Entwerden" vom Ich (arabisch-persisch „fanâ'", das dem indischen Nirwana-Begriff entspricht); immer aber sei „in erster Linie ins Auge zu fassen das Faktum der Entpersönlichung". Daß diese Feststellungen keineswegs nur für den islamischen Orient gelten, tönt Schaeder selbst an, wenn er anschließend schreibt, daß überall „außerhalb der Kultursphäre des abendländischen Rationalismus das lebhafteste Interesse an anomalen und parapsychischen Seelenzuständen" besteht.

„... ‚Vergehen' und ‚Dauer' sind in der Sprache der islamischen Mystik Wechselbegriffe .. die Seele des islamischen Mystikers will sich nicht gewinnen, indem sie sich objektiviert", sondern sie will

„von sich selber wegkommen", „das unendliche Nichtsein des Todes vorwegnehmen".
Am Schluß seiner Studie über dieses Leitbild des Orients faßt H. H. Schaeder sein Urteil folgendermaßen zusammen: „Indem so zur Idee des vollkommenen Menschen dessen erotische Funktion hinzutritt, insofern er die Züge des Geliebten, und zwar sowohl des irdischen wie des göttlichen Geliebten, annimmt, vollendet sich das islamisch-mystische Persönlichkeitsideal, in sich von einem schwer beschreibbaren Zauber, aber den abendländischen Lebensordnungen gegenüber unausgleichbar fremd ..."
Und fremd warum? Weil, antwortete uns Schaeder, im Abendland sowohl Idealbildungen wie menschliche Beziehungen „keine andere als eine ethische Begründung haben" könnten; denn „der öffentliche Geist der modernen europäischen Welt zwingt dazu, Persönlichkeit und Gemeinschaft als ethische Kategorien zu fassen", wogegen es im Islam „religiöse und ästhetische Gesichtspunkte in untrennbarer Verbindung sind, die hier die Idealbildung bedingen" [10].

Ostwestliche Perspektiven

Es ist einem Gelehrten wie Schaeder hoch anzurechnen, daß er sich der existentiellen Herausforderung, die Orient und Okzident für einander bedeuten, offen und öffentlich gestellt hat. Auch wäre es sehr interessant, die Urteile Schaeders und anderer Okzidentalen über den Orient zu konfrontieren mit der Haltung geistig hochstehender Orientalen dieses Jahrhunderts gegenüber der westlichen Zivilisation; ich denke dabei an so bedeutende Köpfe wie den pakistanischen Dichterphilosophen M. Eqbâl [11], den kürzlich verstorbenen Rektor der Azhar-Universität in Kairo, M. Schaltut [12], die beiden Perser F. Schâdemân [13] und M. A. Eslâmi [14], Theologieprofessor der eine und Völkerrechtler der andere.
Eine solche Konfrontation würde aber leider zu weit von unserem eigentlichen Thema wegführen; darum müssen wir uns hier auf die Feststellung beschränken, daß das, was die erwähnten Orientalen übereinstimmend am meisten am Westen kritisieren, gerade das Fehlen dessen betrifft, was Schaeder den Zwang der modernen europäischen Welt nennt, „Persönlichkeit und Gemeinschaft als

ethische Kategorien zu fassen". Aus orientalischer Sicht ist die westliche Zivilisation gekennzeichnet durch materialistische Grundhaltung, organisierte Profitgier, Gruppenegoismus, kalte Berechnung und aggressive Expansion.

Man muß sich, von Schaeder ausgehend, doch eben fragen, ob zwischen der Verbindung „religiöser und ästhetischer Gesichtspunkte", die nach ihm die Idealbildung im Orient bedingte, und jenen „ethischen Kategorien", die er für den Okzident geltend macht, ein tatsächlicher – und nicht nur vor allem verbaler – Gegensatz besteht. Jedenfalls befindet sich auch das von Schaeder skizzierte „islamisch-mystische Persönlichkeitsideal" nirgends im Widerspruch zu *den* ethischen Forderungen, die Jesus selbst geäußert hat; und es fällt auf, daß Schaeder zwar die Unvereinbarkeit dieses Ideals mit den „abendländischen Lebensordnungen" zu Recht stark betont, daß er aber, erstens, auf seine anfängliche Feststellung, der Islam sei nicht wie das Christentum „in unheilvoller Weise von der Aufstellung sexual-asketischer Ideale beeinflußt" worden, nie mehr zurückkommt; und daß er es, zweitens, vermeidet, diese „ethischen Kategorien" Europas, von denen er spricht, mit Person und Vorbild Jesus in Verbindung zu bringen.

Warum das? Doch offenbar darum, weil die Erosfeindlichkeit des Christentums, diese Wurzel von so viel Lebensneid, Ressentiment, Grausamkeit und Verfolgung, nicht mit Jesus, sondern erst mit dem zum Paulus gewordenen Rabbiner Saulus ihren Anfang genommen hat. Dieser Fanatiker, der, wie mir einmal ein Inder versicherte, in Torquemada und Calvin reinkarniert wurde, hat mit seinem „Pfahl im Fleisch" sowohl die Jahrhunderte christlicher Geschichte, wie auch die Grundlagen der westlichen Zivilisation vergiftet.

Das hätte ein Schaeder natürlich nicht schreiben können, selbst wenn er im persönlichen Gespräch und im eigenen Innern solche Gedankengänge nicht von sich gewiesen haben sollte; aber jedenfalls ist *sie* es, diese paulinische Erosfeindschaft, die Aufblühen und Ausbreitung von Mystik und mystischer Lebensweise im Abendland so gewaltig erschwert hat, daß trotz einzelner herrlicher Blüten der größte Teil der Saat schon im Keim erfroren und verdorrt ist.

Christentum und Eros

Im Christentum war ja stets der Ekstatiker als solcher schon verdächtig; er war ein latenter Ketzer, mochte er auch noch so „unidrisch“ lieben. Inquisition, Hexenprozesse, die individuelle wie kollektive Ausrottung sogenannter Heiden und Häretiker, gleichgültig, ob es sich dabei um Waldenser oder Indianer handelte: was hat sich doch diese Kirche des „Gottes der Liebe“, diese „Stellvertreterin Christi“ auf Erden, ihre Verneinung von Lebensfreude und Lebensgenuß nicht alles kosten lassen!

Keine andere Weltreligion hat auch nur im entferntesten so viele Menschenopfer auf dem Gewissen, keine hat den menschlichen Leib so barbarisch geschändet, „um die menschliche Seele zu retten“, und keine hat ihre wirklichen oder angeblichen Feinde mit so unstillbarem Haß, mit so fanatischer Grausamkeit verfolgt. Hat man jemal die Zahl ihrer Märtyrer mit der ihrer Opfer verglichen? Wo und wann immer diese Kirche politische Macht errang, ist die innere Bereitschaft ihrer Besten zum Martyrium in eine Art Massenwahn umgeschlagen, andere zu Märtyrern zu machen.

Was aber, wenn nicht die Satanisierung von Sinnlichkeit und Erotik, hat zu diesen Vernichtungsorgien ad maiorem gloriam geführt? Wo sonst, wenn nicht im Dunstkreis der „gottgefälligen“ Scheiterhaufen und Folterkeller Europas, ist Eros selbst, im Hirn eines Marquis de Sade, zum Henker mit der Teufelsfratze geworden? Und wie kann man mit gutem Gewissen entsetzt sein über den Terror, die Foltermethoden und Massenvernichtungslager im modernen Totalitarismus, wenn man nicht gleichzeitig zugibt, daß das alles weder neu noch unerhört ist – „neu“ daran ist nur die Vervollkommnung der Mittel infolge des Fortschritts der technischen Zivilisation –, sondern wohlvertrautes, christliches Erbe in säkularisiertem Gewand?

Es geht uns hier keineswegs darum, das Christentum, oder auch nur die christlichen Kirchen, zu verunglimpfen. Diese letzteren sind ja heute eine mehr oder weniger machtlose Funktion des Staates, der sie in ihrer Agonie gewähren läßt, ja, diese bisweilen durch Einspritzungen noch künstlich verlängert – wohl wissend, daß ihm von offiziell konfessioneller Seite keinerlei Gefahr drohen kann, so lange er jedenfalls der altersschwachen Kirche keine Gelegenheit gibt, in jene Katakomben zurückzukehren, von denen aus sie einst in ihrer

Kindheit ihren Siegeszug angetreten hatte. Aber bekanntlich hängen Greise viel zäher am Leben als Kinder oder Jünglinge. Die Kirche selbst scheint in ihren alten Tagen wenig Neigung zum Martyrium zu verspüren; und wenn nicht alle Zeichen trügen, so werden die modernen Katakomben-Bewohner kaum unter jenen zu finden sein, die sich heute noch „Christen“ nennen.

Jener „Stand unschuldiger Natürlichkeit“, den Schaeder dem Islam in erotischer Hinsicht zugesteht, rührt nun daher, daß Mohammad – im Unterschied zu Jesus – die Sphäre der Sexualität in umfassender Weise in seine Offenbarung, sein Weltbild und seine persönliche Existenz, die den Gläubigen als Vorbild dient, mit einbezogen hat. Der islamische Prophet war ein Mensch von heftiger Sinnlichkeit, und er hat diesen Teil seiner Natur nie bekämpft, noch nach außen zu verleugnen und zu verbergen versucht. Mohammad hat die Erotik als solche voll bejaht, und er scheint nie auch nur auf den Gedanken gekommen zu sein, sie als etwas Böses oder Minderwertiges zu verurteilen.

Das hat zwar auch Jesus nicht getan; aber er hat das Erotische aus seinem Leiden und seinen Lehren gleichsam ausgeklammert – fast macht es den Anschein, als wisse er gar nichts davon, oder wolle davon nichts wissen; und in das so entstandene Vakuum pflanzte Paulus sein Giftkraut der Sinnenfeindschaft.

Die abendländische Phantasie hat Eros zur Unterwelt verdammt. Das im christlichen Sinne „Himmlische“ ist das Unsinnliche schlechthin. Daß dagegen im Koran das Paradies in sehr sinnlichen Bildern geschildert wird, daß der Prophet verschiedene Frauen offen und mit gutem Gewissen seelisch wie körperlich leidenschaftlich geliebt hat, daß die islamischen Theologen, Philosophen und Mystiker ohne irgendwelche Hemmungen und Verklemmungen über erotische Dinge zu reden und zu schreiben gewohnt sind – das alles ist ja von christlicher Seite oft genug als „Beweis“ für die angebliche moralische Minderwertigkeit des Islam in verzerrter Form ausgeschlachtet worden.

Warum hat man gleichzeitig die Kehrseite so schamhaft verschwiegen? Die Tatsache nämlich, daß in der geschichtlichen Praxis der islamische Orient toleranter, humaner und weitherziger als der christliche Okzident gewesen ist, weil er von Tabus und Komplexen den erotischen Realitäten gegenüber unbelasteter ist? Überall, wo, wie in Spanien oder im Nahen Osten während der Kreuzzüge, Christentum und Islam in direkter Begegnung aufeinander stießen, trat diese überlegene Menschlichkeit der Moslems offen zu Tage. Alle die christlichen, jüdischen, mazdaistischen und sonstigen Minoritäten, die Jahrhunderte islamischer Herrschaft verhältnismäßig so ungeschoren überlebt haben, weisen in dieselbe Richtung. Ich weiß von keiner einzigen Hexenverbrennung im Orient – obwohl man an die Existenz von Hexen durchaus auch geglaubt hat –, und Hinrichtungen von Ketzern sind dort unvergleichlich viel seltener vorgekommen als im Abendland.

Zweifellos hat die Sinnenfeindschaft des Christentums zu Kompensierungen geführt, die mit der abendländischen Entwicklung und der Entstehung der modernen technischen Zivilisation des Westens aufs engste zusammenhängen. Die christliche Abwertung des Erotischen blieb ja als „Verdrängungskomplex" bestehen, auch als die christliche Gläubigkeit selbst zu versiegen begann. Eros mußte sich auch weiterhin dazu hergeben, Laufbursche des Teufels zu sein; und noch die Auffassung von der Sexualität, und die Lehre von den sogenannten „Perversionen", wie sie uns in den Werken von Sigmund Freud begegnen, sind letztlich nur verständlich auf dem Hintergrund einer Lebensauffassung und eines Weltbildes, die Lust und Genuß zwanghaft mit Sündengefühl und schlechtem Gewissen in Verbindung bringen. Der paulinische „Pfahl im Fleisch" hat sich als offensichtlich zählebiger erwiesen als das „Gott ist die Liebe" des Johannes.

Beziehung zum Rausch

Diese unterschiedliche Grundhaltung von Orient und Okzident der Erotik gegenüber, wie wir sie hier in aller Kürze skizziert haben, erklärt nun auch manche Verschiedenheiten im Erleben und in der Bewertung des Rausches und der Rauschmittel in beiden Welten. Das ist nur natürlich. Zwischen den Gebieten der Erotik und des Rausches gibt es so viele Berührungspunkte und Überschneidungen, daß nur die Zusammenschau beider Einsichten und Einblicke vermitteln kann, die über das rein Faktenmäßige hinausgehen.

Einerseits ist die erotische Leidenschaft selbst ein Rauschzustand –

und zwar der wohl elementarste und den Menschen am tiefsten erschütternde –, und andrerseits gibt es auch kein einziges Rauschmittel, das die Sphäre des Erotischen ganz unberührt ließe. Es besteht da eine meist recht vieldeutige und vielschichtige Wechselwirkung; und jede Betrachtung, die diese nicht einbezieht, bleibt notwendig eine mehr oder minder wahllose Anhäufung von Materialien, zu deren Deutung ihr der Schlüssel fehlt.

II

Vom Opium

Alkohol und Opium

Vergleiche zwischen Alkohol und Opium sind schon früher angestellt worden, wenn auch verhältnismäßig selten. Das kommt daher, daß im christlichen Abendland allein aus klimatischen Gründen – der Mohn verzichtet bekanntlich in unseren Breitengraden auf Ausbildung seiner rauscherzeugenden Fähigkeiten – das Opium immer nur sehr wenige Liebhaber fand, und von diesen wiederum hielten es die meisten natürlich für unnötig, die Öffentlichkeit über ihre Erfahrungen zu unterrichten. Andrerseits war im islamischen Orient der Alkohol als „schändliches Satanswerk“ (Koran V, 92) verpönt, was zwar nicht Fürsten und Dichter, wohl aber die große Masse des Volkes von seinem Genuß abgehalten hat. Insbesondere in Persien erhielten die Worte für „Wein“ und „Rausch“ eine symbolische Bedeutung in doppeltem Sinne: als Ausdruck der Rebellion gegen Geistlichkeit, Gesellschaft, Heuchelei und Konventionen durch freie Geister wie Hafis und Omar den Zeltmacher; und als bildliche Umschreibungen des Trunkenseins von Liebe zu Menschen oder zur Gottheit in der Mystik.

Wenn also in der klassischen Literatur des Morgenlandes von „Wein“ die Rede ist, so *kann* es sich zwar um den gewöhnlichen Rebensaft handeln, doch steht dies keineswegs im vornherein fest. Es sind meistens zwei oder noch mehr Auslegungen möglich, wobei eine die andere nicht auszuschließen braucht. Die berühmte Vieldeutigkeit orientalischer Dichter entspringt sowohl künstlerischem Raffinement wie persönlicher Vorsicht. Es ist auch bezeichnend für den im allgemeinen so humanen Charakter des islamischen Mittelalters, daß gewöhnlich die Theologen den Poeten entgegenkamen, indem sie durch wohlwollende Interpretation besonders gefährdete und gefährliche Verse „retteten".

Dafür ein Beispiel. Hafis nennt irgendwo als Ziele seiner Sehnsucht „zweijährigen Wein und einen vierzehnjährigen Liebling". Die Geistlichen legten diese Stelle bis in unser Jahrhundert hinein so aus, als sei damit $2 + 4 \times 10 = 60$ gemeint, und also in gleichnishafter Form die Lebenszeit des Propheten Mohammed (60 Jahre) ausgesprochen [1]. Noch toleranter kann man als Theologe wohl schwerlich sein!

Das Wort „Wein" kann aber sogar, im klassischen Sprachgebrauch, den Genuß von Opium mit einbeziehen; denn dieses wurde damals im Orient nicht geraucht, sondern gegessen oder, in Wein aufgelöst, getrunken, wie das der folgende Hafis-Vers für das 14. Jahrhundert belegt:

„Von jenem Opium, das der Schenke in den Wein warf,
blieb weder Turban noch Kopf den Rivalen." [2]

Wirkliche Vergleiche der beiden Berauschungsmittel sind mir aber bisher nur in der neueren persischen Literatur begegnet. Ein schönes Beispiel ist ein Gedicht, das vermutlich zwischen den beiden Weltkriegen entstand, und dessen Autor Mazlum Kermânschâhi, ein bekannter Lobpreiser des Opiums ist. Ich übersetze hier wörtlich einige der typischsten Verse:

„Lieber will ich trauern viele Jahre,
als einen Augenblick vom Opium getrennt sein
...
Wenn wir jahrelang sein Loblied singen,
muß es immer noch zu wenig sein.
Die ums Kohlenbecken sitzen, sind vollendet,
können Mann von Memme unterscheiden,
ziehen einen klugen Kopf dem dummen vor,
schätzen Reifes, werden Rohes meiden.
Der Rauch des Opiums in dieser Welt
jagt jeden Kummer fort, heilt jedes Leiden.
Das Opium gebührt dem Demutsvollen;
die Vagabunden (jedoch) trinken Wein.
Botschaft des Friedens und der Klarheit kündet jenes;
um diesen ist die Rede Streit und Kampfespein.
...
(Selbst) für (zarte) Mädchen schickt sich jenes;
(aber nur) zu Kriegern paßt der Wein ..." [3]

In der westlichen Welt ist der beste Kenner des Opiums und der sensibelste Seismograph seiner Wirkungen wohl noch immer Thomas de Quincey, der seine „Bekenntnisse eines englischen Opiumessers“ in verschiedenen Folgen in der ersten Hälfte des 19. Jahrhunderts erscheinen ließ. Es ist bemerkenswert, daß sich das Urteil des Engländers mit dem soeben zitierten persischen dem Sinne nach völlig deckt.

„Ich allerdings glaube nicht“, so schreibt de Quincey, „daß ein Mensch, der einmal die himmlischen Lüste des Opiums gekostet hat, je wieder zu den groben und vergänglichen Freuden des Alkohols herabsteigen wird ...“ An einer anderen Stelle lehnt er die Bezeichnung „Rausch“ als für die Wirkung des Opiums irreführend ab, und fährt dann fort: „Doch der wesentliche Unterschied liegt darin, daß, während der Wein die geistigen Fähigkeiten in Unordnung bringt, das Opium, in der angemessenen Weise genommen, sie in die erlesenste Ordnung, Gesetzmäßigkeit und Harmonie überführt. Der Wein raubt dem Menschen die Macht über sich selbst, das Opium stärkt sie in hohem Maße ...“ [4]

Das Opium ist durch und durch unkriegerisch. Friede, Klarheit und Entrückung, das sind seine immer wieder gepriesenen Geschenke. Es erscheint geradezu symbolisch, was Beihaqi, ein Hofschreiber der Ghaznawiden im 11. Jahrhundert, in seinen Memoiren berichtet: daß Sultan Mas'ud II. eine Entscheidungsschlacht gegen die Seldschuken verlor, weil der während des Nachtmarsches Opium gegessen hatte, worauf es die Lenker seines Elefanten nicht wagten, diesen zu größerer Eile anzutreiben, um den Fürsten in seinem Genuß nicht zu stören [5].

Ich erinnere mich, in Persien eine Karikatur aus der Kriegszeit gesehen zu haben, auf welcher der Nüchternheitsfanatiker Hitler neben dem whiskytrinkenden Churchill abgebildet war, und darunter stand der Text: „Ach, wären sie doch opiumsüchtig – wie manches bliebe uns da erspart ...“

Der größte iranische Erzähler dieses Jahrhunderts, Sâdeq Hedâyat (1903–1951), beschreibt einmal die Wirkung „dieses kostbaren Heilmittels“, des Opiums, folgendermaßen: „Meine Vorstellungen und Gedanken wurden befreit von der Fessel der Schwere irdischer Dinge und flogen einem ruhigen und schweigenden Himmel entgegen. So, als habe man mich auf goldene Nachtfalterschwingen gebettet, erging ich mich in einer leeren, strahlenden Welt, in der ich auf kein Hindernis mehr stieß. So tief und so genußvoll war dieses Erlebnis, daß es wohl den Todesgenuß selbst überwog ..." [6]

Eine westliche Stimme (R. de Ropp)

Ehe wir uns weiter mit der eigentlichen Wirkung des Opiums befassen, wollen wir noch eine gewichtige Stimme anhören, die sich vor kurzem aus rein westlicher Perspektive zu unserem Problemkreis geäußert hat. Es ist dies das 1957 in New York erschienene Werk „Drugs and the Mind" des amerikanischen Arztes und Drogenforschers R. de Ropp. Einige der Schlüsse, die dieser Autor aus seinem umfangreichen Material zu ziehen wagt, sind von bemerkenswerter Aufrichtigkeit und Kühnheit.

So wendet sich Dr. de Ropp beispielsweise mit sarkastischer Schärfe gegen die in den USA übliche Praxis, die weit über 4 Millionen Alkoholiker nur als Kranke, die lediglich 60 000 Opiatsüchtigen dagegen als Verbrecher zu behandeln. Er nennt dies eine große Ungerechtigkeit und vergleicht „die gegenwärtige Haltung der amerikanischen Gesellschaft" gegenüber den Liebhabern der Opiate (d. h. Opium und seine Derivate Morphium, Heroin usw.) mit „der Hysterie, dem Aberglauben und der nackten Grausamkeit (plain cruelty), welche die Haltung unserer Vorfahren gegenüber den Hexen kennzeichnete".

Nach de Ropp – der sich dabei auf neueste Untersuchungen und Ergebnisse der führenden Spezialisten der USA stützte (so der Mediziner L. Kolb, L. Lasagna, H. Isbell, J. A. Hawkin) – „bildet tatsächlich der Alkoholiker, da sein Rauschmittel Koordination und Arbeitsfähigkeit beeinträchtigt, eine größere Gefahr für die Gesellschaft als der Opiatsüchtige."

Der Autor zitiert die von Dr. Lawrence Kolb – einer internationalen Autorität auf diesem Gebiet – vor dem Komitee eines Senators gemachte Aussage, wonach „einem gewissen Typ von Neurotiker" (es wird der Fall von zwei Ärzten angeführt) die Droge offiziell bewilligt werden sollte, da er „durch Einnehmen kleiner Mengen davon ein besserer und tüchtigerer Mensch würde, als er es sonst ist". Auch gebe es Menschen, „die, hätten sie nicht von Alkohol zu Opium gewechselt, unbrauchbare Trunkenbolde geworden wären".

Die Opiate, so stellen de Ropp und seine Gewährsmänner fest, „reduzieren Ehrgeiz und sexuelle Begierde, erzeugen ein Gefühl der Lethargie und fördern den Müßiggang"; aber sie zerstören keineswegs unbedingt die physische und moralische, materielle und intellektuelle Existenz, wie dies beim Alkoholiker früher oder später immer der Fall ist.

Allerdings ist andrerseits die Gefahr der Suchtwirkung, in Form einer absoluten „körperlichen Abhängigkeit" (physical dependence), bei den Opiaten erheblich größer als beispielsweise bei Alkohol oder Kokain [7].

Was ist Süchtigkeit?

Hier könnte man freilich einwenden, daß andere Drogen, wie etwa die sogenannten Psychotomimetika oder Halluzinogene (Haschisch, Meskalin, LSD, Psilocybin u. a. m.), auf den Organismus überhaupt nicht suchtbildend wirken. Dennoch ist in der westlichen Gesellschaft ihr Genuß verpönt. Ferner wäre zu sagen, daß auch der Liebhaber der Opiate – und insbesondere der Typus des Opiumrauchers im Orient – selbst nach jahrzehntelanger Bekanntschaft mit der Droge keineswegs zwangsläufig zum „Süchtigen" wird. Wir werden auf das Problem der Sucht noch ausführlich zu sprechen kommen, aber einige grundsätzliche Feststellungen seien hier schon vorweggenommen.

Das Phänomen der Sucht und Süchtigkeit hängt mit dem des Rausches nur mittelbar zusammen. Wer den Rausch liebt, braucht durchaus nicht süchtig zu sein oder zu werden; und umgekehrt bedarf der Süchtige nicht unbedingt der Rauschmittel. Es gibt auch süchtige Schokoladeesser(innen), Spielernaturen (Schach, Karten, Roulette), Diebe (Kleptomanen), Bergsteiger, Geldraffer, Jäger, Lügner, Eifersüchtige, Ruhmsüchtige, Lesesüchtige ... Einen typischen Vertreter dieser letzeren Art läßt der zeitgenössische persische Schriftsteller M. A. Djamâlzâdeh in einer seiner Erzählungen sagen: „Was tun? In dieser Welt ist jedermann nach irgend etwas süchtig; und *mein* Opium ist das Buch. Das Schicksal hat es so gewollt. Der

Unterschied besteht nur darin, daß die Raucher ihr Opium an den Pfeifenkopf kleben und seinen Rauch durch Mund und Nase nach oben entlassen, während der Süchtige *meiner* Art jenes Opium, das man mit der Feder auf Papier gebannt hat, durch die Augen raucht. Aber im übrigen sind Vergnügen und Trunkenheit in beiden Fällen nicht so sehr verschieden, und auch der Katzenjammer ist der gleiche ...“ [8]

Es gibt veranlagungsmäßig süchtige Menschen; es gibt persönliche oder soziale Umstände, die zur Sucht disponieren; und natürlich gibt es auch Drogen, denen der Typus des Süchtigen rascher und gründlicher verfällt als anderen. Aber vergessen wir nie, daß sich der Kenner und Liebhaber des Rausches ja gerade dadurch auszeichnet, daß er im Umgang mit der Droge, und zwar mit *jeder* Droge, jene Distanz zu wahren weiß, die sowohl ihrer Eigenart wie auch der spezifischen Wellenlänge seiner eigenen Konstitution entspricht.

Dieses Wissen äußert sich in der richtigen Dosierung. Selbst Thomas de Quincey gesteht, „nach 17jährigem Gebrauch und 8jährigem Mißbrauch“ der Droge, daß er während fast eines Jahrzehntes nur die Wohltaten und Seligkeiten des Opiums zu spüren bekommen habe, und verschont geblieben sei von „allen üblen körperlichen Folgen“ – *bis* er schließlich, infolge eines schmerzhaften Magenleidens, die Droge immer häufiger und in immer höheren Dosen zu sich nahm, um dann erst, wie er selbst sagt, „die rächenden Schrecken“ zu erleben, „die das Opium für alle bereithält, die seine Sanftmut mißbrauchen ...“ [9]

Natürlich geht es hier um ein sehr wichtiges Problem; denn jedes Rauschmittel bietet ja auch stets die Möglichkeit zu individuellem oder kollektivem Mißbrauch. Aber Gesetzesparagraphen und gesellschaftliche Tabus, die sowohl den Rauschmitteln wie dem Süchtigen gegenüber so stur und unobjektiv sind wie die unseren, verschärfen dieses Problem statt es zu lösen. Sie dienen indirekt den Interessen der Rauschgiftschmuggler und ihrer unsichtbaren und meist unangreifbaren Hintermänner, deren Gewinnmargen sie in schwindelnde Höhen treiben, während sie andrerseits zahlreiche Menschen, die sehr oft zu den wertvollsten und sensibelsten gehören, zur Illegalität verdammen, materielle wie moralisch ruinieren.

Überdies: man kann ja doch auch nicht die Erotik verbieten, weil es die „sexuelle Hörigkeit“ gibt. Der Hörige und der Süchtige sind, typologisch gesehen, auf die gleiche seelische Wellenlänge festgelegt. Ihr Selbstzerstörungstrieb mag die verschiedensten Ursachen haben, wie wir noch sehen werden; aber dafür die Erotik oder den Rausch – oder nur gewisse, angeblich „besonders schädliche“ Drogen – verantwortlich machen, heißt doch wahrhaftig das Pferd am Schwanz aufzuzäumen.

Opium und Psychopathie

Kehren wir nach dieser Abschweifung nochmals zu dem Buch von R. de Ropp zurück! Dieser Autor vertritt einen ausschließlich westlichen Standpunkt. Die Auswahl des Materials, wie auch vor allem die Schlüsse, die er daraus zieht, beweisen das. Als Naturwissenschaftler, Soziologe und Arzt hat der die Maßstäbe und Bedürfnisse der okzidentalen Gesellschaft und Zivilisation in der zweiten Hälfte des 20. Jahrhunderts vor Augen. Den Orient – und überhaupt die Struktur und Geisteshaltung von Völkern und Kulturen nichteuropäischen Ursprungs – berücksichtigt er kaum, jedenfalls nicht als mögliche Antithese. Wenn dennoch ein solcher Experte zum Schluß kommt, die Wirkung des Opiums und seiner Derivate zumindest für nicht gefährlicher zu halten als jene des Alkohols, so sollte das aufhorchen lassen.

Eine Ansicht de Ropps darf hier indessen nicht unwidersprochen bleiben. Er erklärt nämlich (in Übereinstimmung mit den Untersuchungen von Dr. L. Kolb), „daß normale Menschen dem Opium oder Morphium keinerlei Vergnügen abgewinnen“. Thomas de Quincey und alle jene, denen die Opiate besonderen Genuß verschafften, seien „Psychopathen“. Nur in *ihnen* bewirke „Opium ein Gefühl von innerem Frieden und Ruhe, die sie sonst nicht kennen, und die sie auf normalem Wege nicht erlangen können ... Die Intensität des durch Opiate vermittelten Genusses steht in direkter Proportion zum Grad von Psychopathie der Person, die der Droge verfällt ...“ [10]

Für westliche Verhältnisse mag das in gewisser Weise zutreffen. Aber warum? Man stelle sich doch vor: ein Opiumraucher oder -esser in Europa oder den USA handelt der öffentlichen Meinung, den Sitten, Gesetzen und Anschauungen seiner Umwelt, ebenso, ja noch viel mehr, zuwider als ein Liebhaber des Alkohols den Überzeugungen einer traditionell islamischen Gemeinschaft. Was folgt hieraus? Die äußere und innere Isolierung, das „Doppelleben“, der ständige moralische Druck, unter dem solche Individuen zwangsläufig stehen, erzeugen ganz von selbst Symptome, die sie – von der Gesellschaft her gesehen – zu „Psychopathen“ stempeln. Daran sind aber weder das Opium noch der Alkohol schuld, noch auch der Charakter ihrer Liebhaber, sondern einzig und allein die sozialen Vorurteile und Tabus.

Wäre in unserer Gesellschaft der Verkauf und Genuß von Opium ebenso gestattet wie der von Alkohol, so wäre die Folge die, daß eine Minderheit von vermutlich etwa 10 Prozent der Bevölkerung dem Opium den Vorzug gäbe. Natürlich könnte man dann diese Minorität (bei *allen* Minoritäten ist das bekanntlich naheliegend) gesamthaft als „Psychopathen“ und „Neurotiker“ bezeichnen, und die Anhänger des Alkohols als „normale Menschen“. Das entspräche ja gewissermaßen auch dem demokratischen Prinzip, wonach die Mehrheit das Gute und Richtige verkörpert; aber urteilen wir damit weniger einseitig als etwa ein islamischer Theologe, der – gestützt auf das koranische Alkoholverbot – im Weintrinker einen Satanisten erblicken wollte?

Alle solchen Urteile sind doch immer nur relativ gültig. Europäer, die *beide* Seiten studiert und erfahren haben, hüten sich davor, den populären Unsinn, den sich gewisse Zeitungsschreiber in Europa und den USA tagtäglich über die sogenannten „Rauschgifte“ aus den Fingern saugen und gegenseitig abschreiben, zum 1001. Male zu wiederholen.

Der englische Gelehrte Robert Payne beispielsweise, der 1949 Persien bereiste, zitiert in seinem Buch „Journey to Persia“ zustimmend den folgenden Ausspruch eines mit ihm befreundeten Teheraner Professors: „... es ist ein Kampf zwischen Opium und Alkohol. Der Mann aus dem Westen trinkt Martinis und raucht Zigaretten. Wir rauchen Opium, und ich versichere Ihnen, die Schädigungen sind nicht größer ...“ [11] – Inzwischen (1955) ist der Genuß von Opium in Persien verboten worden, während gleichzeitig der von Alkohol gestattet ist: eine für einen islamischen Staat groteske Situation. Wie und warum es dazu kam – und wohl auch kommen *mußte* –, werden wir noch ausführlich zu erörtern haben.

Auch der französische Orientalist und Genfer Professor Jean Herbart, ein ausgezeichneter Kenner der asiatischen Verhältnisse, urteilt: „Man muß jedoch zugeben, daß Opium bei mäßigem Genuß als geistiges Anregungs- und Beruhigungsmittel wirkt, und schädliche Wirkungen sich fast nur bei Personen zeigen, die es im Übermaß genießen oder sehr schlechte Qualitäten rauchen ..." – Haschisch, fährt er fort, sei gefährlicher (weil es manchmal Affekthandlungen auslöst), aber immer noch harmloser als Alkohol [12].

Über den Opiumrausch

Wie wirkt denn nun Opium? Wollte man den Unterschied zum Alkohol in psychologischer Hinsicht möglichst knapp formulieren, so könnte man sagen: wenn der Mensch unter dem Einfluß des *Weines* „aus sich heraus geht", so zieht er sich unter dem des *Opiums* „in sich selber zurück". Der *extravertierenden* Alkoholwirkung stehe das *introvertierende* Opium diametral entgegen.
Aber „enthemmt" nicht auch das Opium? Gewiß; doch dieser Lockerung der Bremsen des Alltagsbewußtseins folgt die Hinwendung nach innen auf dem Fuß. Die Sinne des Opiumrauchers oder -essers ziehen gleichsam die Fühler ein. Sie werden keineswegs abgestumpft; das kann nur einer glauben, der selbst niemals Opium geraucht hat. Aber das Bewußtsein, das vorher die Sinne wie Fangarme oder Angeln der Außenwelt zugewandt hielt, wendet sich ab und schließt die Fenster.
Daß Opium körperliche Schmerzen betäubt, ist ja bekannt; im Orient ist es jahrhundertelang das Allheilmittel gewesen, von dem es hieß: „Es heilt alles außer sich selbst"; und in ganz ähnlicher Weise beruhigt und besänftigt es auch die seelischen Leiden. „L'être qui souffre", schreibt der Franzose *Busquet* sehr zutreffend, „n'est plus alors que le spectateur indifférent de sa propre souffrance. L'opium rend donc le malade qui souffre étranger à sa propre souffrance." [13]
Ich möchte meinen orientalischen Freunden recht geben, die sagen, daß Opium zugleich entrückt und weckt. Entrückt wird der Raucher den Leiden, Sorgen, Ängsten, Mißhelligkeiten und Spannungen, mit denen uns der Alltag überhäuft. Nicht so, daß er sie vergessen oder verdrängen würde! Das Opium macht klar, nicht dumpf. Es hüllt

uns nie in jenen Nebel ein, in dem im Alkoholrausch die materiellen und seelischen Realitäten verschwimmen und ihre Konturen verlieren.

Eher das Gegenteil trifft zu. Alles, woran ich auch sonst denke, und was mein Dasein und So-Sein ausmacht, ist jederzeit gegenwärtig, mit sogar noch gesteigerter Klarheit; aber es ist gleichsam von einem Aggregatzustand in einen anderen, höheren umgesetzt worden. Die Kohle ist zum Diamant verdichtet, der „Rohstoff Leben" zum Kunstwerk geworden; und diese neue, gereinigte, kristalline und bis zum Grund durchsichtige Realität hat ihre frühere Fähigkeit, mir weh zu tun, mich zu verwirren und zu verängstigen, eingebüßt.

Das Opium macht gelassen, indem es, wie das ein Perser einmal formuliert hat, „Gedanken und Erinnerungen die Giftzähne ausbricht". Allerdings macht es aus demselben Grund auch in gewisser Weise „beziehungslos", aber wir werden später noch davon zu reden haben, daß diese Art Beziehungslosigkeit vom Orientalen, und ganz besonders vom Mystiker, als Voraussetzung jeder höheren Erkenntnis bewußt angestrebt wird.

Eine runde Ruhe, ohne Wolken und Wind, erfüllt den inneren Himmel des Opiumrauchers von Horizont zu Horizont. Und doch setzt Opium keine rosarote Brille auf. Es verwandelt seine Liebhaber nicht in hektische Illusionisten und künstliche Optimisten, die schwierige Kletterpartien mit harmlosen Sonntagsspaziergängen verwechseln. Solche Stimmungen erzeugt beispielsweise das Amphetamin, der Wirkstoff zahlreicher Weckamine, das sich darum in unserer auf dem Leistungsprinzip beruhenden Gesellschaft einer so großen Beliebtheit erfreut.

Opium hingegen löst die Seele aus ihrer Verflechtung mit den Dingen des Alltags und der Außenwelt. Der Opiumraucher betrachtet das Dasein, auch sein eigenes, ja, die ganze „comédie humaine", mit den Augen eines Theaterbesuchers, der aus dem Dunkel und der Geborgenheit seiner Loge heraus ein Schauspiel auf der hell erleuchteten Bühne verfolgt.

Opium macht still und sanft. Es inspiriert und beflügelt die Phantasie, auch die erotische, steigert die Sensibilität und das Zärtlichkeitsempfinden, während gleichzeitig Bewegungs- und Betätigungstrieb, Mitteilungsbedürfnis, Ehrgeiz, sexuelle Potenz, Affekte und Aggressivität ganz allgemein, verringert werden.

Verlauf eines Opiumrausches (S. Hedâyat)

In seinem Roman „Die blinde Eule" (1936) hat S. Hedâyat mehrmals die Wirkung des Opiums, das ihn selbst durch sein ganzes Leben begleitet hatte, gepriesen und beschrieben. Eine der Stellen, die wir in vollem Wortlaut zitieren, lautet so:

„. . . ich wollte mich konzentrieren, und nur der feine Rauch des Opiums konnte meine Gedanken sammeln und mir Ruhe spenden. Ich rauchte, was mir noch an Opium geblieben war, damit diese wunderwirkende Droge mir alle Hindernisse und Schleier von den Augen nehme, all die aufgetürmten fernen und aschgrauen Erinnerungen vertreibe. Und der Zustand, auf den ich wartete, kam in noch stärkerem Maße als erhofft: langsam nahmen meine Gedanken eine große Schärfe, eine zarte Reinheit an. Ich fiel in einen Zustand, der halb Schlaf war und halb Ohnmacht.

Dann war mir, als ob eine Last von meiner Brust genommen würde. Mir schien, das Gesetz der Schwere gelte für mich nicht mehr, und frei flog ich hinter meinen Gedanken her, die reich und weit und überdeutlich klar waren. Eine tiefe, unaussprechliche Wollust erfüllte mich. Ich war frei von der Last meines Leibes. Mein ganzes Sein fühlte sich der still in sich dahintreibenden Welt der Pflanzen zugehörig, einem beruhigten Dasein und doch voll zauberisch lieblicher Formen und Farben.

Der Zusammenhalt meiner Gedanken löste sich, und sie mischten sich mit diesen Farben und Gestalten. Ich war in Wellen getaucht von sanftester Zärtlichkeit. Ich konnte das Schlagen meines Herzens hören, das Pochen meiner Pulse spüren. Und all dies war voll tiefer Bedeutsamkeit und erfüllte mich zugleich mit einem unendlichen Entzücken.

Ganz und gar wollte ich mich diesem Schlaf des Vergessens hingeben. Wäre es möglich gewesen, dieses völlige Vergessen, hätte es Dauer haben können, wenn meine Augen, sich schließend, über allen Schlaf hinaus lind ins absolute Nichts eintauchten, und ich das Bewußtsein meiner Existenz nicht mehr verspürte; wenn mein ganzes Sein sich in einen Tintenfleck, in ein Wehen von Musik oder in einen bunten Strahl von Licht auflöste, und diese Wellen, diese Formen bis in unendliche Ferne wüchsen, um still dann zu verblassen bis zur Unkenntlichkeit – dann, ja dann wäre ich am Ziel all meines Wünschens angelangt.

Nach und nach überkam mich Müdigkeit und Starre. Es war eine angenehme Müdigkeit, wie wenn zarte Wellen von meinem Körper ausgingen. Dann meinte ich, mein Leben beginne nach rückwärts abzulaufen. Nacheinander sah ich Erfahrungen, die längst vergangen, Zustände und Ereignisse von einst, verwischte Erinnerungen, vergessene, an meine Kinderzeit. Nicht bloß, daß ich sie nur sah – handelnd und fühlend nahm ich daran teil. Von Augenblick zu Augenblick wurde ich jünger und noch kindlicher. Dann – plötzlich – wurde alles ungenau und dunkel, und mir schien, mein ganzes Sein hinge an einem dünnen Haken auf dem Grunde eines finsteren und tiefen Brunnens. Dann kam ich von dem Haken los und fiel und fiel, und kein Widerstand verhielt den Sturz – es war ein bodenloser Abgrund im Innersten einer ewigwährenden Nacht. Dann, nach und nach, tauchten lange Folgen unklarer und verwischter Bilder vor meinen Augen auf. Dann sank ich in völliges Vergessen ..."

Gewisse Eigenarten der Opium-Wirkung erschienen Hedâyat derart typisch, daß er sie mit denselben oder sehr ähnlichen Ausdrücken wiederholt geschildert hat: so beispielsweise die „große Schärfe" und „zarte Reinheit" der Gedanken – ein Zug, der bekanntlich auch von Thomas de Quincey stark betont worden ist –, oder auch das Zugehörigkeitsgefühl des Opium-Rauchers zur „still in sich dahintreibenden Welt der Pflanzen".

Diese letztere Beobachtung, die ich für sehr wesentlich halte, kehrt wieder in einer späteren Beschreibung Hedâyats, wo sie nicht nur bestätigt und präzisiert, sondern überdies deutlich im Sinne einer „participation mystique" gedeutet wird. Diese Stelle lautet:

„Wenn ich über meinem Feuerbecken hockte, verloren sich all meine schwarzen Gedanken in dünnem, überirdischem Rauch. Mein Leib dachte, mein Leib träumte, er glitt dahin, als sei er befreit von der Dichte und der Schwere irdischer Luft, und flatterte durch eine fremde Welt unbekannter Farben und Formen. Das Opium hatte mir seine Pflanzenseele, seine Pflanzenseele mit kaum wahrnehmbar trägen Bewegungen eingehaucht, und ich lebte und bewegte mich inmitten der Welt der Pflanzen; ich war selber eine Pflanze geworden ..." [14]

Vergleich mit anderen Drogen

Henri Michaux beschreibt die Wirkung des Opiums, das er einer Bronchitis wegen eingenommen hatte, folgendermaßen:

„Nun waren die Gereiztheiten, die Störungen, die Mikro-Leiden getilgt, man hatte mir diesen zerlöcherten Überzieher ausgezogen. Ich war erstaunt über sein Verschwinden, mehr noch allerdings darüber, daß ich ihn seit meiner Kindheit angehabt hatte, ohne es zu wissen. Im Vergleich mit den gegenwärtigen entspannten Momenten ging mir die Tatsache auf, zweifellos in meinem ganzen Leben bisher keine Stunde organischer Ruhe gehabt zu haben." [15]

Tatsächlich gibt es wohl keine andere Droge, die eine so elementare, so unbedingte *Ruhe* schenkt wie das Opium. Jeder Vergleich kann uns das nur immer wieder bestätigen. Die Vorstellung, die wir im

Westen mit dem Wort „Rausch" verbinden, ist ja fast immer geprägt von der Wirkung des Alkohols; und diese ist der des Opiums derart entgegengesetzt, daß es verständlich ist, wenn Thomas de Quincey so nachdrücklich versichert, „daß keine Menge Opium je betrunken macht oder überhaupt betrunken machen kann" [16].
Ähnliches gilt im Vergleich zum Haschisch, weshalb Ernst Jünger seinen Antonio Peri feststellen läßt:

„Der Auszug des *Hanfes* ist ein altbekannter Schlüssel zur Bilderwelt, doch öffnet er andere Säle als der *Mohnsaft,* als dessen männliche Entsprechung man ihn bezeichnen kann. Der Geist des Opiumessers wird empfänglich; die Bilder ziehen in ihn ein, sie zeichnen ihre Charaktere wie auf ein jungfräuliches Blatt. Dagegen führt der Extrakt des Hanfes den Geist aus sich heraus und läßt ihn in die Bilderreiche eintreten. Aus dieser aktiven Potenz erklärt sich, daß, wenn die maximale Dosis überschritten wird, Tobsuchtsanfälle und Wahnsinn drohen, indes das Opium einschläfert." [17]

Das Gegensatzpaar aktiv-passiv, männlich-weiblich, das hier Jünger zur Charakterisierung von Hanf und Mohn heranzieht, ließe sich auch zur Kennzeichnung des Unterschiedes zwischen dem *Amphetamin* und seinen verwandten Stoffen einerseits, dem *Opium* und seinen Derivaten andererseits, verwenden.

„Man fühlt sich frisch, lebendig" – schreibt J. Cremerius über die Wirkung der ersteren Gruppe (Amphetamin, Pervitin, Katin usw.) – „alle Mattigkeit, Apathie und Initiativelosigkeit schwinden dahin. Man glaubt sich über alle Maßen leistungsfähig. Schlaf und Hunger kommen nicht mehr an einen heran. Das Glücksgefühl ist hier jedoch nur sekundärer Natur, Folge der Anregung. Es ist nicht so tief, so beseligend wie das durch Morphium ausgelöste ... Der Morphinist *träumt* von Taten, die er tun möchte – der Pervitinsüchtige *tut* im Rausch *mehr,* als er sonst vermag ..." [18]

Dazu paßt auch sehr gut die Wirkung beider Gruppen auf die sexuelle Potenz: die Opiate verringern, die Weckamine dagegen – die durchaus auch als Aphrodisiaka Verwendung finden können – steigern sie. Doch ist das Verhältnis der verschiedenen Berauschungsmittel zur Erotik ein sehr komplexes, bisher noch wenig erforschtes Problem. – „Die Rauschgifte", stellt P. From-Hansen ganz allgemein fest, „werden besonders im Orient oft zur Erzeugung eines sexuellen Rausches benützt; bei uns werden auch Alkohol, Schlafmittel oder Amphetamin zu diesem Zweck verwendet." [19]

In Wirklichkeit verhält es sich allerdings nicht so einfach; denn *die* „Rauschgifte", wie From-Hansen sich allzu simplifizierend ausdrückt, sind gerade im Orient keineswegs generell als Aphrodisiaka gebraucht worden. Dazu sind die Orientalen, und die Asiaten überhaupt, in dieser Hinsicht viel zu fortgeschritten und besitzen von alters her eine viel zu genaue Kenntnis der Materie.

So wird etwa im Standardwerk der chinesischen Materia medica, dem 1597 veröffentlichten und in 52 Bänden gegen 2000 Medikamente beschreibenden „Pên Ts'ao Kang Mu" (Klassifikation von Wurzeln und Kräutern), zwischen Narkotika und Aphrodisiaka sorgfältig unterschieden [20]. Indische Aphrodisiaka, wie man sie beispielsweise im erotischen Lehrbuch „Anangaranga" von Kalyanamalla vermerkt findet, enthalten im allgemeinen keine Rauschdrogen [21]. Unter den mehr als tausend Rezepten von Aphrodisiaka, die das in arabischen, türkischen und persischen Versionen vorliegende Werk „Wasser des Lebens" des Istanbuler Geistlichen Kamâl Pâschâzâdeh aufzählt, spielen Hanf, Mohn und sonstige, narkotisch wirkende Drogen eine ganz untergeordnete Rolle [22]; und unter den 173 Drogen, die der Botaniker O. H. Volk während seines Aufenthaltes in Afghanistan (1950–1953) als in der dortigen Volksmedizin noch gebräuchlich nachwies, bilden die 16 Aphrodisiaka und die 4 Narkotika zwei klar voneinander geschiedene Gruppen [23]. Diese Beispiele könnten leicht vermehrt werden. Sie zeigen, wie sachlich unhaltbar es ist, das ohnehin größtenteils auf Ignoranz beruhende westliche „Rauschgift-Tabu" auch gleich noch auf die orientalischen Aphrodisiaka auszudehnen.

Geschichtliches

Wie schon erwähnt, hat man früher im Orient das Opium gegessen oder getrunken. Geraucht wird es noch nicht sehr lange – nämlich erst vom 17. Jahrhundert an, als nach der Entdeckung Amerikas die indianische Sitte des Tabakrauchens auch in Asien Eingang fand. Nach Angaben des persischen Gelehrten E. Pur-e Dâwod in seinem „Hormazd-Buch" hat damals die Pfeife – entweder über Java, oder aber durch tabakrauchende Spanier über die Philippinen und Amoy – China erobert[24].

„Die Chinesen“, schreibt der dänische Pharmakologe K. O. Møller, „haben Haschisch nie benützt (?)[25], sondern immer das Opium vorgezogen. Haschisch führt oft zu Ekstase und Gewalttätigkeiten, Opium dagegen zu einem richtigen Traumzustand, der dem philosophischen, friedlichen chinesischen Temperament besser entspricht, während andere Völker sich eher zum ungestümen Rausch hingezogen fühlen ...“[26]

Es ist eine sehr interessante Tatsache, daß der Opiumgenuß so spät erst, vor rund 250 Jahren, und nur in Verbindung mit dem vorher dort unbekannten Pfeifenrauchen, in Asien zu einer allgemeinen Sitte geworden ist, vergleichbar dem Alkoholgenuß im Westen. Zwar ist die Wirkung des Opiums, wahrscheinlich durch die Araber im Gefolge der Ausbreitung des Islams im 7. und 8. Jahrhundert, schon viel früher bekannt geworden. Daß ein Ghaznawiden-Sultan in der ersten Hälfte des 11. Jahrhunderts Opium zu essen pflegte, erwähnten wir. Ungefähr gleichzeitig (441 H.q.) beobachtete und beschrieb in seinem „Reisebuch“ der persische Dichterphilosoph Nâser Chosrou, wie man in der ägyptischen Nilstadt Soyut aus gespaltenen Mohnkapseln Rohopium gewann und dieses aufbewahrte[27]; und Fachroddin Gorgâni sagt in seinem um 1050 entstandenem Epos „Wis und Ramin“:

> „Mir blieb im Herzen von dir ein Leid,
> das man mit Opium nicht heilen kann.“[28]

Aber die modernen persischen Autoren vertreten übereinstimmend die Ansicht, daß damals wie auch später noch, in der Zeit der Mongolensultanate und Safawidenkönige, das Opium als Genuß- und Berauschungsmittel auf Angehörige des Hofes und der Oberschicht beschränkt blieb. Außerdem kannte und benützte man es natürlich als schmerzlinderndes Betäubungsmittel.

So schreibt der Arzt und Schriftsteller Hasan Pezeschg-zâd in einem 1959 erschienenen Buch, das die geistigen Grundlagen von Orient und Okzident vergleicht: „In alten Zeiten pflegte man die Leiden derer, die durch Schwert oder Lanze verwundet worden waren, mit Opium zu stillen. Damals hielten die Menschen den Schmerz für das Gift und das Beruhigungsmittel Opium für sein Gegengift.“[29]

Teryâk als „Opium" und „Gegengift"

Tatsächlich hat das heute in Persien allgemein gebrauchte Wort für Opium, nämlich „teryâk", im klassischen Sprachgebrauch die Bedeutung von „Gegengift". So endet etwa ein Vierzeiler von Omar Chayyâm:

> „Trink Wein, trink nicht Kummer; denn gesagt hat der Meister
> die Leiden der Welt sind wie Gift, und ihr Gegengift (= teryâk)
> ist der Wein." [30]

Dieses aus dem Griechischen (theriakos) entliehene Wort „teryâk" [31] verwenden die persischen Dichter und Schriftsteller als Synonym von „pâdzahr" oder „pâzahr" [32], die eigentliche Bezeichnung für „Gegengift", die über das arabisierte „bâzahr" als „Bezoar-Stein" auch in die europäische Medizin des Mittelalters Eingang gefunden hat.

„Er sah das Gegengift (teryâk) der Welt und hielt es für Gift (zahr)" [33], sagt irgendwo Dschalâloddin Rumi, und auch er bringt damit – wie der Zeltmacher in dem vorhin zitierten Vers – jene so verwirrende Ambivalenz von Rausch und Berauschungsmittel zum Ausdruck, die niemand schärfer erkannt und tiefer gedeutet hat als die Perser; denn es gibt wohl auf Erden kein zweites Volk, das mit abgrundtiefer Skepsis einen so unstillbaren Durst nach dem Absoluten, nach ekstatischer Hingabe und Selbstaufgabe, verbunden hätte.

Ein persisches Traktat für Opiumraucher (Yazdi)

Der *Drogenforscher* (wie ihn beispielsweise Ernst Jünger in seinem Roman „Heliopolis" in der west-östlichen Gestalt des Antonio Peri geschaffen hat) ist eine durchaus neuzeitliche Erscheinung. Er kann nur in einer Gesellschaft entstehen, deren religiöses Weltbild zerbrochen ist, und in der daher auch das Wissen um den metaphysischen Stellenwert und den Symbolcharakter von Rausch und Berauschungsmittel verloren ging.

Aus eben diesem Grunde hätten Berichte über Selbstversuche von der Art, wie sie im 19. Jahrhundert von Thomas de Quincey über das Opium und von Charles Baudelaire über das Haschisch verfaßt

worden sind, in früheren Epochen und in außereuropäischen Kulturen nicht geschrieben werden können; es fehlten die hierfür notwendigen psychologischen und gesellschaftlichen Voraussetzungen.
„Im Namen Allahs, des Barmherzigen, des Erbarmers. Preis sei Allah, dessen Macht das Opium schuf, und dessen Kraft es die Krankheiten heilen läßt..." Mit diesen Worten beginnt das „Traktat für Opiumraucher" des Abu'l-Qâsem Yazdi – eine aus Versen und Prosa, philosophischen Betrachtungen und praktischen Anweisungen bestehende Abhandlung in persischer Sprache. Über die Person des Verfassers habe ich bisher nichts in Erfahrung bringen können. Jedenfalls erschien sein Traktat, rund 50 Seiten stark, erstmals im Jahre 1898 (1315 H. q.) in Bombay und sieben Jahre später auch in Teheran. Dieses Dokument ist noch in keine andere Sprache übersetzt worden. Wahrscheinlich kennen es nicht einmal meine orientalischen Fachkollegen; denn auch das persische Original ist heute schwer aufzutreiben[34].
Ich werde nun den Leser mit den Grundzügen des kleinen Werkes vertraut machen. Vergleichen wir dieses mit den Bekenntnissen eines de Quincey, die doch aus dem gleichen 19. Jahrhundert stammen, so erhalten wir ein gutes Bild der völlig verschiedenen Bewußtseinslage der zwei Autoren, des Orientalen und des Okzidentalen.
Das Opium, sagt Yazdi, heilt die Krankheiten des Körpers wie die Leiden der Seele; es stärkt Freundschaft und Einigkeit unter seinen Verehrern, und es hält diese davon ab, sich an irdische Nichtigkeiten zu verlieren.
„Darum, o mein Bruder", fährt er wörtlich fort, „verbringe deine paar Erdentage mit dem Genuß der erhabenen Opiumpfeife; denn rasch naht dir das Todesgeschick, und dieses dein zartes Fleisch, das du all die Jahre hindurch fett gemacht hast mit erlaubtem und verbotenem Gut, wird dann zur Speise für Wurm und Ameise..." [35]

Hâfez und der Rausch

Diesem traditionellen Leitmotiv so vieler orientalischer Dichter – daß wir früher oder später ja doch alle sterben müssen, daß gegen den Tod kein Kraut gewachsen ist, und daß daher der *berauschte* dem *nüchternen* Zustand vorzuziehen sei – begegnen wir in unserem

Traktat immer wieder, in verschiedenen Abwandlungen. Man hat diese Haltung oft dem Hedonismus hellenistischer Autoren („carpe diem") und ihrer späteren abendländischen Nachahmer gleichgesetzt. Das ist nur bedingt richtig. Für die großen Dichter und Esoteriker des islamischen Orients ist der Rausch viel *mehr:* nämlich *das* Mittel, die Grenzen der Scheinwelt aus Zeit und Raum überschreiten und jenseits davon, gleichsam über der Wolkendecke, an der Sonnenwelt des „Ewigen Augenblicks" teilhaben zu können. Dazu allein dienen Eros und Rausch, diese Grundpfeiler der mystischen Seinshaltung des Morgenlandes; und jede andere Deutung führt in die Irre. Die Schulmeister-Streitfrage, ob beispielsweise in den Ghaselen von Hâfez (Hafis) der Wein „symbolisch" oder „real", und folglich der Dichter selbst als „Mystiker" oder „Genießer" aufzufassen sei, erübrigt sich: selbstverständlich hat der Wein für einen Wissenden von der Größenordnung eines Hâfez *beide* Bedeutungen, und war er selbst Mystiker *und* Genießer. Verse wie die folgenden (in der ebenso schönen wie sinngemäßen Nachdichtung von Georg Jacob) beweisen das zur Genüge:

„Den Becher, Schenke, laß erglühn vom Purpurlicht der Wonne.
Stimm an ein Lied, o Spielmann, denn nach Wunsch kreist uns die Sonne.
Ich schaut ein göttlich Spiegelbild tief unten im Pokale –
Tor, dessen Sehnen nie gestillt der Wein aus *unsrer* Schale;
ich fürchte, bricht der Morgen an am Tag der Auferstehung,
verklagt statt meines Zechens man dein Fasten als Vergehung.
Ein lebend Herz, das liebend schlug, kann nimmermehr ersterben,
uns ist bestimmt im Weltenbuch, die Ewigkeit zu erben . . ." [36]

Verschiedenheit der Perspektiven im Orient und Okzident

Unser Yazdi, der fünfhundert Jahre nach Hâfez lebte – mit dem er es natürlich, was den geistigen und dichterischen Rang betrifft, in keiner Weise aufnehmen kann –, steht trotzdem noch ganz in derselben orientalischen Tradition. Diese aber betrachtet die *Innenwelt* als die einzig wirkliche und die äußere Realität als Schein und Trug.

Auch „wenn dir die ganze Welt gehört", meint Yazdi, so ist doch dieser äußere Besitz nur ein scheinbarer, eingebildeter. Darum ist

„deine mit Opium gefüllte Büchse besser als eine Kamelkarawane"; denn der Opiumraucher „findet Ruhe vor jeder Stimme", „denkt nicht an Kleid und Brot", ist „befreit von der Begegnung mit der Zeit" [37].

Wir stoßen hier auf einen Punkt von größter Wichtigkeit: der Orientale steht zum Phänoment „Rausch" in einem grundsätzlich anderen Verhältnis als der Abendländer. Für diesen ist die Realität die Außenwelt. Infolgedessen wird er immer versucht sein, jede Lebensform, jede Ansicht und überhaupt alles, was den Menschen vom äußeren *Tun* abhält, als „Flucht" *vor* und *aus* der Realität zu verurteilen. Der Orientale nimmt den entgegengesetzten Standpunkt ein: für ihn ist der „Weg nach innen", die mystische Reise, die einzige Wirklichkeitserfahrung, die Zeit und Raum, und damit die Schleier des Vergänglichen, durchstößt. Daher „flieht", von ihm aus gesehen, wer nach außen lebt: der Tatmensch.

Es ist klar, daß unter diesen Voraussetzungen Osten und Westen zu sehr verschiedenen Konzeptionen des Rausches gelangt sind. Selbst, wenn der Orientale Rausch und Narkotika ablehnt (beispielsweise aus religiös-formalen Gründen), ist der psychologische Vorgang, der zu dieser Ablehnung führt, ein ganz anderer als im Falle seines westlichen Gesinnungsgenossen; und umgekehrt ist die Funktion, die der Abendländer dem Rausch in seinem Leben und Weltbild einräumt, dem Orientalen im allgemeinen größtenteils fremd. Man muß sich dieser verschiedenartigen „seelischen Weichenstellung" bewußt sein; sie erklärt teilweise auch die unterschiedliche Bewertung der Narkotika selbst; denn der westliche Haupteinwand gegen Drogen wie Opium und Haschisch – daß sie nämlich den *Willen* „lähmen" (was selbst Künstler wie de Quincey und Baudelaire als entscheidend betrachten) – tritt in orientalischer Sicht völlig zurück vor der Tatsache, daß die gleichen Drogen die *Phantasie* anregen und beflügeln.

Opium, Alkohol und Sexualität

Doch zurück zu Yazdi. Er weiß auch um die Eigenschaft des Opiums, *sexuelle Potenz* umzusetzen in *erotischen Wachtraum*. Er sagt, daß der Opiumraucher „das Auge vor den Bräuten dieser Welt verschließt". Nachdem er aber so „dem Beischlaf mit ihnen (den irdischen Frauen) abgestorben ist, kostet er dafür den Honig von der Paradiesmädchen Lippen ..." Der Autor ermahnt sich dann selbst, die erotischen Entzückungen des Opiumliebhabers nicht weiter auszumalen, weil sonst „das Schloß der Bräute ohne Schlüssel bleibt" [38]. Das ist deutlich genug. Unter allen Vorwürfen, die man zu Recht und noch viel häufiger zu Unrecht dem Opium gemacht hat, kann dieser *eine* gewiß am wenigsten bestritten werden: der Mohnsaft ist einem normalen, bürgerlichen Ehe- und Familienleben nicht günstig gesinnt. Die Orientalen, und mehr noch die Orientalinnen, wissen das sehr genau. Auch in asiatischen Gesellschaften, die diese Droge integriert haben und in denen deshalb deren Liebhaber keinem moralischen und sozialen Druck ausgesetzt sind, gingen und gehen doch manche Ehen durch das Opium in die Brüche. Allerdings ist das betreffende Sündenregister des Alkohols in Europa und Amerika gewiß nicht kleiner, im Gegenteil; aber die Ursachen sind, dem Charakter der beiden Rauschmittel entsprechend, verschiedene. Wir wollen sie hier kurz beleuchten.

Vom *Alkohol* wird bekanntlich oft behauptet, er verstärke den Geschlechtstrieb. Tatsache ist jedoch, daß hohe Alkoholkonzentrationen im Blut Impotenz bewirken, und niedrigere den Orgasmus wenigstens verzögern, was sich die Medizin bei der Behandlung des vorzeitigen Samenergusses (ejaculatio praecox) auch zunutze macht [39]. Dennoch ist es natürlich richtig, daß ein nicht gerade übermäßiger Alkoholgenuß die Sexualität anregt und den sexuellen Verkehr erleichtert. Das beweist unsere ganze Vergnügungsindustrie. Nur ist dieser Wirkung nicht auf physische, sondern auf psychische Faktoren zurückzuführen. Der Alkohol *enthemmt*, er entfernt aus dem Bewußtsein die Bremsen, er räumt die Schranken im zwischenmenschlichen Umgang aus dem Wege, er führt „Ich" und „Du" zusammen, auch und gerade im sexuellen Bereich. Wenn der Alkohol Ehe und Familienleben zerstört, so vor allem aus *zwei* Gründen: entweder zerrüttet er (bei typischen Alkoholikern) die materielle Existenzgrundlage; oder aber er spielt seine klassische Rolle als Verbündeter des verdrängten „ungelebten Ichs" des einen oder anderen Partners (häufiger des Mannes) und bewegt diesen zu erotischen Abenteuern, „Fehltritten" oder auch sogenannten „Perversionen", vor denen er in nüchternem Zustand wahrscheinlich zurück-

schrecken würde. Jedenfalls aber wirkt der Alkohol fast immer *extravertierend.* Das bedeutet: er drängt auf Verwirklichung der zurückgestauten Wünsche und Antriebe in der Außenwelt.
Ganz anders das *Opium.* Es vermindert nicht nur die sexuelle Potenz als solche, sondern bricht überdies dem sexuellen Verlangen auch in psychischer Hinsicht die Spitze ab. Die Phantasie des Opiumrauchers löst sich gleichsam von ihrer Verbindung mit den körperlich-realen Vorgängen des Beischlafs. Sie gewinnt dabei an Reichtum, Farbigkeit und Spannweite, was sie an Schwerkraft und physischer Realität einbüßt. Das Opium ersetzt, wie Yazdi so zutreffend sagt, den Geschlechtsakt durch den Kuß der Paradiesmädchen. Das heißt nun nicht, daß es für den Opiumliebhaber keine erotische Zweisamkeit gäbe. Ich kenne im Orient Liebesverbindungen – solche zwischen Mann und Frau, wie auch solche zwischen Männern –, die zu einem großen Teil auf gemeinsamer Vorliebe für das Opium beruhen. Wenn es sich dabei um geistig und seelisch hochstehende Menschen handelt, die mit der Droge umzugehen wissen und durch Pausen und kluge Dosierung jede Süchtigkeit vermeiden (was im Orient keine Ausnahme, sondern die Regel ist), dann gehört solche Erotik zum raffiniertesten und kultiviertesten, was diese Erde an Genüssen zu bieten hat. Allerdings ist es für einen Europäer äußerst schwierig, auf solche „Oasen der Seligen" einen Blick zu erhaschen; und dies nicht ohne Grund. Solange eine von Sensationsjägern täglich irregeführte Weltöffentlichkeit die Auslieferung von *Rausch* und *Erotik* an Unterwelt und Prostitution für fast selbstverständlich hält – solange bleibt den Wissenden nur übrig, mehr denn je dem Rat des großen Hâfez zu folgen:

> „Löst dem Pharisäer nicht
> das Rätsel Rausch und Liebe;
> besser, daß der eitle Wicht
> ahnungslos zerstiebe." [40]

Vom persischen Eros

Kurz: wenn der *Alkohol* die bürgerlichen Formen von Ehe und Familie durch die ihm innewohnende Sprengkraft bedroht, so tut dies das *Opium* durch seine Entmaterialisierung der Erotik selbst, was natürlich Familiensinn, Fortpflanzung und Sorge für den Nachwuchs nicht eben fördert. Aber es ist ganz und gar unwahr, daß Opium und Eros einander ausschließen. Gerade der erotisch begabte und anspruchsvolle Mensch wird gelegentlichen Opiumgenuß als bereichernde Steigerung erleben; so wie er sich auch gelegentliche *Onanie*, die Hans Blüher „die großartigste Erfindung des Menschen auf sexuellem Gebiet" nennt, als zusätzliche Farbe seiner erotischen Palette nicht unbedingt versagen wird.

„Menschen dieser Art" – schreibt Blüher, kühner Pionier einer tabufreien Sexologie – „gehen fast gleichgültig an den lebenden Objekten vorüber und verkehren im Stillen mit Götterbildern. Sexuell reichbegabte Naturen mit weiter Phantasie werden nur schwer ohne diese Art von Onanie auskommen, mögen sie im übrigen mit vielen Frauen oder Jünglingen orgastische Gemeinschaft haben. Denn es gibt eben Objekte, die durchaus nur in der Phantasie bestehen." [41]

Die „Götterbilder" Blühers entsprechen den „Paradiesmädchen" bei Yazdi. Vergessen wir nicht, das die *Perser* wahrscheinlich das Volk sind, dessen Dichter in der Verlängerung, Verfeinerung und Vergeistigung des erotischen Rausches durch die Phantasie von allen am weitesten gegangen sind. Hier bleibt noch viel zu entdecken. Dazu genügt freilich nicht, daß einer die persische Sprache beherrscht und ein guter Philologe ist; er muß auch selber im Orient gelebt und geliebt haben, um die doppelte Schallmauer der vieldeutigen „Chiffrensprache" morgenländischer Dichtung und des nur allzu verständlichen Mißtrauens heute lebender Kenner und Hüter der orientalischen Tradition allmählich durchbrechen zu können.

Carl von Bohlen, in seinem anregenden Buch „Erotik des Orients", faßt die wenigen, ihm bekannten Quellen mit bemerkenswertem Scharfsinn zusammen, wenn er urteilt:

„Es war der persischen Kultur vorbehalten, diese Praktiken (= *Perversionen*) von ihrem ursprünglich barbarischen Charakter zu reinigen, ihnen höfische Billigung zu verschaffen und sie durch die Poesie zu verklären. Der Sinn dieser ‚Abwertung des Coitus' und dieser Konzentration auf Vorlust und ‚Nebenbefriedigung' bestand letzten Endes darin, die Sexualität vom Objekt loszulösen. Bei manchen Gedichten des Hafis oder des Dschami können wir nicht mehr entscheiden, ob der geschilderte Sexualakt vom Manne mit einer Frau, mit einem Knaben oder gar als Selbstbefriedigung vollzogen wird. Der Partner, das Objekt des Liebesgenusses, wird immer undeutlicher, irrelevanter. Zurück bleibt ... der reine Sexualakt, das heißt sozusagen die ‚erotische Idee an sich' ..." [42]

Das ist zwar im einzelnen durchaus richtig gesehen; aber ganz verständlich wird es dann erst, wenn wir hinzufügen, daß *hinter* dieser Loslösung der Sexualität vom Objekt (und damit auch von „Zweck“ und Zweckdenken) die *mystische* Seinshaltung steht, jene (wie der deutsche Orientalist H. H. Schaeder sich ausgedrückt hat) „Negierung und Auslöschung des Persönlichen“ als „höchstes Persönlichkeitsideal in der islamischen Kultur“ [43] – eine zwar paradoxe, aber deshalb nicht weniger zutreffende Formulierung.

Opiumrauchen als Kunst

Der persische Verfasser unseres Opium-Traktates, Abu'l-Qâsem Yazdi, zeigt uns auch, daß richtiges Opiumrauchen eine *Kunst* ist, vergleichbar etwa der Kunst des Teetrinkens in China und Japan. So gibt er minutiöse Anweisungen über alle notwendigen Vorbereitungen, einzuhaltenden Regeln und unerläßlichen Utensilien. Einige davon seien hier angeführt [44]:

Mindestens 1 Stunde, ehe man zu rauchen anfängt, sollen die Vorbereitungen getroffen werden; dazu gehören: der Raum soll sauber und aufgeräumt sein; Kohlenbecken, Samowar, Wasser- und Opiumpfeife, Feuerzange, Teetassen, Tabak und Zucker müssen in reinlichem Zustand und möglichst guter Qualität (es werden verschiedene Sorten diskutiert), jedes an seinem vorbestimmten Platz, griffbereit sein; ebenso natürlich das zu „Pillen“ (habb) zerkleinerte Opium selbst: 24 „Erbsen“ (nâchod) ergeben 1 mesqâl (= ca. 5 g). Hinsichtlich der Frage, wieviele „Erbsen“ eine „Pille“ umfassen solle, sind sich „die Theologen der Opiumpfeife uneins“: die Angaben variieren von mindestens 2 bis höchstens 8 nâchod.

Es gilt als verpönt, *allein* zu rauchen; denn „ist der Raucher allein, steht zu befürchten, daß ihm die Dämonen Gesellschaft leisten“. Ebenso soll man nicht unter *Fremden* und *Nichtrauchern* rauchen. In gemischter Gesellschaft müssen die Nichtraucher symbolisch „wenigstens eine Pille“ mitrauchen. Als ideal aber gilt ein kleiner, in sich geschlossener *Freundeskreis.*

Verboten sind ferner: Rauchen an windigem, schmutzigem oder dunklem Ort; in Gesellschaft eines Tadlers; Sprechen während des Rauchens – und insbesondere, wenn das Opium am Pfeifenkopf

zischt; Trinken von abgestandenem, zu schwachem, lauwarm oder kalt gewordenem Tee.
Gebote: Raucher soll bei Besuchen in fremden Häusern sein *eigenes* Opium mitführen und rauchen – es sei denn, er werde vom Hausherrn ausdrücklich eingeladen; bedürftige oder in Not geratene Raucher, die weder Opium noch Geld mehr besitzen, müssen von anderen Rauchern unterstützt werden.
Regeln: Anwärmen des Pfeifenkopfs (aus Porzellan) vor Gebrauch; Abbruch des Gesprächs, wenn Opium zu brutzeln beginnt; Gefäß unter Pfeifenkopf stellen, damit fallende Funken Raucher nicht beunruhigen oder ablenken; der Rauch soll möglichst tief eingezogen und möglichst lange behalten, der Rest stoßweise durch die Nase entlassen werden; Raucher soll 3 „Pillen" hintereinander rauchen, anschließend heißen Tee trinken, Wasserpfeife rauchen, die Augen halb schließen, sich zurücklehnen und „wach-träumen" – auch dann soll er sich möglichst schweigend verhalten und „höchstens auf zehn Worte ein einziges langsam antworten" ... So weit Yazdi.

Integration des Rausches im Orient

Man sieht schon aus diesen wenigen und zusammenfassenden Angaben, welch großes Gewicht hier auf Dinge gelegt wird, die wir im Westen versucht sind, wegwerfend als „Äußerlichkeiten" zu bezeichnen. Aber der Orientale ist durch und durch *Formalist*. Während der Abendländer „sich verwirklicht" in seinem *Tun*, bringt der Morgenländer „sich zum Ausdruck" in seinem *Sein*. Dynamisch ist der eine, statisch der andere. In der peinlich genau eingehaltenen Zeremonie, der aristokratischen Verachtung des Zeitfaktors, äußert sich dasselbe, auf überpersönliche *Dauer* gerichtete Stilbewußtsein, dem wir auch im vieldeutigen Symbolcharakter orientalischer Dichtung begegnen.
Nun verstehen wir auch, warum wir „Berichte" und „Bekenntnisse" über Selbstversuche mit Narkotika, wie sie im 19. Jahrhundert Thomas de Quincey, Baudelaire und andere verfaßten, im Orient erst in neuester Zeit – unter dem direkten Eindruck und Einfluß der Verwestlichung – finden können. Der traditionelle Orient hatte den Rausch *integriert* in seine Lebensformen, hatte Erfahrungen mit

verschiedenen Narkotika *umgesetzt* in Kunst, Erzählung, Dichtung. Ein individuelles, darum notwendig sehr persönlich gefärbtes „Versuchsprotokoll" über den Verlauf eines Opium- oder Haschisch-Rauchens würden die meisten Orientalen auch heute noch als eine höchst langweilige, geist- und kunstlose Wichtigtuerei betrachten.

Yazdi und de Quincey

Ein Yazdi fand für seine „Kunst des Opiumrauchens" den hiezu passenden kulturellen und gesellschaftlichen Rahmen; für seinen Zeitgenossen Thomas de Quincey war dies in keiner Weise der Fall. Für ihn, den Engländer, gehören *Einsamkeit* und *Opiumgenuß* ganz selbstverständlich zusammen. Während seines doch jahrzehntelangen Umgangs mit der Droge hat er diese offenbar kein einziges Mal mit einem Freund zusammen – oder auch nur im Beisein eines anderen Menschen – eingenommen. Art und Inhalt seiner Erfahrungen und Beobachtungen sind die eines Einzelgängers, eines Exzentrikers, für den Alleinsein der natürliche Zustand, Gemeinschaft ein kaum zu bewältigendes Problem ist.
Ähnliches gilt für de Quinceys ihm geistig verwandte Zeitgenossen und Nachfahren: den Amerikaner E. A. Poe oder den Franzosen Baudelaire, und die Isolierschicht, die solche Menschen umgibt, wird im 20. Jahrhundert nicht etwa dünner, sondern im Gegenteil noch dichter, noch undurchdringlicher – Gottfried Benn ist ein Modellfall hiefür, und Ernst Jünger hat mit seinem Antonio Peri diese ganze Tendenz folgerichtig in die Zukunft verlängert und sie einmünden lassen in einen westöstlichen „Mönch des Rausches", der zur Tarnung nach außen ein bourgeoises Doppelleben führt.

Der Typus des Drogenforschers im Westen

Kurz: dieser modern-westliche Typus des Rauschkenners und Narkotika-Forschers lebt als bewußter „Eremit in der Kristallwelt" (Jünger); und er bezahlt seine inneren Erkenntnisse mit äußerer Vereinsamung, und diese beiden Faktoren stehen offensichtlich in direkter Proportion zueinander. Die Brücke, die diese seelischen

Höhlenforscher mit der Realität ihrer Gesellschaft noch verbindet, ist einzig die literarische Äußerung.

De Quinceys Bekenntnisse, Baudelaires „Künstliche Paradiese", Poes surreale Visionen, die Protokolle und Graphiken von Henri Michaux, Jünger-Peris „Logbuch", Benns „Provoziertes Leben": es sind doch lauter Versuche, einsame Expeditionen in Bereiche, die unsere Gesellschaft zum „Tabu" erklärt hat, nachträglich dieser selben Gesellschaft zu schildern – wobei natürlich der Bericht auch eine Art Rechtfertigung darstellt; denn er beweist wenigstens, daß der illegale Grenzübertritt nicht aus unmoralischer Genußgier erfolgte, sondern aus Erkenntnisdrang und also mehr oder weniger „im Dienste der wissenschaftlichen Forschung".

Dem *Forscher* aber verzeiht die westliche Gesellschaft, was sie andernfalls unverzeihlich fände. Der Wissenschaftler genießt heute ähnliche Vorrechte wie früher Dichter, Heilige, Fürsten und Priester. Wo andere angehalten und zurückgeschickt werden, zückt er seinen Diplomatenpaß und fährt unangefochten in die verbotenen Zonen. Wen kann es da noch wunden, daß es in unserer Zeit und Zivilisation mehr gute Wissenschaftler als gute Dichter gibt? Oder leben vielleicht die Dichter incognito – als Forscher?

III

Wein und Haschisch im Orient

Beispiel eines orientalischen Weingedichtes (Rudaki)

Es gibt im Orient eine besondere literarische Gattung, die der sogenannten „chamritât“, das heißt: Weinpoesien. Eines der schönsten, mir bekannten Beispiele stammt von dem frühen persischen Dichter Rudaki (geb. 875). Dessen Heimat war ein Dorf in der Nähe der heute russischen Stadt Samarkand. Als Poet, Sänger und Musiker stand er am Hof der Samanidenfürsten zeitweise in so hoher Gunst, daß er zweihundert Sklaven besaß und hundert Kamele benötigte, um sein Hab und Gut zu befördern. Später fiel er in Ungnade und starb in Armut. Von den wenigstens 100 000 Doppelversen, die er geschaffen haben soll, sind nur verschwindend wenige, nämlich 804, erhalten geblieben – darunter auch das erwähnte Weingedicht. Ich will meine deutsche Fassung, die so getreu wie möglich ist, hier folgen lassen; um so mehr, als meines Wissens dieses kleine Kunstwerk bisher noch nie in eine europäische Sprache übersetzt worden ist:

„Bring ihn, den Wein, er könnte sein: Rubin, geschmolzner Edelstein;
ein Schwert, gezückt der Sonne zu: darin gespiegelt Funkelschein;
er könnte sein für den Zecher wie Rosenwasser im Becher, so fein und
[so rein;
mag scheuchen den Kummer und tropfen den Schlummer in schlafloses
[Auge hinein;
es sei sein Pokal wie Gewölk, und ein Regen voll Segen der Wein;
ein erhörtes Gebet mag er sein, mag Seligkeit sein nach der Pein.
Gäbe es *ihn* nicht, den Wein, wären Herzen nur Wüstenein;
wär' auch der Körper entseelt, es beseelte ihn wieder der Wein.
Doch entführte ein Adler ihn heim, und ließe er uns hier allein,
damit ihn kein Mund, der gemein, mehr könnte entweihn: möge es sein!“ [1]

Kulturgeschichtlich und soziologisch gesehen, ist dieses Gedicht ein Beleg mehr für die ohnehin bekannte Tatsache, daß das koranische Verbot den Weingenuß an orientalischen (und insbesondere persischen) Fürstenhöfen nie ernstlich behindert hat – wenn nicht zufällig ein Asket oder Frömmler auf dem Thron saß, was beides nicht eben häufig geschah.

Der Schluß des Gedichtes, das Bild des Adlers, der den Wein wieder himmelwärts davonträgt, damit ihn kein Unwürdiger zu trinken bekommt, läßt vermuten, daß Rudaki die altorientalische Sage von der Herkunft des Weines – von der wir gleich sprechen werden – gekannt hat; denn dort bringt auch ein Adler den Menschen die Weintraube. Der Wein ist also „himmlischen Ursprungs", und schon deshalb sollte er gemeinen Seelen versagt bleiben. Denn diese werden die Heiligkeit des Rausches in ihr Gegenteil verkehren. Vielleicht sind deshalb Dichter wie Rudaki oder Hâfez von der Ansicht des Propheten Mohammed gar nicht so weit entfernt.

Alkohol und Fürstenhöfe

Es ist keineswegs so, wie westliche Autoren manchmal annehmen, daß Haschisch im Morgenland einfach den Alkohol ersetzt hätte. An den Fürstenhöfen floß der Alkohol gewöhnlich „wie ein Bach"; auch betont fromme, zu Meditation und Askese neigende Große verschmähten ihn nicht; Herrscher wie der berühmte Sultan Mahmud von Ghazna und noch viel mehr sein im Guten und Bösen völlig maßloser Sohn Mas'ud, die doch im Namen des Islam ihre großen Eroberungszüge nach Indien unternahmen, tranken regelmäßig und in aller Öffentlichkeit oft Unmengen von Wein. So schildert etwa der Hofschreiber Beihaqi ein Gelage, an dem der riesenhafte und bärenstarke Sultan Mas'ud (gest. 1041) alle seine Partner – Sänger, Musikanten, Possenreißer, Offiziere, Höflinge – unter den Tisch trank und anschließend, als wäre dies das Natürlichste in der Welt, ausgerechnet die Gebetsriten vollzog [2].

Während, wie Pur-e Dâwod versichert, das vor-islamische, mazdaistische Iran Haschis als „ahrimanisch" verurteilt hatte [3], war gleichzeitig der Wein erlaubt und sehr beliebt gewesen. In islamischer Zeit waren dann die Zarathustrier oder „Magier", wie man sie hieß, neben den Juden und manchmal Christen die traditionellen Weinhändler, und noch heute stellen sie beispielsweise in Yazd ihren eigenen, ganz vorzüglichen Wein her [4].

Die Legende von der Entdeckung des Weines

In dem wahrscheinlich im 11. Jahrhundert verfaßten und Omar Chayyâm zugeschriebenen, persischen „Neujahrsbuch" wird folgende Geschichte über die Entdeckung des Weines erzählt:
Einst regierte in Herat (im heutigen Afghanistan) ein mächtiger König namens Schamiran. Als er eines Tages unter freiem Himmel Audienz abhielt, erschien plötzlich ein mächtiger Adler und stürzte unweit vom Herrscher schreiend zur Erde nieder. Da sahen die Anwesenden eine Schlange, die sich um den Hals des Vogels gewunden hatte und ihn zu beißen versuchte. Aber noch eh ihr das gelang, hatte der Sohn des Königs auf Geheiß seines Vaters den züngelnden Schlangenkopf mit einem Pfeil getroffen und an den Boden geheftet. Der gerettete Adler flog davon. Genau ein Jahr später kehrte er zurück, trug einige Körner im Schnabel und legte sie dort hin, wo damals der Pfeil die Schlange getötet hatte. Der König ließ die Samen in die Erde pflanzen, und es wuchsen darauf Zweige, Blätter und Büschel von Beeren, wie man sie bisher im ganzen Reich noch nie zu sehen bekommen hatte. Die Beeren waren sehr saftig und verspritzten, wenn sie zu Boden fielen, aber aus Angst, sie könnten giftig sein, hatte niemand den Mut, davon zu kosten.
Schließlich kamen der Fürst und seine gelehrten Ratgeber überein, den Beerensaft in ein großes Gefäß zu sammeln und von einem Gärtner bewachen und beobachten zu lassen. Nach einigen Tagen begann die Flüssigkeit zu brodeln, so, als koche sie ohne Feuer. Die Überraschung war groß. Endlich beschloß man, aus dem Gefängnis einen Verbrecher herbeizuholen und ihm von dem Saft zu trinken zu geben.
Nach dem ersten Schluck verzog der Schelm das Gesicht; aber nachdem man ihn genötigt hatte, noch einen zweiten Becher zu trinken, wurde er plötzlich sehr fröhlich und übermütig. Er lachte, tanzte, scherzte und bat den König um die Gunst, noch mehr von diesem

Saft genießen zu dürfen. Nachher möge er tun mit ihm, was er wolle; denn sterben müsse der Mensch ja ohnehin einmal.
Man reichte also dem Gefangenen einen dritten Becher. Begierig trank er ihn leer; doch bald darauf schien sein Kopf schwer zu werden, er begann zu stolpern und zu taumeln, fiel dann der Länge nach hin, rührte sich nicht mehr und war, als man nach ihm sah, fest eingeschlafen.
Anderntags war der Schelm wieder munter. Der König befragte ihn über sein Erlebnis, und er antwortete, der erste Becher habe ihm bitter geschmeckt, doch nach dem zweiten habe Fröhlichkeit sein Herz überschwemmt, Welt und Leben seien ihm leicht und heiter erschienen, und der Unterschied zwischen der Majestät des Herrschers und ihm armen Kerl sei ihm gar nicht mehr so groß vorgekommen. Kummer und Elend seien vergessen gewesen. Nach dem dritten Becher schließlich sei er in einen Schlaf gefallen, wie er sich einen tieferen und besseren nicht hätte wünschen können . . .
Darauf verzieh der König dem Schelm und ließ ihn laufen. Die Gelehrten jedoch berieten und kamen zum Schluß, dieser Saft sei für die Menschen eine große Wohltat, und sie nannten ihn „Wein" und die Pflanze, die ihn hervorbrachte, „Weinstock"; und noch heute kann man vor der Stadt Herat den Garten sehen, wo zum erstenmal Trauben wuchsen[5].

Man sieht: wer immer auch der Verfasser des „Neujahrsbuches" gewesen sein mag – er war jedenfalls dem Wein und seinen spezifischen Wirkungen günstig gesinnt, genau wie Hâfez, die meisten persischen, und auch so viele arabische und türkische Dichter, und auch aus denselben Gründen. Übrigens habe ich eine andere Version unserer Geschichte in dem arabischen Werk „Goldebenen und Edelsteinminen" entdeckt, dessen Verfasser der im Jahre 956 verstorbene Weltreisende und Autor einer vielbändigen Universalgeschichte Ali al-Mas'udi ist. Er erzählt diese wohl sehr alte orientalische Überlieferung mit einigen interessanten Abweichungen:
Bei ihm ist der Herrscher ein König von Syrien. Dieser erschießt eine Schlange, die ein Vogelnest bedroht. Auch ihm übergibt der Vogel zum Dank einige Körner. Die Beeren der unbekannten Pflanze, die daraus sprießt, geraten ebenfalls in Gärung, aber die Wirkung ihres Saftes wird nicht an einem Verbrecher, sondern an einem Greis aus-

probiert. Und endlich gesteht der König das Recht, den damit entdeckten Wein zu genießen, nur sich selbst zu – ein Zug, in dem sich vielleicht das islamische Weinverbot spiegelt [6].

Vom Haschisch als Betäubungsmittel

Alkohol und Haschisch vermischt, haben von jeher auch als Betäubungsmittel im Orient Verwendung gefunden. Als solches begegnen sie uns häufig in den orientalischen Volkserzählungen, bekanntlich auch in „Tausendundeine Nacht".

Das „Barzo-Buch" berichtet etwa von einer turanischen Musikantin namens Susan, die mit ihrem Begleiter, dem Recken Pilsam, an einem Kreuzweg ihr Zelt aufschlug und dort durchziehenden iranischen Kämpen auflauerte, die sie mit ihrer Schönheit und ihrem Harfenspiel bestrickte, um sie dann mit in Wein aufgelöstem Haschisch zu betäuben, worauf Pilsam die so Berauschten mühelos überwältigen und gefangen setzen konnte [7].

Als Betäubungsmittel spielten Hanfpräparate auch in der Kriminalität eine wesentliche Rolle. So schildert zum Beispiel Ebn al-Marzobân (gest. 921) in seinem arabischen Buch „Der Vorzug der Hunde" einen Überfall durch einen Wegelagerer, von dem es heißt, er sei ein „mobannedsch" gewesen, das heißt: ein „mit Bandsch (= Haschisch) Betäubender" [8].

Natürlich wurden in solchen Fällen sehr hohe Dosierungen verwendet, da man ja nicht einen Rauschzustand, sondern die völlige Betäubung anstrebte. Handelte es sich aber darum, Haschisch bewußt als Rauschdroge zu genießen, so achtete man sehr darauf, Maß zu halten.

Vierzeiler über Haschisch und Wein (Mahsati)

Das geht deutlich aus einem Bericht hervor, der aus einer noch unveröffentlichten, anonymen Handschrift stammt, die im Nizami-Museum von Baku liegt. Thema dieses Volksromans sind die Liebesabenteuer und Vierzeiler der schönen persischen Dichterin und Hetäre Mahsati, die wahrscheinlich in der ersten Hälfte des 12. Jahrhunderts gelebt hat, und deren hoher künstlerischer Rang – sie ist einem Omar Chayyâm an artistischem Können zweifellos überlegen – erst durch das 1963 erschienene Werk ihres Biographen und Herausgebers Fritz Meier erwiesen worden ist[9]. Ihm verdanke ich auch die Kenntnis der folgenden, hochinteressanten Stelle aus dem erwähnten Volksroman:

Mahsati und ihr Geliebter, Amir Ahmad, der Sohn eines islamischen Geistlichen, treffen eines Tages einen 60jährigen Wanderderwisch (qalandar), von dem es heißt, er sei ein begabter Poet „und in jeder Hinsicht vollkommen und tugendsam". Sie bieten ihm Wein an. Der Alte erwidert, Alkohol habe er noch nie getrunken, doch sei er ein Liebhaber von Hanfsamen (persisch „schâhdâné" = „Königskorn"). Als man ihm das Gewünschte gebracht hat, spricht er den Vierzeiler:

„Vom Haschich wird der Peniskopf gleich dem Amboß;
wie er auch sei – er wird zweimal so groß.
Jeder Feueranbeter und Jude und Armenier wird sogleich
aus Wohlbehagen ein Moslem, nachdem er Haschisch genoß."

Darauf antwortet Amir Ahmad:

„Das Haschisch ist es, das dem Verstand Erleuchtung bringt;
(doch) zum Esel wird, wer ihn wie Futter verschlingt.
Das Elixier ist Genügsamkeit: iß von ihm nur ein Korn,
damit es goldgleich ganz das Sein deines Daseins durchdringt."

Nun mischt sich Mahsati mit den folgenden Versen ein:

„Der Weintrinker, ist er auch reich, sein Gut wird verschwinden,
in Wirrnis und Aufruhr wird all das Seine er finden.
(Doch) gieße ich mir von diesem Smaragdwein in die Kehle,
damit der Viper meines Grams das Aug' soll erblinden."

Und nachdem ihr der Freund einen Vierzeiler erwidert hat, fährt sie so fort:

„Damit du nicht glaubst, Haschisch sei unterlegen dem Wein,
nimmt mit dem Haschisch den Rosenwein im Verein!
Die Edelsteinmine ist dieser, und jenes die Hefe des Denkens;
(noch) besser ist des Haschischs Erde als das Blut vom Wein."

Amir Ahmad macht ihr ein Kompliment über die Schönheit ihres „engen Mundes voll Haschisch" und wünscht, sowohl dieses wie auch der Wein möchten ihr schmecken, worauf die Dichterin mit einer spöttischen Anspielung auf den geistlichen Stand des Vaters ihres Freundes zur Antwort gibt:

„Ihrem mondgleichen Angesicht gaben die schönen Knaben
Farbe, seit sie dem Haschisch sich zugewandt haben.
Aus Furcht vor dem Vater wagen sie Wein nicht zu trinken;
das ist's, warum sie sich alle dem Haschisch zugewandt haben."

Offensichtlich etwas verägert, verteidigt Amir Ahmad sich so:

„Ich ziehe das Hanfkorn dem Goldkorn (selbst) vor,
(auch) der schwarzen Locke ziehe ich's vor.
Ich halte jeden für einen Esels Arschmitte,
der sich unser Hanfkorn zur Lust nicht erkor."

Die schöne Mahsati erwidert mit Versen, die den traditionellen „Fatalismus" des Orients dem Weltlauf gegenüber mit praktischer Lebensklugheit verbinden:

„Durch das Essen von Haschisch wird der Verstand nicht vermehrt,
und nicht anders wird vom Nichtessen die Welt (und ihr Wert).
Gegen Traurigkeit (hilft es), davon ein wenig zu essen;
doch esse keiner sich voll, damit ihn nicht Frechheit versehrt."

Amir Ahmad stimmt zu:

„Ein jeder, der dem Haschisch als Sklave verfällt,
ist bald lebendig, bald ein Toter, vom Schlafe gefällt.
(Während) das Essen von wenigem die Traurigkeit abwehrt,
ist, wer zuviel ißt, in Blödheit zerschellt." [10]

Diese Wechselrede über das Haschisch ist darum so aufschlußreich, weil sie in aller Kürze eine Reihe von Feststellungen enthält, die auch sonst die Haltung des Orientalen dieser Droge gegenüber kennzeichnen.

Der Wettstreit zwischen Haschisch und Wein (Fozuli)

Ein anderes bedeutsames und in seiner Art köstliches Zeugnis für das Verhältnis von Wein und Haschisch im Orient ist das kleine Epos „Benk u Bâdé" [11] des türkischen Dichters Mohammad ebn Soleiman Fozuli aus Baghdad, der außer im osttürkischen Azeri-Dialekt auch in arabischer und persischer Sprache schrieb, in Nach-

ahmung von Nizami – mit dem er sich allerdings nicht messen kann – ein Leila-Madschnun-Poem verfaßte, und 963 H. (1556) gestorben ist.
Das Werk, das uns hier interessiert, stellt eine Allegorie dar. Nach den verschiedenen Vorreden, die, wie üblich, Gott, dem Propheten, seinem Schwiegersohn Ali und einem Fürsten gewidmet sind, beginnt die Geschichte damit, daß uns der Wein als ein großer Herr vorgestellt wird, der in Gesellschaft seiner Vasallen Raki, Bier (buzé) und Dattelschnaps (nabiz) tafelt. Als der Wein in Stimmung kommt, beginnt er zu prahlen, mit ihm könne es niemand aufnehmen, alle Menschen hätten ihm zu dienen, und keiner würde es wagen, sich ihm nicht zu beugen ...
Darauf erscheint der Schenke. Zwar lobpreist er den Wein und kniet vor ihm nieder, erzählt dann aber, er sei gestern in eine seltsame Gesellschaft geraten. Diese habe ein vornehmer, grüngekleideter Herr mit dem Aussehen eines Sufi beherrscht. Sein Äußeres sei angenehm, sein Inneres geheimnisvoll erschienen. Er habe den Propheten Chezr (der vom Wasser des Lebens trank und die Verirrten auf ihren Weg zurückführt) als seinen und der Seinen geistigen Meister (pir) bezeichnet. Der „Grüne" sei zwar liebenswürdig, aber auch voll Hochmut. Er betrachte sich als einzigartig und behaupte, alle Dinge der Welt bestünden aus ihm. Wenn also jemand sich trauen sollte, dem Wein zu trotzen, dann gewiß dieser Grüne. Über diese Rede ergrimmt der Wein. Er beschimpft den Schenken, verdächtigt ihn, sich mit dem Haschisch (denn *er* ist natürlich der Grüne) gegen ihn, den Wein, verschworen zu haben. Sei dem aber nicht so, solle er ihm zum Beweis seiner Treue und Ergebenheit den Kopf dieses „Rebellen" bringen.
Der bestürzte Schenke erklärt sich unter dem Vorwand, er sei betrunken, für außerstande, diesen fatalen Auftrag auszuführen und versucht, den Wein auf später zu vertrösten. Aber dieser, in seinem Zorn nur noch mehr gereizt, nimmt den Schenken gefangen und berät nun mit seinen Getreuen, was gegen das Haschisch, diesen „elenden Vagabunden", unternommen werden könnte.
Während der Arak den Wein ermahnt, geduldig und gelassen zu sein, da er ja ein Schah, und das Haschisch nur sein Knecht sei, dem man also viel zu viel Ehre erweise, wenn man ihn bekämpfe, stellt sich der Dattelschnaps im Gegenteil für einen nächtlichen Überfall

zur Verfügung, bei dem der Feind gebändigt werden sollte, eh er sich zu einer wirklichen Gefahr ausgewachsen habe.

Zwischen diesen beiden Extremen vertritt das Bier eine mittlere Lösung: es bietet sich als Gesandten an, der dem Haschisch (Bang) eine Botschaft des Weins überbringen und die Antwort des Gegners entgegennehmen wolle.

Damit ist der Wein einverstanden, und er hält eine Schimpfrede auf das Haschisch, die zusammengefaßt etwa so lautet: Du bist kalt, närrisch, unzüchtig, und ein Anführer des Abschaums, verleitest zu Knabenliebe, Hochmut, Faulheit und Freßlust. Du raubst den Deinen Verstand und Mannhaftigkeit, und daß du grün bist, bedeutet nur, daß du den Rost am Spiegel der Natur bildest [12]. Entweder unterwirfst du dich mir, dem Wein, dienst mir und nässest dein trokkenes Gehirn, oder aber du mußt aus dieser Gegend verschwinden ...

Darauf erzählt der Wein folgende Geschichte: in einem Palast in Esfahan lebte einst ein Weintrinker, der eines Nachts, als ihm der Alkohol ausgegangen war, etwas Haschisch zu sich nahm. Als er darauf aus dem Fenster sah, hielt er den zwielichtigen Schein des Vollmonds für Wasser [13]. Er glaubte, eine Sintflut habe die Welt überschwemmt, und er müsse sich schwimmend zu retten suchen, ehe die Wogen auch sein Schloß unter sich begraben würden. So packte er rasch ein Stück Holz und warf sich damit aus dem Fenster. Natürlich schlug er hart auf dem Erdboden auf, und der Schmerz vertrieb den Haschisch-Rauch aus seinem Kopf. Die Ärzte aber, die den Verwundeten pflegten, empfahlen diesem als Heilmittel – Wein.

Anschließend verkündet der Wein sein eigenes Lob: er ist ein großer Herrscher, der jeden, der es mit ihm aufzunehmen wagt, bezwingt. Er ist der Genosse des altpersischen Heldenkönigs Dschamschid [14] und so rein wie die Sonne. Das Starke macht er noch stärker, aber das Schwache zerstört er ganz. Deshalb gereicht er den einen Weintrinkern zum Heil und stößt er andere in Unheil und Unglück. Mit David, Moses und Jesus hat ihn Freundschaft verbunden; er ist ein Wissender, und es ist unrecht, ihn einen Genossen des Satans zu nennen (Anspielung auf Koran V,92). Dieser hätte Gottes Befehl sicher befolgt und sich vor Adam niedergeworfen, wenn er durch den Wein ein wenig Freude empfangen hätte. Er, der Wein, steigert die Gefühle des Liebenden und die Schönheit des Geliebten. Er befördert die Vereinigung zwischen diesen beiden. Er ist ein gefährlicher Feind, aber auch ein einzigartiger Freund. Er heilt Schmerzen, ist gelehrt und macht das Innere der Dinge offenbar. In der Schule der Weinschenke wird die Weltabkehr (tadschrid) unterrichtet. Der Wein kann den König zum Bettler, aber auch den Bettler zum König machen. Er ist der König der Könige.

Zum Abschluß erzählt der Wein noch diese Geschichte: Ein schöner Jüngling und großer Liebhaber des Weins begab sich einst in eine Gesellschaft von Frommen. Dort sprach ein abgerissener Asket, der weder mit dem Wein noch mit Schönen Umgang pflegte, über den Tag der Auferstehung und die Verheißungen des Paradieses: den Quell Kousar und die Huris im Garten Eden. Unser Jüngling gab seiner Hoffnung Ausdruck, durch die göttliche Barmherzigkeit dereinst auch ins Paradies zu gelangen; aber der Einsiedler antwortete ihm: Gott läßt den einen im Diesseits, den andern im Jenseits glücklich sein. Du, der du den Wein und das gute Leben liebst – wie solltest du auch noch auf den Quell Kousar hoffen wollen? Du kannst dich doch nicht bar auszahlen lassen, und dann erst noch Kredit verlangen! Man kann nicht zweimal vom Kousar trinken: einmal hier auf Erden, und dann im Jenseits nochmals. Du mußt dich für das eine oder das andere entscheiden ...

Diese Geschichte, erklärt der Wein, zeige, daß man ihn dem Paradiesquell Kousar gleichsetze, und daraus gehe doch deutlich hervor, welchen Wert man ihm beimesse, und welchen Rang er einnehme. Damit könne sich das Haschisch doch überhaupt nicht vergleichen.

Mit dieser Botschaft des Weines macht sich das Bier als Abgesandter auf den Weg zum Haschisch. Es trifft diesen im Kreis seiner Genossen – besonderer Hanfpräparate und Mischungen wie dem Mofarreh („Erfreuender"), dem Ma'dschun („Latwerge"), sowie dem Opium –, wie sie sich heiteren Sinnes auf einer Frühlingswiese der Muße und philosophischen Gesprächen ergeben. In diese auserwählte und hochgeistige Gesellschaft tritt nun das Bier wie ein bäurisch ungeschliffener Grobian und wiederholt, noch um allerhand Zusätze vermehrt, die Rede des Weines.

Nun ist die Reihe am Haschisch, in Zorn zu geraten. Es nennt das Bier eine widerliche und häßliche Person, die dereinst seine Vertraute gewesen sei (Hanf und Hopfen sind ja verwandt), und die es nun mit dem Wein halte, obwohl dieser gewiß keine echte Neigung zu ihm, dem Bier, verspüre, sondern im Gegenteil bedauert werden müsse, daß er einen so dummen und übel beleumdeten Burschen zum Verbündeten habe. Eigentlich, so fährt das Haschisch fort, sollte er dem Bier seine Niedertracht heimzahlen und sein „weißes“ Gesicht „schwarz“ färben, aber da es ein Gesandter und Gast sei, wolle er es mit Höflichkeit behandeln, es heute an seinen Tisch laden, dann es ausschlafen lassen und ihm morgen die Antwort für den Wein mitgeben.

Darauf werden köstliche Speisen aufgetragen, allmählich schwindet die anfängliche Mißstimmung, und das Bier wird von der vornehmen Tafelrunde, an der es teilnehmen darf, so sehr beeindruckt, daß es schließlich dem Wein abschwört, zum Haschisch übergeht, sich selbst als dessen „geringsten Sklaven“ bezeichnet, und durch das Haschisch – das ja auch Asrâr („Geheimnisse“) genannt wird – Einblick in allerlei Mysterien gewinnt.

Anderntags hält das Haschisch mit seinen Freunden eine Beratung ab. Wie soll man sich dem Wein und seinen Drohungen gegenüber verhalten? Verschiedene Meinungen und Vorschläge werden geäußert.

Das Opium erklärt, es sei ein Heilmittel, das die Wirkung des Alkohols zunichte mache (das stimmt ja auch, und in Persien kommt es noch heute oft vor, daß vom Wodka Betrunkene Opium rauchen, was den schweren Kopf wieder „leicht und frei“ macht). Darum, so verspricht das Opium, wolle es Tag und Nacht nicht ruhen, ehe es nicht die Pläne des Weines durchkreuzt habe.

Ein „Barsch“ genanntes Hanfpräparat äußert sich dagegen pessimistisch. Gegen einen so mächtigen Gegner wie den Wein sei nicht aufzukommen, und es sei besser, rechtzeitig und gemeinsam die Emigration zu wählen.

Der Ma'dschun wiederum (der oftmals eine Mischung von Hanf, Opium und verschiedenen anderen Zutaten bildet[15]) rät weder zu Krieg noch zur Flucht, sondern zu einem klugen Verhandlungsfrieden. Der Wein sei naiv. Diesen seinen Charakterzug müsse man ausnützen, und durch List und Schmeichelei zu einem guten Einvernehmen mit ihm gelangen.

Schließlich ernennt das Haschisch den Ma'dschun zu einem Gesandten und gibt ihm folgende Botschaft an den Wein mit:

Du, o Wein, bist ein schamloser Herumtreiber und machst deine Anhänger krank oder verrückt. So quälst du sie im Diesseits und bringst sie im Jenseits in die Hölle. Könige ruinierst du und machst Kluge zu Dummköpfen. Dein Genosse ist der „Feueranbeter“ (gabr = Zarathustrier), und seine Religion ist die deine. Der Koran verdammt dich, und die Gläubigen führst du in die Irre. Du solltest kastriert werden, da es dich nach Unzucht verlangt. Du verrätst die Geheimnisse deiner Genossen. Deinetwegen wurde die Rose zum Dorn. Du besitzest weder das „savoir vivre“ (adab) deiner Vorfahren (der Trauben), noch den guten Ruf deines Sprößlings (des Essigs) bei den Gläubigen. Darum laß es deiner Untaten und Schande genug sein, ändere dein Benehmen und gehe in dich ..

Um die schlechten Eigenschaften des Weines zu zeigen, erzählt der Haschisch diese Geschichte: in Ägypten lebte einst ein frommer Meister, ein keuscher Gelehrter, der nie gesündigt hatte. Im Alter befiel ihn eine Krankheit, wider die man ihm Wein als Heilmittel verschrieb. Widerwillig trank er ein wenig. Davon befiel seinen Kopf Verwirrung, und er verlangte nach Musik. Als nun der jugendliche Schenke, ein „Magier“ (d. h. Zarathustrier), zu singen und zu kokettieren begann, verliebte sich der Greis in ihn und flehte ihn an, sich ihm nicht zu verweigern. Der Knabe willigte ein – aber nur unter der Bedingung, daß der alte Weise (pir) dem Islam abschwöre[16]. Schließlich fügte sich der Greis, opferte seiner Leidenschaft seinen Glauben und verlor so die Früchte seiner gottgefälligen Vergangenheit. Dies also war die Folge seiner Bekanntschaft mit dem Wein.

Nun geht das Haschisch dazu über, sein eigenes Wesen zu schildern: Es ist von reinem Innern und gleicht der „grünen Kuppel“ (d. h. dem Himmel; „laßt uns die grüne Kuppel bereiten“, sagen die persischen Haschisch-Liebhaber[17]). Die Scheichs ehren es; schon in kleinsten Mengen gebührt ihm Respekt. Es ist der Wirkstoff von Heilmitteln, der Baumeister der Sternensphäre, der Vermittler von Wissen aus der Schatzkammer der Geheimnisse. Es ist das Grün des Gartens der Erkenntnis und bringt Freudenbotschaft bekümmerten Herzen. Der (grüngekleidete) Prophet Chezr trägt sein Gewand. Seine Stätte ist die Moschee-Schule (madrasé), und seine Anhänger sind die Gelehrten. Mit den Reichen und Mächtigen hat es nichts zu schaffen, und darum auch nicht mit der Mühsal des Besitzes. Es ist der Freund der Armen und der wandernden Derwische, ihr Anführer und Weggefährte. Sieht auch sein Äußeres wie Grünspan aus, ist es doch innerlich poliert: ein Spiegel, in dem die Gesamtheit der Dinge erscheint. Liebhaber hat es viele, und Gegner auch, aber deren Angriffe können es nicht einschüchtern und seine Reinheit nicht beflecken. Der Wissende, der nach ihm verlangt, wahrt seine Geheimnisse. Arme und Elende verwandelt es durch die Macht der Phantasie in reiche Herrscher. Es hat die größte Hitze erduldet (bei der Zubereitung)[18], und sie hat es nur lauter und vollkarätig gemacht, während das Feuer den Wert des Weines mindere und sein Unechtes an den Tag brächte. Diese Welt, sagt man, ist ein Traum, und auf sie zu vertrauen, eine Illusion. Er aber ist bekanntlich die Achse dieser Welt, und der Schöpfer von tausend Bildern der Phantasie. Sein Wesen zu erkennen, ist schwierig, und sein Geheimnis kann der Verstand nicht ergründen.

Endlich erzählt das Haschisch noch eine kleine Geschichte, die seinen Rang veranschaulichen soll: einst lebte in Basra ein Novize der Mystik (morid), der ein Liebhaber des Haschisch war, und der von diesem ständig Visionen empfing. Der geistige Meister (pir) dieses Jünglings wußte das, und eines Tages brach er den Verkehr mit ihm ab und schloß ihn von seinem Unterricht aus. Darüber sehr unglücklich, suchte der Student seinen Lehrer auf und fragte ihn voll Demut, um welcher Schuld willen er denn so hart bestraft werden solle. Darauf erwiderte der Meister: Mache du mir keine Vorwürfe! Du hast Freundschaft geschlossen mit dem Asrâr („Geheimnisse“ = Haschisch), und es hat dich die Geheimnisse gelehrt. Dein Wurfseil hast du zum Palast des Himmels empor geschleudert und folgst steilen Phantasien. Du schwebst in Höhen, wo menschliches Fassungsvermögen dich nicht erreichen kann. Darum habe ich beschlossen, dich nicht länger zu unterrichten, weil ich erkannt habe, daß du zur Stufe der Vollkommenheit gelangt bist. Demnach, so schließt das Haschisch, sei er als ein Vollendeter zu betrachten, der die Menschen ans Ziel ihrer Sehnsucht führe. –

Nun begibt sich der Ma'dschun als Botschafter des Haschischs zum Wein. Als dieser vernimmt, daß das Bier zu seinem Rivalen überging, ist er darob keineswegs unglücklich, sondern froh, von einem niedrigen und zweifelhaften Verbündeten befreit zu sein. Dagegen steigert die Botschaft des Haschischs seinen Zorn auf diesen. Er läuft rot an und beginnt, seine Kriegsvorbereitungen zu treffen. Der

Ma'dschun, der zur Ansicht gelangt, der Wein werde in der kommenden Auseinandersetzung den Sieg davontragen, sagt sich vom Haschisch los und schließt sich dem Wein an.
Inzwischen hat auch das Haschisch zum Kampf gerüstet, und bald stehen sich die beiden Widersacher mit ihren Verbündeten in Schlachtordnung gegenüber. Mazé („Vorspeise") und Rosine – welch letztere ja wohl ein Verwandter des Weines, wie auch ein Weggefährte des Haschischs ist – versuchen erst vergeblich zu vermitteln, schlagen sich dann auf die Seite des Weines, werden aber, wie auch der Spießbraten, vom Haschisch überwältigt.
Nun tritt der kriegsgewohnte Wein selbst und allein dem Haschisch gegenüber, nachdem er einige seiner Leute in einem Hinterhalt aufgestellt hat. Folgender Dialog geht dem Zweikampf voraus:

Wein: Ich bin der Enkel der Weintraube.
Haschisch: Du bist schmutzig, während ich rein bin.
Wein: Der Tischgenosse des Sultans bin ich.
Haschisch: Und ich bin der Meister (pir) der Leute des Wissens.
Wein: Mir steht das Urteil über Sinne und Verstand zu.
Haschisch: Ich bin ein in Blau gekleideter Sufi (Mystiker).
Wein: Ich besitze die Farbe der Morgenröte.
Haschisch: Und ich bin das Symbol der Himmelssphäre.
Wein: Nur mit mir ist diese Welt angenehm.
Haschisch: Ich aber bin gar der Pol dieser Welt.
Wein: Ich befreie die Bekümmerten vom Kummer.
Haschisch: Was du kannst, vermag auch ich.
Wein: Ich erleuchte die Versammlung.
Haschisch: Mich beneidet das Grün der Wiese.
Wein: Mein Weg führt zum Meister der Liebe.
Haschisch: Meine Zufluchtsstätte ist eben dieser Meister.
Wein: Ich bin ein Junger, der die Welt verbrennt.
Haschisch: Und ich bin ein alter Lehrender und Gelehrter.
Wein: Mit dir werde ich ein Ende machen.
Haschisch: Schweig und überschreite deine Grenzen nicht ...

Nach dieser Wechselrede kommt es zum Kampf. Zuerst ist das Glück mit dem Haschisch, der seinen Gegner hart bedrängt. Als nun der Sultan Wein seine Niederlage vor Augen sieht, bereut er seine

Untaten und legt vor Gott ein Gelübde ab, wonach er seine Gefangenen frei lassen werde, ohne ihnen auch nur Vorwürfe zu machen, wenn ihm diesmal der Sieg gehöre. Das Gebet des Weines findet Erhörung. Seine Verbündeten brechen aus ihrem Hinterhalt hervor. Das Haschisch und seine Leute werden geschlagen und gefangen genommen.
Der Wein löst sein Gelübde auch ein. Er entläßt seine Gefangenen in Freiheit, weist jedem von ihnen ein Amt zu und regiert als gerechter Herrscher. Aber aus Scham darüber, sich untreu geworden zu sein, entflieht endlich das Haschisch aus dem Dienst des Weines. Seither ist das Haschisch ein unsteter Wanderer, den die Furcht vom Wein entdeckt und mißhandelt zu werden, herumtreibt. Darum hält es sich verborgen und meidet die Öffentlichkeit und die Stätten, die der Wein aufsucht.
Zum Schluß bittet der Autor Gott, ihm diese Dichtung zu verzeihen. Er sagt, er wisse wohl, daß ihm der Allmächtige die Gabe der Rede nicht dazu verliehen habe, damit er die Eigenschaften des Weins und des Haschisch darstelle. Das zu tun, sei ja geradezu Rebellion, Unglaube und Undankbarkeit. Aber schließlich werde er, der Dichter, ja auch „Fozuli“ genannt (fozul = „aufdringlich“, „unverfroren“); darum sei es nicht verwunderlich, wenn es ihm an guten Manieren fehle. Um so mehr hoffe er auf Vergebung seiner Sünden.

Rauschmittel und soziale Lage im Orient

Bezeichnend ist, daß Fozulis Dichtung die Rauschmittel gewissermaßen sozial einstuft: während die Reichen und Mächtigen, die Fürsten und ihre Umgebung vor allem, zum Wein neigen – der ja auch selbst als „Schah“ und „Tischgenosse des Sultans“ vorgestellt wird, und der von sich sagt, er mache „das Starke noch stärker“ und zerstöre „das Schwache ganz“ –, erklärt das Haschisch, mit den Besitzenden habe er nichts zu schaffen, sondern sei der Freund der Armen, der Derwische, der Gelehrten und sonstigen „Leute des Wissens“, die ja im allgemeinen nicht mit irdischen Gütern und Machtbefugnissen gesegnet sind.
Diese Feststellung ist durchaus wörtlich zu nehmen. Auch der alte Wanderderwisch in dem Mahsati-Roman, aus dem wir einige Vier-

zeiler zitierten, ist ja ein Liebhaber von Haschisch, während er Wein in seinem ganzen Leben noch nie getrunken hat. Schon in den ältesten Quellen, und jedenfalls vor dem Jahr 1200, wird das Haschisch im islamischen Orient „haschischat al-foqarâ'" (Kraut der Armen) genannt[19]. Sowohl das arabische Wort für „arm" (faqir, daraus „Fakir"), wie auch das persische (darwisch = „Derwisch"), bringen den direkten Zusammenhang zwischen Armut und Gottsuchertum deutlich zum Ausdruck.

Auch in Nordafrika, wo gewisse mystische Bruderschaften – wie etwa der Orden der Heddâwa – einen regelrechten Kult mit den Hanfpräparaten (Haschisch, Kif, Ma'dschun etc.) treiben, bildet die Armut, ja, oft das äußerste Elend, den natürlichen Hintergrund dazu. „Es besteht kein Zweifel", schreibt René Brunel hinsichtlich der Verhältnisse in Marokko, „daß dort vor dem Protektorat das Rauchen von Kif ebenso verbreitet gewesen ist, wie heute das von Tabak – vor allem in den untersten Schicht der Bevölkerung." [20]

Diese Armut, von den Massen fatalistisch hingenommen, wird vom Mystiker überdies mit einem positiven Vorzeichen versehen: er *will* sie, strebt sie bewußt an; für ihn „wiegt" – nach einem Wort des Ordensgründers Sidi Heddi – „der Traum die Wissenschaft auf" [21], und ist „diese Welt eine Brücke", die man überschreiten soll, ohne sie zu bebauen[22]. „Die wahre Armut ist nicht nur das Fehlen von Reichtümern, sondern vielmehr auch das Fehlen des Wunsches danach; das heißt: das Herz des Sufi muß so leer sein wie seine Hand." [23]

Ferner ist nicht zu vergessen, daß Haschisch wie Opium – gewohnheitsmäßig genossen– das Hungergefühl betäuben, und vor allem: daß beide sehr viel billiger waren als Alkohol und selbst Nahrungsmittel. Im Jahre 1902 kostete ein Kilogramm gutes Opium in Persien etwa 20 damalige Reichsmark[24]. Das bedeutete, daß sogar süchtige Gewohnheitsraucher, deren Tagesbedarf durchschnittlich 10 g beträgt, nur 20 Pfennige täglich ausgeben mußten, während für gelegentliche Liebhaber der Opiumpfeife ein Viertel von Ration und Betrag (pro Mal) durchaus genügte. Noch vor wenigen Jahren (d. h. vor dem Verbot von 1955) kostete 1 mesqal Opium (= 5 g) etwa 40–50 Pfennige[25]; seither ist der Preis auf das ungefähr Zwölffache gestiegen. Aber selbst heute noch kommt in Persien ein Alkoholrausch, obwohl das Gesetz ihn gestattet, teurer zu stehen als ein doch „illegaler“ Opiumrausch; und wenn wir zudem bedenken, daß ein Opiumesser, um dieselbe Wirkung zu erzielen, nur ungefähr ein Zehntel der Ration des Opiumrauchers benötigt [26] – und daß ferner die Preise für Haschisch noch wesentlich niedriger waren und sind –, so verstehen wir, daß und warum im Orient nicht nur aus religiösen, sondern vor allem auch aus materiellen Gründen die große Masse der Bevölkerung Haschisch und Opium bevorzugte, während der Wein gewöhnlich ein Privileg der Oberschicht bildete.

Umgekehrte Verhältnisse im Westen

Bei uns, im Okzident, verhält es sich bekanntlich umgekehrt. Hanf wie Mohn verzichten in unseren Breitengraden auf die Ausbildung ihrer rauscherzeugenden Fähigkeiten; das Christentum kennt kein Weinverbot; und schließlich haben sich Staat und Gesellschaft in Europa mehr und mehr in einer Weise entwickelt, die dem Genuß von Haschisch oder Opium denkbar ungünstig ist. Deren Nachteile erscheinen bei uns ins Riesenhafte vergrößert, während uns zur Nutzanwendung ihrer Vorzüge die geistigen und existentiellen Voraussetzungen fehlen.

Charles Baudelaire, der auf westlicher Seite als einer der scharfsinnigsten Psychologen des Rausches gelten kann, schreibt in seinem Essay „Vom Wein und vom Haschisch“ (1851): „Jamais un État raisonnable ne pourrait subsister avec l’usage du haschisch“ (Niemals könnte ein vernünftiger Staat mit dem Gebrauch von Haschisch bestehen), weil Haschisch-Liebhaber, so fügt er bezeichnenderweise hinzu, „weder Krieger noch Bürger“ seien [27].

Baudelaires Urteil über die beiden Rauschmittel lautet folgendermaßen: „Der Wein erhöht den Willen, das Haschisch vernichtet ihn. Der Wein unterstützt den Körper, das Haschisch ist eine Waffe für den Selbstmord. Der Wein macht gut und umgänglich (sociable). Das Haschisch isoliert ... Wahrhaftig, wozu sollte man denn schon arbeiten, sich abmühen, schreiben, schaffen, was immer es auch sei, wenn man doch auf einen einzigen Schlag das Paradies gewinnen kann? Kurz, der Wein ist für Leute, die arbeiten, und die ihn zu trinken verdienen. Das Haschisch hingegen gehört zur Sorte der einsamen Freuden; es ist geschaffen für die unglückseligen Müßiggänger ..."[28]

Wir werden noch sehen, wie und warum Baudelaire fast zwangsläufig dazu kommen mußte, das Haschisch mit solcher Schärfe zu verurteilen. Gewiß, auch im Orient stieß nicht nur der Alkohol, sondern auch das Haschisch, das Opium, ja: Berauschungsmittel, Rausch und Ekstase überhaupt, auf vielfache, oft sehr entschlossene und erbitterte Ablehnung. Dies vor allem von Seiten der islamischen Orthodoxie. Für die Wahhabiten beispielsweise, diese Puritaner des Islams, gilt selbst Tabakrauchen als schwere Sünde. Was der französische Dichter dem Haschisch vorwirft – daß er dem Staat „Krieger und Bürger" entzieht, den Willen lähmt, asozial und einsam macht, den Müßiggang fördert –, ist natürlich auch von Orientalen beobachtet und kritisiert worden[29]. Aber im Orient war doch immer Raum für *beide* Seiten der Wahrheit. Man hat dort das „sowohl-als-auch" dem „entweder-oder" vorgezogen. Es ist ein Kennzeichen des islamischen Humanismus, daß er fanatische Einseitigkeit jeder Art in der Praxis die Geschichte wie des Alltags immer wieder auszugleichen verstand.

Viel seltener als das Abendland ist der Orient der Versuchung verfallen, bestimmte Werte und Qualitäten – wie eben beispielsweise die Willenskraft und das Leistungsvermögen – unter Vernachlässigung und Aufopferung anderer Fähigkeiten (der schöpferischen Phantasie, der meditierenden Muße, der heiteren Verspieltheit) zu verabsolutieren, und damit Zerrformen menschlicher Existenz zu begründen, wie sie die europäische Gesellschaft zur Zeit von Inquisition und Hexenverfolgungen, der kalvinistische Staat, der die Lebensfreude als solche verdammt, und die modernen Totalitarismen, darstellen. –

Doch kehren wir zurück zu unserem Thema. Wenn wir festgestellt haben, daß der Alkohol auf der einen, Haschisch und Opium auf der andern Seite, auf sozialer Ebene gewissermaßen entgegengesetzte Rollen einnahmen im Orient und im Okzident, so ist das natürlich keineswegs als eine durchgehende Regel zu verstehen. Gewiß gehören die – zahlenmäßig nie ins Gewicht fallenden – europäischen Liebhaber von Opium und Haschisch vorwiegend den oberen Ständen an. Die meisten von ihnen waren Franzosen oder

Engländer[30], und zwar Marineoffiziere, Leute aus den Kolonien, Snobs, Schriftsteller und Künstler[31]; Menschen also, die entweder durch die Berührung mit asiatischer Lebensweise ihrer westlichen Herkunft entfremdet worden waren, oder aber der Gesellschaft, in der sie lebten, sich nicht anpassen konnten oder wollten. Aber von Ausnahmen abgesehen, gilt in der zweiten Hälfte des 19. Jahrhunderts und im 20. Jahrhundert mehr oder weniger für die ganze westliche Welt, was Jean Vinchon für Paris feststellt – daß man nämlich „reich sein mußte, um Opium zu rauchen", und daß sich „das moderne Leben kaum verträgt mit dem Zeremoniell, den Riten und der Muße, die das Opium erfordert."[32]
Immerhin gab und gibt es auch im Westen wenigstens Ansätze zu jener „Demokratisierung" des Opium- und Haschischgenusses, die aus den schon erwähnten Gründen in den meisten asiatischen Ländern üblich war. Sehen wir einmal ab von der Popularisierung des Rauchens von Haschisch (Marihuana) gerade unter den armen Schichten der Negerbevölkerung der USA[33], so schildert Thomas de Quincey in der Einleitung zu seinen „Confessions" (1821) ein ähnliches Phänomen aus dem damaligen England. Er sagt dort, daß außer Angehörigen der ersten Gesellschaftsschicht auch zahlreiche Industriearbeiter infolge „des Sinkens der Löhne" vom Alkohol zum Opium übergegangen seien, welch letzteres (sowohl in Form von Pillen als auch Tropfen) den Vorzug hatte, wesentlich billiger zu sein[34].

König Fachroddin Kort und der Haschisch

Und im islamischen Orient? Wir finden dort neben Fürsten, die wie Mas'ud von Ghazna (im 11. Jahrhundert) außer Wein auch Opium genossen[35], oder wie der Safawidenschah Abbâs I. (Anfang 17. Jahrhundert) das Opium verboten[36], auch solche, die den Alkohol bekämpften und persönlich dem Haschisch den Vorzug gaben.
Ein Beispiel hiefür ist König Fachroddin Mohammed Kort, der in den Jahren vor und nach 1300 (686–705 H.) in Herat herrschte. Während seiner Regierungszeit blühten die Künste und Wissenschaften, doch entwerfen die Chronisten von ihm selbst ein recht zwiespältiges Bild. Er soll ein zwar gebildeter, die Poesie liebender

und selbst dichtender, aber auch tyrannischer, verschlagener und doppelzüngiger Monarch gewesen sein [37].

Nach außen hin zeigte sich König Fachroddin als ein strenger Verfechter des Islams und der religiösen Vorschriften, mit denen er es aber persönlich offenbar weniger genau nahm. Jedenfalls schloß er die Spelunken und setzte die Weintrinker gefangen, indes er selbst, wie es heißt, „jede Nacht dem Klang der Harfe und der Melodie der Laute lauschte, und dazu lauteren Wein trank ..."

Doch scheinen in diesem Fall Musik und Alkohol nur Vorbereitung für eine höhere Art von Rausch gewesen zu sein; denn der Chronist fährt fort: „War der König dann angeheitert, so diskutierte er mit seinen Vertrauten über den Sinn der Dichtungen, welche die Sänger mit schönen Stimmen vortrugen, und gab sich dem Genuß des „Blattes der Imagination" (= Haschisch) hin ..."

Auch dichtete der König dann selbst Verse, die, wie etwa die folgenden, „das Haschisch priesen, den Wein aber tadelten":

> „So oft mich Grünes [38] (d. h. Haschisch) die Freude mag lehren,
> bin ich des Glückgrüns würdig der Sphären ...
>
> Der Weintrinker, ist er auch reich, sein Gut wird verschwinden;
> man wird von seinem Gegröhle die Welt in Aufruhr finden ..." [39]

Zu den Vertrauten dieses Königs gehörte eine Zeitlang auch der Dichter Rabi'i (Moulânâ Sadroddin), der im Auftrag des Herrschers ein „Kort-Buch" über das Reich Ghur im Metrum von Ferdousis „Königsbuch" verfaßte. Fachroddin war ihm gegenüber sehr großzügig; aber das Geld rann Rabi'i durch die Finger:

> „Er lebte in Saus und Braus, gab stets alles, was er bekam, für Wein und schöne Knaben aus, und dann bestürmte er den König, ihm mehr zu geben. Zudem aß König Fachroddin stets Haschisch, während Rabi'i immer nur den Wein mochte. Infolge seiner eigenen Abkehr vom Wein, verabscheute schließlich der König den Umgang mit Rabi'i, und dieser begab sich eigenmächtig nach Qohestân, wo er sich Schah Ali ebn Malek Nasiroddin-e Sistâni anschloß ..." [40]

Diese Nachrichten über König Fachroddin Kort beweisen, daß bisweilen selbst an Fürstenhöfen – also auf sozial höchster Ebene – der Haschisch über den Wein triumphierte. Doch handelt es sich dabei mit Sicherheit um Ausnahmefälle. Der Hanf führt zu Selbstversenkung und Weltabkehr, und die Atmosphäre eines Hofes oder Heerlagers ist ihm keineswegs gemäß; auch im Orient nicht. Die im Westen so oft geäußerte Behauptung, Haschisch ersetze in den islamischen Ländern infolge des koranischen Verbotes den Wein, ist also nur sehr bedingt richtig.

Verschiedenheit von Haschisch und Wein

Den Umstand, daß gerade in Persien der Wein von den Dichtern so viel häufiger erwähnt wird als Haschisch und Opium, erklärten mir orientalische Freunde auf verschiedene Weise: einmal hänge das zusammen mit der (schon erwähnten) Vieldeutigkeit der Bezeichnungen für „Wein", die beispielsweise in der sufischen Symbolsprache die unterschiedlichen Grade der Liebesekstase ausdrücken können[41]; und dann natürlich vor allem damit, daß der Weingenuß im allgemeinen Privileg der Oberschicht bildete, und daß ja eben die meisten Dichter in höfischer Umgebung lebten und Fürsten zu Mäzenen hatten.

Dazu kommt, daß das Haschisch von jeher im Ruf stand, sowohl mysteriös wie auch gefährlich zu sein. Das spiegelt sich schon in den Namen, die man ihm gab – wie etwa Asrâr („Geheimnisse"), Waraq ol-chiâl („Blatt der Imagination") oder Dugh-e wahdat („Sauermilch der göttlichen Einheit"). Man wußte früh schon, daß Haschisch, im Übermaß genossen, zu Wahnsinn oder Verblödung führt[42]; während es, in kleinen Dosen eingenommen, als „Hefe des Denkens" wirkte und als Symbol des Propheten Chezr gilt, der dem Verirrten erscheint und ihn heimführt: so wie am Ende von Nizamis „Geschichte vom schönen Mahan", dieser orientalischen Walpurgisnacht, deren surrealistische Phantastik und jähe Wechsel von Verzückung zu Verzweiflung, und umgekehrt, sehr wohl vom Haschisch inspiriert sein könnten[43].

Nach Ansicht nordafrikanischer Mystiker, der Heddâwa zum Beispiel, lebt im Hanf ein Dämon, der in den Menschen eingehen und ihn wahnsinnig machen kann. Man nennt dort bekanntlich die aus den getrockneten Blättern und Stengeln der Hanfpflanze zubereitete Droge „Kif"[44], die gerösteten und pulverisierten Hanfkörner dagegen „Haschisch"[45]. Im ersten soll ein männlicher, im zweiten ein weiblicher Dämon wirken. Der Besessene muß, um Heilung zu finden, einen im Ruf der Heiligkeit stehenden Eremiten aufsuchen, und auf dessen Haupt ein Tier, einen Bock oder auch ein schwarzes Huhn, zum Opfer darbringen [46].

Der Wein macht gesprächig, ja, geschwätzig. Darum nennt ihn Fozuli ja auch „naiv“ und der Schmeichelei zugänglich, während er vom Haschisch-Liebhaber schreibt, daß er „seine Geheimnisse wahrt“. Es handelt sich dabei um grundsätzliche „Charaktereigenschaften“ dieser Berauschungsmittel, die durch subjektive Faktoren (völkerpsychologische Unterschiede, religöse Verbote, gesellschaftliche Tabus usw.) nur variiert, nicht aber wirklich verändert werden können.

Im Orient wie im Okzident lieben die Anhänger von Haschisch oder Opium gewöhnlich die Stille, die Weltabkehr, die Einsamkeit oder den „kleinen Kreis“ einer fast klösterlichen „Welt in der Welt“. Nach außen verlangt es sie nach Maskierung und Tarnung, indes die Weintrinker im allgemeinen Reden und Wirken in der Öffentlichkeit keineswegs scheuen. Es ist darum, typologisch betrachtet, nur natürlich, daß der Wein auch im traditionellen Morgenland so viele Höfe und Heerlager beherrscht hat; und daß dagegen Haschisch und Opium ein besseres Wirkungsfeld fanden – und finden – in den Winkeln der Armen, der Abseitigen, der Einsiedler, in den verschwiegenen Zirkeln von Mystikern oder Verschwörern, den Katakomben geheimer Bruderschaften, der Abgeschiedenheit von Moscheeschulen oder Karawansereien.

Grundsätzlich ist das im Westen nicht anders als im Osten. Aber während der Okzident, in immer steigendem Ausmaß, auf allen Gebieten die Extraversion, und also auf dem des Rausches den Alkohol, mit beispielloser Einseitigkeit gefördert und vorangetrieben hat, ist im Morgenland das introvertierte Ideal der mystischen „Weltüberwindung“ durch das extravertierte der heroischen „Welteroberung“ niemals so völlig verdrängt worden wie bei uns im Westen, sondern hat dort im Gegenteil – und dies teilweise bis heute – die Gesellschaft als Ganzes entscheidend mitbestimmt [47].

Nur wenn wir das Problem der verschiedenen Berauschungsmittel, und das Phänomen des Rausches selbst, in diesem größeren Zusammenhang zu sehen vermögen, verstehen wir, warum Osten und Westen ihre Erfahrungen auf diesem Gebiet mit meist so unterschiedlichen Vorzeichen versehen. Diese Unterschiede sind sowohl formaler wie substantieller Natur. Sie betreffen das Erlebnis des

Rausches, wie auch vor allem seine Beschreibung, Verwertung und Beurteilung. Der Rausch ist ein ausgezeichneter Prüfstein, vermittels dessen sich innere Tonlage, geistig-seelische Wellenlänge, Art und Stufe des Bewußtseins, eines Einzelnen innerhalb einer Gesellschaft, aber auch ganzer Völker und Kulturen untereinander, näher bestimmen lassen.

„Introvertierende" und „extravertierende" Rauschmittel

Wir haben schon am Beispiel von Opium und Alkohol gesehen, daß es Rauschmittel gibt, die eine mehr introvertierte Geisteshaltung bewirken, und andere, die im Gegenteil die Extraversion befördern. Natürlich ist hier nur von den spezifischen Eigenschaften der Droge selbst die Rede; denn es gibt subjektive Faktoren, Imponderabilien mannigfacher Art, die in Einzelfällen die zu erwartende Wirkung völlig zu verändern imstande sind.

Jeder von uns weiß, daß es Menschen gibt, die der Alkohol nicht *auf*schließt, sondern *ver*schließt, nicht gesellig sondern ungesellig macht. Umgekehrt kann es auch vorkommen daß sonst sehr wortkarge und einsilbige Naturen unter dem Einfluß von Opium in eine ungewohnte, unbezähmbare Redseligkeit verfallen. Daß Schlafmittel, in großen Dosen gewohnheitsmäßig eingenommen, ihrem ursprünglichen Zweck oft völlig entfremdet werden, und dann statt einschläfernd aufputschend wirken, ist bekannt. Eine in dieser Hinsicht äußerst vielseitige und an unvorhergesehenen Überraschungen reiche Substanz ist auch das Amphetamin. Gewöhnlich wirkt es aktivierend, enthemmend, leistungssteigernd im extravertierenden Sinn; aber ich kenne Menschen, die unter dem unmittelbaren Einfluß dieser Droge schwerste Depressionen erlebten, ja, mit heftigen Selbstmordanwandlungen zu kämpfen hatten. Besonders gefährlich ist es, nach der Einnahme von Amphetamin Alkohol zu genießen.

Begriffe wie „extravertiert" und „introvertiert" sind psychologische Kriterien, geschaffen für die normale Wellenlänge unseres Bewußtseins. Sie verlieren aber, streng genommen, ihre Gültigkeit in eben dem Maße, in dem wir uns aus unserem Koordinatensystem von Zeit und Raum entfernen und Bereichen nähern, die dessen Schwerkraft nicht mehr unterstehen. Mit Opium oder Alkohol wird das üblicherweise nicht geschehen; der Aktionsradius, zu dem uns Rebensaft und Mohnsaft aus sich selbst heraus befähigen, reicht zwar weit genug, um uns in entgegengesetzte Richtungen Flüge bis oft hart an die Grenzen unseres Ichs zu gestatten, aber diese Grenzen selbst werden wir nicht überschreiten können – auch wenn wir die Bereiche jenseits vor Augen haben, auch wenn wir sie beschreiben, so bleibt doch unser eigener Standort noch diesseits der Linie.

Haschisch und andere magische Drogen

Anders verhält es sich mit jenen Drogen, für die man den Sammelbegriff „Psychotomimetika“ geprägt hat. Mit ihnen verglichen, sind Wein und Opium „konventionell“ zu nennen; und das Verhältnis der beiderseitigen Wirkungen entspricht – um eine treffende Formulierung von Ernst Jünger zu gebrauchen – dem der „klassischen zur modernen Physik“.
Das Haschisch – diese vielleicht unberechenbarste und sprunghafteste aller Drogen, dieser weise Narr und närrische Weise – steht irgendwie *zwischen* diesen beiden Gruppen. Einerseits sind die Phantasien und Träume, die es erzeugt, eindeutig visionärer Natur, und spielt er mit Zeit und Raum, als seien sie auf seiner imaginären Bühne beliebig zu verschiebende Kulissen; andererseits jedoch hält er sich ebenso unzweifelhaft an gewisse elementare Spielregeln der Menschenwelt: er läßt mich zwar beispielsweise fliegen, zeigt mir schöne Gärten, Paläste und Frauen – aber er führt mich auch nicht über die Grenzen des immerhin noch in einem „klassischen“ Sinne Phantastischen und Märchenhaften hinaus; während Meskalin, Psilocybin und LSD das Gegenständliche als solches auflösen, die Brücken zur Alltagsrealität hinter mir abbrechen und in Räume reiner Abstraktion entführen, zu deren Wiedergabe mir oft genug „die Worte fehlen“, weil die auf das dreidimensionale Wirklichkeitserleben abgestimmte menschliche Sprache im vieldimensionalen Weltraum der Seele, wo die natürliche Schwerkraft des Ichs völlig aufgehoben ist, versagen muß.
Das Haschisch ist, wie gesagt, vergleichsweise harmlos. Henri Michaux, in seinem „Misérable Miracle“, hat das plastisch geschildert. Er sagt dort, daß derjenige, der nach Selbstversuchen mit

Meskalin zu solchen mit Haschisch übergehe, „einen Rennwagen oder eine elektrische Langstreckenlokomotive mit einem Pony vertauscht. Er kehrt zurück ins Humane." Allerdings, so fügt Michaux in einer Anmerkung hinzu, könne einem ein Pony auch „Überraschungen bereiten", die von einer Lokomotive nicht zu erwarten seien; und zudem dürfe man nie vergessen, daß das Haschisch „sehr geheim" sei und sich nicht schon nach einigen wenigen Versuchen preisgebe [48]. Ich selbst habe bei Experimenten mit Haschisch einerseits, LSD und Psilocybin andererseits, dasselbe empfunden.
Wenn es schon beim Haschisch schwierig scheint, psychologische Kriterien wie „introvertiert" und „extravertiert" anzuwenden, so ist das im Falle der stärker wirkenden Psychotomimetika höchstens noch in einem übertragenen Sinne möglich – nämlich dann, wenn wir diese Begriffe als eine Art Annäherungswerte oder Chiffren gebrauchen, um beispielsweise die spezifischen Wirkungen der verschiedenen magischen Drogen gegeneinander abzugrenzen.

Meskalin und LSD

Das tut etwa L. Mátéfi in seinem Bericht über Selbstversuche (mit Zeichentest) „Mezcalin- und Lysergsäurediäthylamid-Rausch". Zur Wirkung von Meskalin (Mezcalin) bemerkt er:

„Es wurden keine Kräfte gegen die Einwirkungen des Rausches mobilisiert, gegen sie zu kämpfen kam überhaupt nicht in Frage... Eine Auseinandersetzung mit den Erscheinungen kam nicht zustande; sie wurden passiv hingenommen und als ‚ganz natürlich' gewertet. Es kam zu keiner Angst um das ‚Ich', da das Vorhandensein oder Nichtvorhandensein des ‚Ich' vollkommen gleichgültig erschien..." [49]

Die Wirkungen der beiden Psychotomimetika werden dann, zusammenfassend, folgendermaßen miteinander verglichen:

„Der Modellrausch, an der nämlichen ärztlichen Versuchsperson, einmal mit Mezcalin, einmal mit LSD durchgeführt, löst verschiedenartige psychopathologische Reaktionen aus. Das Zustandsbild nach Mezcalin weist *katatones* Gepräge, dasjenige nach LSD *hebephrenen* Charakter auf. Diese Differenzen konnten auch mittels eines Zeichentestes objektiviert werden. Während die unter LSD-Einwirkung entstandenen Zeichnungen unter anderem den Drang zur *Expansion* zeigen, manifestieren die ‚Mezcalinbilder' im Gegenteil die Tendenz zur

‚Einkapselung'. Beide Tests weisen auf eine gewisse Verwandtschaft mit der Bildnerei Geisteskranker hin." [50]

Diese beiden Zitate, wie der Aufsatz von Mátéfi überhaupt, bilden recht eindrückliche Belege für die Vieldeutigkeit der durch magische Drogen dieser Art erzeugten Zustände. Diese „wissenschaftlich objektiv" schildern und deuten zu wollen, ist ein Ding der Unmöglichkeit; denn es wird hier eine Grenze überschritten, jenseits derer die völlige *Relativität,* nicht nur jeder Terminologie (in unserem Falle der psychiatrischen), sondern der menschlichen Sprache überhaupt, offenbar wird. Nun haben ja die Mystiker aller Zeiten und Völker schon immer auf dieses Versagen der Sprache ihren Erlebnissen gegenüber hingewiesen und sich deshalb der gleichnishaften, also „indirekten" und „andeutenden" Form der Wiedergabe solcher Erfahrungen bedient. Sie wurden dabei in dem Maße verstanden, in dem das Denken in Analogien und das Wissen um die Mehrdeutigkeit des Symbols – auch und gerade in der Sprache – Allgemeingut einer Gemeinschaft bildete. Die sogenannten Psychotomimetika stellen in unserer Zeit und Gesellschaft ein so beunruhigendes Problem dar, weil diese Voraussetzungen fast vollständig fehlen.

IV

Haschisch und islamische Kunst

Orientalische Erzählkunst

Wir haben schon im Zusammenhang mit der Besprechung des Opium-Traktates von Yazdi darauf hingewiesen, daß der Orient gewisse Rauschformen und -bilder *so* in Leben und Kunst integriert hat, daß deren Nachweis oft schwer fällt. Ich will dies an einem Beispiel erläutern.

Es gibt im Orient von jeher den „naqqâl“ genannten berufsmäßigen *Erzähler*. Vertreter dieser Kunst waren einst überall in großer Zahl zu finden: in Städten, Dörfern und Zelten, im Basar wie in der Karawanserei, im Hammâm wie am Fürstenhof. Ein berühmter und jedenfalls genial begabter Naqqâl war Mirzâ Mohammed Ali Naqib al-Mamâlek (gest. 1891), der Hoferzähler des persischen Schah Nâser od-Din (regierte 1848–1896). Unterstützt von drei Musikanten, mußte er dem Monarchen, nachdem sich dieser zur Nachtruhe begeben hatte, Gedichte rezitieren und Geschichten erzählen – bis der Herrscher darüber die Probleme des Tages allmählich vergaß, in eine magische Traumwelt eingesponnen und schließlich vom Schlaf entrückt wurde.

Naqib al-Mamâlek ist der Erzähler *und* Erfinder des im Orient beispiellos populären Abenteuer- und Liebesromans „Amir Arsalân“. Es scheint, daß er dieses große Werk während des Erzählens, also gleichsam in Fortsetzungen von Nacht zu Nacht, aus dem Stegreif geschaffen hat – so wie angeblich die legendäre Scheherezade die Geschichten von „Tausendundeine Nacht“, die in Wirklichkeit natürlich ein grandioses Sammelwerk von Schöpfungen *vieler*, anonym gebliebener morgenländischer Volkserzähler sind.

Es ist wohl meist nur glücklichen Zufällen zu verdanken, wenn solche Erzählungen niedergeschrieben wurden und uns erhalten blieben. So auch im Falle des „Amir Arsalan“. Eine Tochter des

Herrschers, die schöne und kluge, aber im Alter von nur 33 Jahren verstorbene Prinzessin Fachr od-Douleh, saß jeweils mit Wissen ihres Vaters, den sie zärtlich liebte, hinter der nur angelehnten Tür im Nachbarzimmer, hörte dort mit, was Naqib al-Momâlek erzählte, und schrieb es gleichzeitig nieder [1].

Man kann, wenn man Glück hat, im Orient auch heute noch Berufserzählern begegnen. Ich habe, besonders in Ostpersien, einige gesehen und gehört, für deren Kunst, Menschen zu verzaubern, sie Zeit, Ort und sich selber vergessen zu machen, im Westen jede Vergleichsmöglichkeit fehlt. Diese Magier verstehen es, mit einem Wort, einer Tonsenkung, einem Stocken, der Musik eines eingestreuten Verses oder einer kleinen, unerwarteten Geste ihre Zuhörer in Verzückung zu versetzen oder verzweifeln zu lassen, sie zu Tränen oder Lachen zu zwingen, sie zu Liebe, Mitleid oder Haß hinzureißen; kurz: den Saiten der Seele jede nur vorstellbare Melodie zu entlocken.

Bekanntlich lebt und *er*lebt der Orientale im allgemeinen intensiver durch das *Ohr*, als – wie wir im Westen – durch das *Auge*. Die Kunst des gesprochenen Wortes wurde denn auch in der islamischen Welt zu höchster Vollendung entwickelt. Sie gilt als der Schlüssel, der die Schatzkammern der Innenwelt aufschließt, die Flügel der Phantasie entfaltet, das „Seelenauge" öffnet und zugleich das äußere Auge und die Außenwelt verschleiert.

Künstler und Narkotika im Orient

Daß nun *Haschisch* (aktiv) und *Opium* (im Sinne passiver Empfänglichkeit) diese schon gegebene Tendenz noch ganz wesentlich fördern, steht völlig außer Zweifel. Ich habe denn auch in mehreren Fällen meine Vermutung, daß sich die orientalischen Erzähler des Haschisch bedienen, um ihre natürlichen Fähigkeiten noch zu steigern, vollauf bestätigt gefunden. Einer dieser Männer, ein fast erblindeter, weißbärtiger Greis, der große lokale Verehrung genießt und von allen nur „Meister" genannt wird, gestand mir ohne weiteres, er rauche und esse Haschisch, „so weit ich mich überhaupt zurückerinnern kann" – und zwar genoß er die Droge in den verschiedensten Zusammensetzungen: mit Tabak in der „berittenen

Wasserpfeife", mit Yoghurt vermischt als „Sauermilch der Einheit Allahs", zusammen mit Opium als „Geist der Dämonen" ...
Ein im Orient berühmter Sänger, ebenfalls schon recht bejahrt, der aber noch immer für Rundfunk und sogar Fernsehen arbeitet, erklärte mir gegenüber dasselbe; ebenso eine ganze Anzahl von Musikern, Tänzern, Dichtern und sonstigen Künstlern beiderlei Geschlechts. Oft leugneten natürlich die Betreffenden zu Beginn jede persönliche Bekanntschaft mit Narkotika ab und zogen sogar in der Art der westlichen Sensationspresse über die „Rauschgifte" her. Man darf sich aber von dieser orientalischen Manier, dem Fremden gegenüber *das* zu sagen, was dieser vermutlich hören will, nicht täuschen lassen. Hatten sie erst Vertrauen gefaßt, entpuppten sich die wildesten Rausch-Kritiker „*vor* dem Vorhang" als die treuesten Rausch-Liebhaber „*hinter* dem Vorhang".
In Selbstversuchen mit *Haschisch* (besonders dann, wenn Orientalen anwesend waren, die den Rausch entsprechend „lenkten") habe ich mehrmals diese Droge als Realisator von Motiven erlebt, die für die erzählende Literatur des islamischen Orients typisch sind: so das *Fliegen*, die *Zaubergärten*, berückende *Düfte*, jähe äußere und innere *Verwandlungen* (man ist winzig klein und riesengroß, Verzweiflung schlägt in Seligkeit um oder umgekehrt), geheimnisvolle *Geisterstimmen*, und anderes mehr.

Haschisch und islamische Esoterik

Ich stellte also zweierlei fest: daß die orientalischen Erzähler (und Künstler ganz allgemein) Haschisch tatsächlich auch heute noch als Anregungsmittel verwenden, *und* daß die spezifische Wirkung des Hanfes die Phantasie in einer Weise beeinflußt, die dem islamischen Stilcharakter in mancher Hinsicht auffällig zu entsprechen scheint.
Dazu kommt nun die Rolle des Haschisch in der islamischen *Esoterik*. Ich halte es für verfrüht, hierüber allzu viel zu sagen. Immerhin sei festgestellt, daß die verschiedenen Decknamen der Droge – wie „Geheimnisse", „Blatt der Imagination", „Sauermilch der Einheit (Gottes)" u. a. m. – nicht nur als poetische Allegorien zu verstehen sind, sondern in Initiationsriten, bei denen der Hanf in der Hand des kundigen Eingeweihten zum Schlüssel zu gewissen

inneren Erfahrungen wird, ihre Erklärung finden. Dies gilt auch für die Beziehung des Haschisch zur Gestalt des Gottesboten (und legendären Propheten) *Chezr*. Dieser „Grüngekleidete" kennt den Weg zum „Wasser des Lebens", dessen Hüter er ist. Er taucht auf, um den in der Wüste verirrten, von Dämonen genarrten Sucher heimzugeleiten. Er erscheint diesem in der Gestalt eines *schöneren* Doppelgängers; denn er ist die Verkörperung des „wahren Selbst", jenes unzerstörbaren Kerns, der alle Verkleidungen der „Triebseele" überdauert [2]. Chezr ist aber auch gleichsam der „Schutzheilige" des Hanfs; ja, dieser selbst wird aus Gründen der Tarnung oft „Chezr" genannt; denn ebenso, wie das Haschisch – wenn es der Unkundige mißbraucht – zum Dämon wird, der den Menschen in die Irre führt, kann er dem hiezu Berufenen als Wegweiser dienen zu den Geheimnissen des eigenen Inneren [3].

Dieses „Doppelgesicht" des Haschisch, der Engel, aber auch Dämon sein kann, hat zu seiner, auch für orientalische Verhältnisse außergewöhnlichen und schwer zu durchschauenden Verschlüsselung geführt. Damit verglichen, erscheint die Rolle des *Weines* um vieles klarer und eindeutiger.

Der „Wein" als Chiffre

Auf den ersten Blick mag das erstaunen, da ja der Koran den Wein verbietet, die übrigen Narkotika aber unerwähnt läßt. Doch man muß folgendes bedenken: das Wort „Wein" hat insbesondere in Persien eine seiner ursprünglichen Bedeutung nach *zwei* Seiten hin weit überschreitende Sinngebung erhalten. Einmal kann es den *Eros* ganz allgemein bezeichnen, der den Liebenden trunken macht, das „Ich" sprengt und dem Ekstatiker die „Welt der Engel" aufschließt. So und ähnlich deuten die Sufis in ihren Kommentaren Begriffe wie „Wein" und „Spelunke" [4], und es ist völlig klar, daß solche Trunkenheit nicht immer und unbedingt des irdischen Rebensaftes bedarf. Darum haben auch Geistliche und Asketen, die es mit den koranischen Vorschriften sehr genau nahmen und gewiß keinen Alkohol tranken, „Wein" und „Rausch" in ihren Gedichten und Schriften ohne Bedenken gepriesen.

Zweitens steht „Wein" aber auch oft für Berauschungsmittel

schlechthin. Das Wort ist also nicht nur Symbol oder Chiffre für den trunkenmachenden Eros (im Sinne der islamischen Liebesmystik), sondern kann auch stellvertretend den Gebrauch anderer Narkotika mit einschließen. Das gilt auch gerade für heutige Dichter und Gedichte, und erweist sich – nebenbei gesagt – seit der Einführung der westlichen „Rauschgift-Paragraphen" in die Gesetzgebung auch der orientalischen Länder als außerordentlich praktisch. Von zwei der bekanntesten zeitgenössischen Dichter Persiens weiß ich mit Bestimmtheit, daß in ihren Versen „Wein" grundsätzlich mit „Opium" oder „Haschisch" zu übersetzen ist. Leider sind mir hier (wie auch sonst so oft in diesem Buch) die Hände gebunden. Ich muß viele Belege und interessantes Tatsachenmaterial verschweigen, um nicht ungewollt zum Helfershelfer von Schnüfflern, Muckern und Hexenjägern zu werden. „Verwestlichung" – das bedeutet eben in ganz Asien in sehr vieler Beziehung Rückfall in dunkelste Barbarei. Unsere Fortschrittler mögen sich winden und drehen, wie immer sie wollen: die Ideen und Ideologien, der Komfort und die technischen Errungenschaften, deren missionierende Handlungsreisende sie sind, werden sie nicht davor bewahren können, am Ende selbst als die „Wilden" und „Primitiven" dazustehen, als die sie andere, die mehr Noblesse besitzen, so lange verleumdet haben.

Vom Einfluß des Haschisch auf die Kunst des Islams

Erst nachdem ich durch eigene Erfahrungen und Beobachtungen dazu gelangt war, den Haschisch-Rausch als wichtigen integrierten Bestandteil vor allem der islamischen *Erzählkunst* aufzufassen, wurde mir bekannt, daß der französische Schriftsteller, Zeichner und Drogenfahnder Henri Michaux und vor ihm schon der deutsche Orientalist (und damalige Professor an der Universität Kiel) Georg Jacob ähnliche Gedankengänge geäußert hatten.
Was zunächst Michaux betrifft, so scheint er rein intuitiv, nur auf Grund eigener Versuche mit der Droge, zu seinem Urteil gekommen zu sein. In seinem Buch „L'infini turbulent" sagt er, „die islamische Kunst" (l'art musulman) sei „offensichtlich aus Haschisch-Visionen hervorgegangen" [5]. In dem Aufsatz „Mécanisme des drogues" beschreibt er dann mit ziemlicher Ausführlichkeit seine „Minarett-

Visionen“ und sonstigen architektonischen Halluzinationen unter der Wirkung der Hanf-Droge, und zieht daraus den Schluß, weder der Orient noch der Islam als solche seien für die charakteristische Eigenart des islamischen Baustils und dessen gleichsam schwebende Verfeinerung verantwortlich, sondern der Haschisch, unter dessen Einfluß „die orientalischen, persischen und arabischen Baumeister diese verfeinerten Formen geschaut hatten und sie dann nachzubilden versuchten“ [6].
Ich glaube heute, daß die Ansicht von Michaux – obwohl er sie zweifellos zu extrem und einseitig formuliert hat – doch einen guten Teil Wahrheit enthält. Was aber der Franzose von der Baukunst behauptet, hat schon vierzig Jahre früher in einer viel umfassenderen und tiefer blickenden Weise ein Mann ausgesprochen, der mit einer stupenden Gelehrsamkeit echte geistige Leidenschaft und künstlerische Intuition verband, was natürlich zur Folge hatte, daß ihn die leider immer zunehmende Majorität der spezialisierten Maulwürfe unter seinen orientalistischen Fachkollegen gerne totschweigt oder doch mit fußnotenfrommem Augenaufschlag „unwissenschaftlicher Fehltritte“ bezichtigt.
Dieser Mann ist Georg Jacob, und die Schrift, von der hier die Rede sein soll, die ganz zu Unrecht vergessene, weil geistvoll wegweisende Abhandlung „Märchen und Traum“. Nur *ein* Aspekt des kleinen Werkes kann uns hier beschäftigen, nämlich der *Wachtraum*, in dem Jacob mit sicherem Blick die eigentliche Quelle der morgenländischen Erzählkunst aufweist. Wörtlich schreibt er: „Die Erschlaffung des Willens zu Gunsten der Phantasie charakterisiert den Wachtraum“ [7], ein Satz, der auch erklärt, warum in einer Gesellschaft, die den *Willen* so sehr vergötzt hat wie die westliche, der Rausch als solcher verdächtig werden muß; denn wo „Leistungsprinzip“ und „Zweckdenken“ Charakter und Weltbild bestimmen, ist die *Phantasie* dazu verurteilt, zu verkümmern: infolgedessen wird der Rausch, der sie von der Leine läßt und ihr die Flügel löst, zur „Bedrohung“. Anders natürlich im Orient, der in dieser Hinsicht genau den umgekehrten Weg gegangen ist. – „Die Phantasiegebilde“, sagt Jacob, „lassen sich bekanntlich durch Reizmittel steigern . . . Im Orient spielen außer dem Alkohol verschiedene die Phantasie mächtig anregende Rauschmittel eine große Rolle; vor allem Haschisch, Stechapfel, Bilsenkraut, Opium . . .“ [8]

Nachdem der Verfasser die Versuche von Europäern mit der Hanf-Droge erwähnt hat, zieht er folgenden, höchst bemerkenswerten Schluß:

„Ich habe den Eindruck, daß es sich hier um Versuche mit geringen Dosen handelt. Erkennt man aber schon bei ihnen den Stil der 1001 Nacht, so noch viel *mehr* bei den Schilderungen von Gewohnheitsessern des Haschisch im Orient. Meist schwinden im Haschischrausch die Vorstellungen von *Raum* und *Zeit* als hindernde Schranken. Dschinnen tragen die Menschen im Nu von einer Stadt zur andern, Riesenvögel oder Geisterrosse zu weitentlegenen Inseln. Aus schönen Palästen treten bräutlich geschmückte Jungfrauen dem plötzlich Angelangten freundlich entgegen, oder der Schläfer erwacht als Chalife. Aber ebenso schnell ist alle Herrlichkeit zerstoben, der Träumer tut einen jähen Fall, um in elenden Verhältnissen zum Bewußtsein zu gelangen. Diese Vorstellungsreihen sind nun gerade die *charakteristischen* Züge, welche viele Erzählungen der 1001 Nacht etwa von den Grimmschen Märchen unterscheiden ... Ganz besonders sind die künstlichen Rauschmittel bei den *Derwischen* beliebt, und diese waren früher auch vorwiegend die Vertreter der volkstümlichen *Erzählerkunst* ...“ [9]

Wer sowohl das Haschisch wie auch den Orient und dessen Literatur einigermaßen kennt, wird dem Urteil von Georg Jacob zustimmen müssen. Natürlich wäre es grotesk, behaupten zu wollen, der Hanf habe Künstler und Kunstwerke hervorgebracht – denn jedes Rauschmittel kann nur wecken, was schon vorhanden ist –; wohl aber steht fest, daß neben anderen Faktoren auch der Haschisch-Rausch *stilbildend* auf die islamische Kultur eingewirkt hat.

„Die Geschichte vom Haschischesser“

Das Ausmaß dieser Einwirkung ist schwer abzuschätzen, aber jedenfalls übersteigt es aus den schon erwähnten Gründen (Integration als „Genußmittel“ einerseits, esoterische Verwendung andererseits) bei weitem die Rolle, die man dem Haschisch zuerkennen müßte, wollte man nur nach *den* Stellen urteilen, an denen die Droge offen und ausdrücklich genannt wird. Allerdings geschieht auch dies häufig genug. Wir wollen uns vorläufig auf *ein* Beispiel beschränken, dieses aber ausführlich zitieren, weil es sehr schön zeigt, wie die von den Orientalen so oft behauptete (und von europäischen Kennern meist bestrittene) „erotisierende“ Wirkung des Haschisch zu verstehen ist.

Unser Beispiel heißt „Die Geschichte vom Haschischesser“ und entstammt den „Erzählungen aus den tausendundein Nächten“. Der Held ist ein Mann, von dem gesagt wird, er habe aus Liebe zu „den Schönen“ all sein Geld ausgegeben, sei schließlich völlig verarmt und habe sich als Vagabund in den Straßen herumgetrieben. Nachdem er sich zu allem Überfluß noch an einem Nagel die Zehe verletzt hat, betritt der Arme ein Hammâm (Badehaus), zieht dort seine Kleider aus, setzt sich an den Rand des Springbrunnens und läßt dessen Wasser über seinen Kopf rinnen, „bis er müde ward . . .“ – Hier unterbricht Scheherezade (Schehrezâd) ihre Erzählung; und fährt in der 143. Nacht also fort:

„Dann ging er zu dem Kaltwasserraum, und da er dort niemanden vorfand, setzte er sich in eine stille Ecke, holte ein Stück *Haschisch* heraus und schluckte es hinunter. Als es ihm zu Kopfe gestiegen war, fiel er rücklings auf den Marmorboden hin. Und nun gaukelte das Haschisch ihm vor, ein vornehmer Kammerherr knete ihn und zwei Sklaven ständen ihm zu Häupten, der eine mit einer Schale, der andere mit den übrigen Badegeräten und dem, was ein Badewärter sonst noch braucht. Als er das sah, sagte er sich im Traume: ‚Es scheint, die irren sich in mir, oder es sind Leute von unserer Zunft, Haschischesser.‘ Dann streckte er seine Füße aus und glaubte zu hören, wie der Bademeister sagte: ‚O Herr, die Zeit ist nahe, daß du hinaufgehst; und heute bist du an der Reihe.‘ Lächelnd sagte er zu sich selber: ‚Wunderbar, o Haschisch!‘ Dann setzte er sich schweigend auf, träumte, daß der Bademeister kam, ihn bei der Hand nahm und ihm ein schwarzseidenes Tuch um den Leib legte. Die beiden Sklaven gingen hinter ihm mit den Schalen und den Geräten. So geleiteten sie ihn, bis sie ihn in eine Kammer führten, wo sie Weihrauch anzündeten. Dann sah er, wie der Raum voll war von allerlei Früchten und duftenden Blumen. Man schnitt eine Wassermelone für ihn auf und ließ ihn auf einem Stuhl von Ebenholz sitzen. Der Bademeister aber stand da und wusch ihn, während die beiden Sklaven Wasser über ihn gossen. Dann rieben sie ihn gut ab und sprachen: ‚O unser Herr Gebieter, Wohlergehen auf ewig!‘ Dann gingen sie wieder hinaus und machten die Tür zu. Wie er all dies geträumt hatte, nahm er das Tuch von seinem Leibe und fing an zu lachen, bis er fast in Ohnmacht fiel. Eine lange Weile lachte er weiter; dann aber sprach er bei sich: ‚Was ist's mit ihnen, daß sie mich wie einen Wesir anreden und ‚unser Herr Gebieter‘ zu mir sagen? Vielleicht haben sie jetzt einen Irrtum begangen; aber bald werden sie mich erkennen und sagen: ‚Das ist ein Taugenichts‘, und dann werden sie mir sattsam den Nacken verprügeln.‘ Da er sich nun heiß fühlte, so öffnete er die Tür, worauf er weiter träumte, ein kleiner Mamluk und ein Eunuch träten zu ihm ein. Der Mamluk hatte ein Bündel bei sich; das machte er auf und nahm drei seidene Tücher aus ihm hervor. Das erste legte er ihm über den Kopf, das zweite um die Schultern, und das dritte gürtete er ihm um die Hüften. Der Eunuch aber brachte ihm Stelzsandalen, und die zog er an. Nun traten Mamluken und

Eunuchen herein und führten ihn stützend, während er immerfort lachte, bis er hinaustrat und in die Halle hinaufstieg. Die fand er mit großen Teppichen ausgestattet, wie sie sich nur für Könige ziemen. Alsbald eilten die Diener auf ihn zu und setzten ihn auf einen Diwan; dann begannen sie ihn zu kneten, bis ihn der Schlaf übermannte. Und weiter sah er im Traume eine Jungfrau an seinem Busen; die küßte er und legte sie zwischen seine Schenkel; dann kniete er vor ihr, wie der Mann vor der Frau zu knien pflegt, nahm seine Rute in die Hand und zog und preßte die Jungfrau an sich ... Mit einem Male rief jemand ihm zu: ‚Wach auf, du Taugenichts! Es ist schon Mittag, und du schläfst immer noch!' Da schlug er die Augen auf und fand sich am Rande des Kaltwasserbeckens liegen, mitten unter einer Schar von Leuten, die ihn auslachten, und dabei war sein Glied aufrecht, und das Tuch war von seinem Leib heruntergefallen. Nun ward es ihm klar, daß dies alles nur Irrgänge von Träumen und Täuschungen des Haschisch gewesen waren. Traurig blickte er den an, der ihn geweckt hatte, und sprach: ‚Ach, hätte ich doch zu Ende träumen können!' Aber die Leute riefen: ‚Schämst du dich nicht, du Haschischesser, hier nackt mit aufrechter Rute zu schlafen?' Und sie schlugen ihn, bis ihm der Nacken rot geworden war. Er aber war hungrig und hatte doch den Vorgeschmack der Glückseligkeit gekostet.“ [10]

Flucht in den Rausch?

Diese kleine Geschichte trägt alle Züge eines realistischen Berichtes aus erster Hand. Sie steht darum in formaler Hinsicht modernen, westlichen „Narkotika-Protokollen“ erstaunlich nahe. Das Rauscherlebnis ist hier *nicht* übersetzt in eine für sich selbst stehende Erzählung. Auf Verschlüsselung wurde verzichtet. Jener entscheidende Schritt, der den bloßen Tatsachenbericht auf die Ebene der Kunst transponiert, blieb ungetan; und somit bestand auch kein Grund, die Droge als auslösendes Element des ganzen Geschehens zu verschweigen. Hätte nun aber – wie das in anderen Fällen, und gerade auch bei manchen Geschichten der „Tausendundein Nächte“, zweifellos passierte – der Erzähler das Rohmaterial der selben Fakten zum Kunstwerk verdichtet, so wäre das Haschisch höchstwahrscheinlich unerwähnt geblieben; genau so, wie ja auch abendländische Dichter, ein E. T. A. Hoffmann oder ein Jean Paul, die Wirkungen des Alkohols in ihr Schaffen zwar integriert haben, aber ohne im allgemeinen diese Quelle der Inspiration mit Namen zu nennen.
Doch betrachten wir nun unseren morgenländischen Bericht etwas

näher! Gerade, weil er sich so offensichtlich auf die Wiedergabe der nackten Tatsachen beschränkt, enthält er eine Reihe wichtiger Hinweise auf das Wesen des Haschisch und Haschischrausches.

Unser Mann ist offenbar der Typus des orientalischen Lebenskünstlers. Einst war er reich, doch gab er sein Geld aus für „die Schönen"; und nun, da er nichts mehr besitzt, gehört er immerhin noch zur „Zunft der Haschischesser", und erlaubt ihm die Droge die zeitweilige Rückkehr in sein verlorenes Paradies. Unsere modernen Psychologen nennen das zwar bekanntlich „Flucht aus der Realität"[11], aber abgesehen davon, daß *ihre* Realität bestimmt weder die einzige noch die eigentliche ist, muß man sie und sich selbst doch ernsthaft fragen, welche Art Mensch (abgesehen vom Mystiker) *nicht* vor der Wirklichkeit flieht („Gott und Trunk stehen auf derselben Ebene, solange es Mittel sind, dem zu entfliehen, was man ist"[12], sagt Krishnamurti). Der Orient hat dem Okzident das tiefe Wissen um die *Irrealität des Besitzes* voraus; denn „wirklich" ist ja immer nur der gegenwärtige Augenblick, und alles, was uns vom Aufgehen in diesem abhält, vermindert unseren Gehalt an Realität, indem es uns die Gegenwart um einer fiktiven Zukunft willen, auf die wir in Furcht oder Hoffnung starren, vergessen und verraten läßt. Eben deshalb *ist* und *macht* jeder Besitz, der unsere augenblickliche Erlebnis- und Genußfähigkeit überschreitet, irreal; und ist es durchaus widersinnig, den Rausch eine „Flucht aus der Realität" zu heißen, die Jagd nach Besitz aber nicht. Das Gegenteil ist richtig: der Trunkene „verwirklicht" den Augenblick, der andere jagt ihm voraus.

Das Gesetz der Umkehrung

Interessant ist auch, daß der Haschischesser in unserer Geschichte die Droge in einem Augenblick zu sich nimmt, da er sich offensichtlich in einem Stimmungstief befindet. Er ist nicht nur mittellos und allein, sondern hat sich zudem noch den Fuß verletzt, ist erschöpft, müde und gewiß auch hungrig. Erfahrungsgemäß ist ein solcher Zustand eine Art Garantie für eine rasche, sichere und starke Wirkung von Narkotika im allgemeinen; vorausgehendes Fasten steigert den Rausch, und ein ermüdetes Bewußtsein setzt der „Umschaltung“ weniger Widerstand entgegen als ein hellwaches. Darüber hinaus kennt nun aber auch jeder Drogenforscher das eigenartige Phänomen des durch den Rausch bewirkten *Stimmungsumschlages*. Das heißt: befindet man sich *vor* dem Versuch in einer depressiv gefärbten psychischen Verfassung, so wird der Rausch selbst mit großer Wahrscheinlichkeit euphorischen Charakter tragen; steht aber die Ausgangslage schon im Zeichen einer inneren Hochstimmung, so erhält sehr oft der Rausch ein umgekehrtes, negatives Vorzeichen.

Meines Wissens ist diese Erscheinung bisher viel zu wenig beachtet worden. Ich habe sie an mir selbst und anderen immer wieder beobachtet, und mehrere Kenner der Materie, die ich deswegen befragte, haben sie mir bestätigt; doch habe ich bisher in der Fachliteratur umsonst nach Hinweisen und Erklärungen gesucht. Es scheint sich aber hier um dasselbe Phänomen zu handeln, das beispielsweise in der *Traumdeutung* verschiedener Völker dazu geführt hat, in gewissen schlimmen Träumen eine gute, in scheinbar glücklichen aber eine *schlechte* Vorbedeutung zu erkennen. Jedenfalls ist es einleuchtend, daß ein Umschalten der inneren Wellenlänge (vom wachen in den schlafenden, vom nüchternen in den berauschten Zustand) die jeweils gerade im Schatten liegende Kehrseite der im Alltagsbewußtsein vorherrschenden Stimmungsfarbe an die Oberfläche spült.

Dies ist nun auch bei unserem morgenländischen Haschischesser der Fall. Sein Rausch ist eindeutig lustbetont; er gewährt ihm all das, was der Alltag ihm vorenthält; das „Tischlein deck' dich“ des Märchens wird für ihn Wirklichkeit; der Vagabund sieht sich zum großen Herrn erhoben, sein Elend in Glanz und Luxus verwandelt – und seine Reaktion auf diese jähe Verzauberung ist Heiterkeit und ein unbezähmbares Lachen.

Bewußtseinsspaltung im Wachtraum

Wenn es heißt, der Berauschte „träume“ dies alles, so mag das für den westlichen Leser mißverständlich sein. Es handelt sich natürlich um den typischen *Wachtraum*, wie ihn sowohl Haschisch wie Opium hervorrufen – einen Zustand des schwerelosen Schwebens auf den

Flügeln der Phantasie durch die Dämmerung auf der Grenze zwischen Wachen und Schlafen. Daß dem so ist, zeigt auch die Tatsache, daß unser Held zwar einerseits seinen Traum als *real* erlebt, zugleich aber andererseits das Wissen um sein alltägliches Ich *behält*, und also ständig erwartet, daß diese zwei so verschiedenen, so unvereinbaren Seinsebenen einander in die Quere kommen, „der Irrtum sich aufklärt", und er als der arme Vagant, der er ja ist, entlarvt wird. In diesem Simultan- und Versteckspiel des trunkenen Bewußtseins mit sich selbst besteht der ganze Reiz der kleinen Geschichte; aber gerade diese Schilderung der durch die Droge bewirkten „Schizophrenie" ist im höchsten Grade realistisch, ja, mit sozusagen klinischer Genauigkeit festgehalten. Bewußtseinsspaltungen dieser Art sind nämlich für das *Haschisch* (und ebenso für LSD und die mexikanischen „Zauberdrogen") kennzeichnend – und das Lachen ist die häufig beobachtete Reaktion auf die buchstäbliche „Zweideutigkeit" der Situation [13], während zum Beispiel das *Opium* derartige Symptome niemals hervorruft: der Opiumraucher ist lediglich Zuschauer, Betrachter des äußeren wie vor allem seines inneren Theaters, und als solcher befindet er sich im Einklang mit sich selbst und wird nicht in Versuchung kommen, zugleich Schauspieler und Publikum „hier" und „dort", sein zu wollen.

Hanf, Phantasie und Erotik

Was nun das *erotische* Erlebnis unseres Haschischliebhabers betrifft, so beweist auch dieser Bericht, wie ähnliche seiner Art, mit aller Deutlichkeit, daß Haschisch keineswegs primär ein Aphrodisiakum ist (wie etwa Kanthariden), sondern daß seine „erotisierende" Wirkung darauf beruht, daß er die Phantasie anregt. Je phantasiebegabter ein Mensch ist, und je mehr sich seine Phantasie und sein Eros gegenseitig durchdringen und steigern, um so eher wird eben auch sein Haschischrausch eine erotische Färbung annehmen. Wenn Georg Jacob schreibt: „Die erotische Wirkung (des Haschischs), welche die Orientalen schildern, wird von Abendländern bei ihren Versuchen ausdrücklich als nicht beobachtet gebucht" [14] – so findet diese Feststellung ihre natürliche Erklärung darin, daß der Orientale die Verbindung von Phantasie und Erotik im Wachtraum von jeher bewußt angestrebt und kultiviert hat, während der Abendländer in dieser Beziehung (abgesehen von seiner mangelnden Erfahrung mit der Droge selbst) von Tabus und Komplexen allzu sehr belastet ist [15].

V

Der Geheimbund Alamut - Legende und Wirklichkeit

Allgemeines

Wer waren die Assassinen? Was glaubten und lehrten sie? Wie, wann und warum kamen sie zu ihrem Namen, der im Arabischen und Persischen „Haschisch-Leute" bedeutet, und der als Fremdwort im Sinne von „Meuchelmörder" in die europäischen Sprachen einging? Wodurch haben diese Männer eine im Orient und Okzident so unerhörte, neun Jahrhunderte überdauernde, aus Grauen, Abscheu, Haß und heimlicher Bewunderung bestehende Berühmtheit erlangt?

Um das gleich vorwegzunehmen: selbst für die Fachwissenschaft, orientalische Gelehrte wie westliche Orientalisten, ist das Kapitel „Assassinen" noch immer voll ungelöster Fragen; und man darf sich deshalb nicht allzu sehr wundern über die widersprüchlichen, phantastisch ausgeschmückten oder auch einfach erfundenen Darstellungen in Romanen und populär-wissenschaftlichen Büchern. Ein so verbreitetes Nachschlagewerk wie „The American College Dictionary" faßt nur die im Westen herrschenden Ansichten zusammen, wenn es unter dem Stichwort „assassins" kurz und bündig bemerkt: „Mohammedanische Fanatiker, deren Hauptziel es war, Kreuzfahrer meuchlings zu ermorden ..." [1].

Obwohl fast jedermann schon im „Alten vom Berg" und seinen „Assassinen" gehört hat, obwohl sich Scharfsinn und Phantasie unzähliger Menschen in Morgen- und Abendland zu allen Zeiten mit diesem Stoff beschäftigt haben, obwohl eine Flut von alten und neuen Berichten, Aufsätzen, Legenden, Kommentaren, Romanen und wissenschaftlichen Stellungnahmen in vielen orientalischen und westlichen Sprachen über den „Mörderorden" vorliegen – all dem

zum Trotz umgibt weiterhin ein Schleier von Geheimnis diese Extremisten des Islam, die einst durch die radikalsten Mittel der Selbstaufopferung, des blinden Gehorsams und der gezielten Mordanschläge eine Welt von Feinden im Schach hielten.
Betrachten wir nun zunächst die wichtigsten Etappen jener Entwicklung, die zur abendländischen Assassinen-Legende geführt hat, in der sich Dichtung und Wahrheit fast unentwirrbar mischen. Die Entstehung dieser Legende ist ein Roman für sich. Ihre noch ungeschriebene Geschichte würde zu vermutlich sehr überraschenden Ergebnissen führen – das Werk von M. G. S. Hodgson „The Order of Assassins" kann als wegbereitend und wegweisend gelten –; denn die *Idee* des männerbündischen Ordens, des von einem verborgenen Innenraum esoterischen Wissens nach außen in die Profansphäre der Politik wirkenden Geheimbundes, ist niemals konsequenter, entschlossener, kühner und rücksichtsloser in die Tat umgesetzt worden als durch die Assassinen.

Der Bericht von Marco Polo

Am 8. September 1296 fand zwischen den Flotten der damals um die Herrschaft im Mittelmeer rivalisierenden Stadtstaaten Venedig und Genua eine Seeschlacht statt, die letzterer zu seinen Gunsten entschied. Unter den Venezianern, die damals in genuesische Kriegsgefangenschaft fielen, befand sich auch ein angesehener, reicher und weitgereister Handelsherr und Patrizier namens Marco Polo.
Die drei Jahre, die dieser energiegeladene Mann der Tat in der erzwungenen Muße der Haft verbringen sollte, sind zweifellos für ihn selbst eine harte Geduldsprobe gewesen; *wir* aber verdanken diesem Mißgeschick ein Dokument von unschätzbarem Wert, das sonst wohl kaum entstanden wäre: nämlich die berühmten Erinnerungen des Marco Polo an seine, in Gesellschaft von Vater und Onkel unternommene, große Reise nach China, von wo er nach langem Aufenthalt erst 1295, nach insgesamt 24jähriger Abwesenheit, wieder in die Heimat zurückgekehrt war.
Man kann es Polos Zeitgenossen nicht verdenken, daß sie seine Berichte und Erlebnisse nicht nur mit Staunen, sondern auch häufig mit Unglauben zur Kenntnis nahmen. Den vitalen Grandseigneur

selbst, der sich offenbar nur aus Langeweile dazu herbeiließ, im Gefängnis seine Memoiren zu diktieren, hat das bestimmt nicht gekränkt. Er hatte viel zuviel gesehen, gehört und erlebt, und er war auch von Natur zu robust und realistisch, um dem Urteil seiner Mitmenschen großes Gewicht beizumessen. Ihm war es klar, daß die Dinge, die er in seinem Buch mitteilte, für seine zuhausegebliebenen Landsleute unglaublich und märchenhaft klangen. Dies, obwohl der nüchterne, etwas trockene Stil, in dem er seine asiatischen Merkwürdigkeiten aufzählt, auf einen Mann schließen läßt, der besser rechnen als träumen kann, und der keineswegs gewohnt ist, die Alltagsrealität vermittels seiner Phantasie zu verklären.
Allmählich stellte sich dann heraus, daß Marco Polo tatsächlich nicht phantasiert hatte. Was er berichtet, hat er entweder selbst erlebt oder beobachtet, oder es ist ihm unterwegs zu Ohren gekommen. Letzteres gilt nun auch für die folgende Geschichte, die auf seine Zeitgenossen ganz besonders phantastisch wirken mußte, und von der Polo selbst versichert, ihre Glaubwürdigkeit sei ihm in *Persien* während seiner Durchreise mehrfach bestätigt worden. Diese Geschichte lautet, zusammengefaßt, so:

Ein mächtiger Mann, genannt der „Alte vom Berg“, besaß den größten und herrlichsten Garten, den man sich vorstellen kann. Darin befanden sich wundervoll eingerichtete Paläste, künstliche Bäche, die außer Wasser auch Wein, Milch und Honig führten, sowie Mädchen von berückender Schönheit, die musizierten, sangen und tanzten. Niemand hatte Zutritt zu diesem Garten außer jenen, die der „Alte“ selbst dorthin bringen ließ. Hörte er nämlich von einem Jüngling im Alter von zwölf bis zwanzig Jahren, den er für sich gewinnen wollte, so verabreichte er diesem einen einschläfernden Trank und ließ ihn sodann in den Garten schaffen. Kam dort der Jüngling wieder zu sich, war er umringt von bezaubernden Schönen, die ihm in allem zu Willen waren und ihn auf jede Weise verwöhnten. Er glaubte sich deshalb ins *Paradies* versetzt; denn seine Umgebung war wie das Spiegelbild jenes himmlischen Gartens, der im Koran den Gläubigen verheißen wird. Dies aber entsprach genau der Absicht des „Alten“, der sich selbst als Propheten ausgab. Seine Anhänger wurden *Hasisins* genannt; und wenn er einen von den Jünglingen benötigte, ließ er ihn wiederum durch

S.105-106

jenen Trank betäuben und daraufhin zu sich in seinen Palast tragen. Erwachte dort der „Hasisin“, so gab ihm der „Alte“ den Auftrag, sich aufzumachen und irgendeine bestimmte Person zu töten. Kehre er lebendig zurück, so werde er ihn darauf durch seine Engel ins Paradies tragen lassen; komme er jedoch ums Leben, so werde ihm dasselbe Schicksal noch schneller zuteil werden. Getrieben von ihrer Sehnsucht, in das vermeintliche Paradies zurückkehren zu dürfen, befolgten die „Hasisins“ blind und tollkühn die Befehle des „Alten“, und dieser übte dadurch eine Schreckensherrschaft aus, und die Fürsten erkauften sich aus lauter Angst Frieden und Sicherheit, indem sie ihm Tribut zahlten. – Schließlich aber (so beendet Polo seinen Bericht) wurden der „Alte“ und seine Anhänger durch eine Armee des „Tatarenherrschers Alau“, nach 3jähriger Belagerung, im Jahre 1242 besiegt und vernichtet [2].

Vom Sinn der Legende

Als Bericht eines Abendländers aus dem selben 13. Jahrhundert, in dem tatsächlich (1256 durch die Mongolen) die Assassinen den Untergang fanden, ist dies eines der faszinierenden Zeugnisse der Geschichte der Wechselbeziehungen zwischen Orient und Okzident. Marco Polos Erzählung hat seither, während bald 700 Jahren, Interesse und Phantasie der verschiedensten Menschen in ganz ungewöhnlichem Ausmaß erregt. Sie ist unzählige Male zitiert, ausgeschmückt, kommentiert, angezweifelt, verteidigt und bestritten worden. Es ist dies eine nachdenklich stimmende Tatsache. Der Handelsherr aus Venedig hat seine Geschichte vom „Alten vom Berg“ nicht erfunden. Diese Geschichte ist halb Dichtung, halb Wahrheit: sie spiegelt nur wider, was man in Persien selbst wenige Jahrzehnte, nachdem der Mongolensturm den „Orden der Assassinen“ ausgelöscht hatte, von diesem zu berichten wußte. Eine typische Legende hatte sich gebildet; aber eine, die durch ihre unheimliche Anziehungskraft auf Orientalen *und* Abendländer bewies, daß sie in der Seele der Menschen nicht nur Grauen, sondern auch Sehnsucht weckte.
Und warum dies? Fragen wir uns doch einmal, *wer* denn eigentlich in dieser legendären Figur des „Alten vom Berg“ Gestalt angenom-

men hat! Ein falscher Prophet, erwidern uns Marco Polos orientalische Gewährsmänner, ein Mann also, der die Jenseitsverheißung des *wahren* Propheten schon *hier*, im Diesseits, zu erfüllen vorgibt; ein Verführer, der die ewige Sehnsucht der Menschen nach Glückseligkeit furchtbar mißbraucht, der gerade die Besten unter den jungen Männern in gefügige Werkzeuge seines dämonischen Machtwillens verwandelt. Und wie erreicht er dieses Ziel? Indem er den Eindruck erweckt, Eros und Rausch, die Schlüssel zum Paradies, in seinen Händen zu halten und sie nach Belieben gewähren oder verweigern zu können. Kein Zweifel: der „Alte vom Berg" der Legende trägt archetypische Züge; er ist eine Erscheinungsform des *Satans* in göttlicher Verkleidung und Maske, der sein „irdisches" Paradies als das „himmlische" ausgibt; er ist (modern und westlich gesprochen) der politische *Ideologe*, der den Menschen Glück, Freiheit und Frieden verspricht, um sie auszunützen als „Mittel zum Zweck", und dieser Zweck ist immer nur der nackte Machtwille.

Die Theorie von Silvestre de Sacy

Ende des 18. und Anfang des 19. Jahrhunderts legte der französische Orientalist S. de Sacy Forschungsergebnisse vor, die Marco Polos Bericht nicht nur in den wesentlichen Zügen bestätigen, sondern überdies nach verschiedenen Richtungen hin ergänzten und ausdeuteten [3].

So bewies de Sacy, daß das französische (und englische) Wort „assassin" (= Meuchelmörder) vom arabisch-persischen „haschischiun" – dialektisch „haschischin" – und „haschischia" (d. h. Haschisch-Leute) stammt [4], und daß unter eben dieser Bezeichnung Polos „Hasisins" auch von islamischen Autoren erwähnt werden. Der französische Gelehrte identifizierte nun diese „Assassinen" als einen Zweig der extrem-schiitischen *Ismailiten*, der vom Ende des 11. Jahrhunderts bis ins 13. Jahrhundert hinein von Hochburgen in Persien und Syrien aus einen tollkühnen Zweifrontenkrieg geführt hatte: gegen das orthodox-islamische *Kalifat* in Baghdad und dessen nominelle Vasallendynastien einerseits, und gegen die christlichen *Kreuzfahrer* andererseits. Von offener Feldschlacht hatten die zahlenmäßig schwachen Assassinen nichts zu erhoffen; so verlegten sie sich auf überraschende Überfälle und (dies vor allem!) auf die von ihnen bis ins Letzte perfektionierte Taktik des politischen *Attentates*.

Es war somit nur allzu verständlich, daß die orientalische Benennung dieser Extremisten in der Bedeutung von „Meuchelmörder" über das latinisierte „assysini", in nur leicht entstellter Form in die europäischen Sprachen Eingang fand [5]. Zugleich mit dieser Entdeckung stellte de Sacy aber auch eine Theorie auf, die erklären sollte, warum die Orientalen diese Attentäter *„Haschisch-Leute"* nannten: seiner Ansicht nach verlieh der Genuß der Droge den ausgesandten Mördern die so vielfach und übereinstimmend bezeugte, Angst und Entsetzen verbreitende Tollkühnheit. Die Assassinen schienen nicht nur den Tod ihres Opfers, sondern auch ihren eigenen Untergang in einer Art von rauschhafter Besessenheit zu suchen; sie glichen weniger mehr Menschen aus Fleisch und Blut, als vielmehr ferngelenkten Geschossen, die völlig unempfindlich gegen seelische Hemmungen und körperliche Schmerzen mit tödlicher Sicherheit ihr eines und einziges Ziel, die Vernichtung irgendeines hochgestellten Gegners, unter Aufopferung des eigenen Lebens zu erreichen pflegten.

Bekanntlich wirkt nichts so demoralisierend wie das Bewußtsein, gegen Fanatiker kämpfen zu müssen, die nicht nur den eigenen Tod nicht scheuen, sondern ihn offensichtlich herbeiwünschen. Die Erklärung, es habe sich bei diesen todessüchtigen Tötern um Haschisch-Berauschte gehandelt und von daher stamme ihr Name (wie de Sacy und mit ihm viele andere, Orientalen wie Europäer, annehmen), stellt auch einen Versuch dar, für ein rätselhaftes und höchst beunruhigendes Phänomen eine gleichsam natürliche Deutung zu finden. Man hat diese Theorie bisher weder beweisen noch widerlegen können. Nirgends, in keiner orientalischen und keiner abendländischen Quelle, wird auch nur angedeutet, es habe jemals ein gefangener Assassine etwas über den Gebrauch von Haschisch oder sonstigen Drogen verlauten lassen.

Das Assassinen-Bild von Hammer-Purgstall

Doch ehe wir diese Frage weiter verfolgen, müssen wir noch eines Mannes gedenken, der mehr als jeder andere dazu beigetragen hat, das Assassinen-Bild der orientalischen Volkslegende als angebliche historische Wahrheit im abendländischen Bewußtsein zu verankern. Dieser Mann war Joseph von Hammer-Purgstall in Wien, einer der Altmeister der deutschen Orientalistik. Seine vielbändigen Sammelwerke, Biographien, Inhaltsangaben und Teilübersetzungen zur arabischen und persischen Literatur, zur osmanischen und mongolischen Geschichte, beweisen eine fast unglaublich anmutende Belesenheit, Vielseitigkeit und Produktivität; aber auch einen durch und durch romantischen Geist, der ständig auf der Suche war nach aufregenden, bizarren und dramatischen Sujets, und den deshalb die Glaubwürdigkeit seiner morgenländischen Quellen weit weniger kümmerte als deren exotische Farbigkeit. Man braucht dies keineswegs zu bemängeln; man muß es nur wissen.

Hammer-Purgstall, ein Zeitgenosse von S. de Sacy, den er natürlich kannte und auch zustimmend zitiert, erhob nun fast gleichzeitig wie dieser seine Stimme, und was er über die Assassinen mitzuteilen hatte, bildete eine Art Synthese der alten Berichte von Marco Polo, Arnold von Lübeck, Wilhelm von Tyrus und anderen mit den Forschungsergebnissen des französischen Gelehrten. Schon 1813 hatte Hammer-Purgstall aus einer in Wien liegenden arabischen Handschrift die folgende Erzählung übersetzt und publiziert:

Zur Zeit des Fatimidenherrschers Zâher landete bei Tripoli in Syrien ein ismailitischer Großer mit vielen Schätzen und einer Schar ihm fanatisch ergebener Anhänger, genannt „fedâ'is" (= Opfergänger). Er baute in Masyâf ein vierstöckiges, mit allem Luxus verschwenderisch ausgestattetes Lustschloß, das rings umgeben war von einem paradiesischen Garten, und das durch einen unterirdischen Gang mit der gewöhnlichen Residenz seines Besitzers verbunden war. Die jungen Männer, die der Ismailit für sich und seine Sache gewinnen wollte, betäubte er mit in Wein aufgelöstem *Haschisch* (bandsch) und ließ sie dann in den Garten schaffen, wo sie von schönen Sklaven und Sklavinnen verwöhnt wurden und die Paradiesesfreuden der Seligen im Traum vorauszukosten meinten. Später brachte man sie, in gleicher Weise betäubt, zum Herrn des

Gartens zurück, und dieser belehrte sie, was sie erlebt hätten, sei kein Traum, sondern ein Wunder gewesen. Wenn sie dieses geheim halten und künftig allen Weisungen blind gehorchen würden, sei ihnen das Paradies gewiß [6].

Die Handschrift des anonymen Volksromans, dem diese Darstellung entnommen ist, entstand im 15. Jahrhundert; und ihre Erzählung bildet, wie man sieht, nur die arabisch-syrische Variante *derselben* orientalischen Volkstradition, der Marco Polo schon im 13. Jahrhundert in Persien begegnet war.

Doch Hammer-Purgstall ließ es dabei nicht bewenden. Er schrieb sein berühmtes, auch ins Englische, Französische und andere Sprachen übersetztes Buch „Die Geschichte der Assassinen". Dieses Werk ist vor allem dafür verantwortlich zu machen, wenn seither – und vielfach bis heute – die westöstliche *Legende* über die Assassinen unbesehen als historische *Realität* ausgegeben wurde und wird.

Um von der Betrachtungs- und Darstellungsweise des österreichischen Orientalisten und Romantikers einen Begriff zu geben, wollen wir hier einige charakteristische Sätze seines Buches wörtlich zitieren. Über die Aufnahme von Novizen in den „Mörderorden der Assassinen" schreibt er:

„Den Jüngling, der durch Kraft und Entschlossenheit würdig erachtet ward, zum Meuchlerdienste eingeweiht zu werden, lud der Großmeister oder Großprior zu Tisch und zum Gespräche ein, berauschte ihn mit einem Oppiate aus Hyoscyamus (Haschische), und ließ ihn in den Garten tragen, wo er beim Erwachen sich ins Paradies verzückt glaubte, was ihm alle Umgebungen, und namentlich die Huris wörtlich und handgreiflich bestätigten ... So weihten sich diese bethörten Jünglinge blindlings zu Werkzeugen des Mordes und suchten gierig die Gelegenheit, das irdische Leben zu opfern, um des ewigen teilhaftig zu werden ... Was bisher als Mittel zum Vergnügen gedient, ward nun selbst Zweck, und die Begeisterung des *Oppiumrausches* (sic!) ward das Surrogat himmlischer Freuden, zu deren Genuß die Gegenstände oder die Kraft ermangelten. Noch heute zeigt Konstantinopel oder Kairo, was für einen unglaublichen Reiz Oppium aus Hyoscyamus auf die schläfrige Indolenz des Türken und die feurige Einbildungskraft des Arabers hervorbringt, und erklärt die Wuth, womit jene Jünglinge den Genuß dieser berauschenden Kräuterpastillen (Haschische) suchten ... Von dem Genuß derselben nannte man sie Haschischin, das ist ‚die Kräutler', woraus in dem Munde der Griechen und Kreuzfahrer der Namen der *Assassinen* entstand, der als gleichbedeutend mit Meuchelmörder die Geschichte des Ordens in allen europäischen Sprachen verewigt." [7]

Jedenfalls ist Hammer-Purgstall, wie unser Zitat beweist, kein guter Kenner von Narkotika gewesen. Offensichtlich betrachtet er „Haschische“ und „Oppium“ als austauschbare Wechselbegriffe für ein und dieselbe Droge, und überdies bringt er beide noch mit dem Bilsenkraut (Hyoscyamus niger) in Verbindung – warum, weiß ich nicht. Zwar sind Mischungen aus Opium und Haschisch im Orient bekannt und gelten als besonders wirksam – eine dieser Verbindungen wird in Persien „ruh al-adschenneh“ (= Geist der Dämonen) geheißen [8] –; aber das ist es ja nicht, was Hammer meint, und meines Wissens erwähnt keine orientalische Quelle, die Assassinen hätten Opium verwendet. Das Wort „haschisch“ bedeutet zwar ursprünglich im Arabischen „dürres Kraut“; aber schon der Botaniker Ebn al-Beitâr (gest. 1248) gebraucht es als Bezeichnung für den Hanf (qanab), im Sinne einer Abkürzung von „haschischat al-foqarâ’“ (= Kraut der „Armen“, d. h. der Fakire, Derwische) [9].

Das Paradies im Koran

Im Mittelpunkt der Assassinen-Legende, wie wir sie bisher kennengelernt haben, steht die Vorstellung des *Paradieses*, das ja bekanntlich der Koran in Bildern beschwört, die selbst in Übersetzungen auch den Außenstehenden durch ihre dichterische Kraft und Schönheit ergreifen. Im Gegensatz etwa zum Christentum besitzt damit der Islam eine Vision von der Stätte der Seligen, die Gott selbst durch den Mund seines Gesandten Mohammed offenbart hat.
Die Moslems, auch die einfachsten und elendesten, wissen also, was sie dort erwarten dürfen; nämlich: Gefährtinnen, „die weder Mensch noch Dämon jemals berührte“, anzusehen, „als wären sie Hyazinthe und Korallen“ in Gärten „in grünem Schimmer“; und „unsterbliche Schenken“, die einen Trank kredenzen, „von dem sie kein Kopfweh haben und nicht das Bewußtsein verlieren sollen“ –

> „unter dornenlosem Lotos
> und Bananen mit Blütenschichten
> und weitem Schatten
> und bei strömenden Wassern
> und Früchten, so vielen,
> unaufhörlichen und unverwehrten,
> und thronend auf Polstern ...“
>
> *(Koran, Suren 55/56)*

Durch solche und ähnliche Bilder, deren Wortmusik im arabischen Original eine unerhörte, unübersetzbare Magie ausübt, wird die Paradies-Vorstellung dem Orientalen von Kindheit an unauslöschlich eingeprägt. So wird ihm, ob er es weiß und will oder nicht, der „Garten der Seligen" zum Inbegriff der Vollkommenheit überhaupt. Die islamischen Dichter und Denker, Erzähler und Ekstatiker, Kalligraphen und Miniaturenmaler: sie alle kreisen um diese Vision ewiger Harmonie. Davon einen Abglanz zu schaffen, ist das Verlangen der Künstler; und wenn Dichter und Mystiker *Eros* und *Rausch* als *die* Schlüssel zum „Geheimnis" preisen, so deshalb, weil man den Kerker des „Ichs", bestehend aus Zeit und Raum, erst sprengen muß, eh man von der Schwelle aus einen Blick ins Paradies werfen darf.

Allerdings hat der Sterbliche, dem dies gelang, sein Wissen teuer zu bezahlen. Wer nur einmal das Absolute erkannt und das Vollkommene geschaut hat, den wird das begrenzte und beschränkte Glück der Blinden nie mehr sättigen können. Er wird verschmähen, was jene sehen und begehren; und er wird verlangen, was *sie* nicht kennen. Er wird leiden – nicht, weil er leiden *soll* (wie das die Christen, in seltsamer Mißdeutung von Jesus und im Unterschied zum Islam, fordern), sondern weil er um einen Grad von Glückseligkeit weiß, der nur jenseits der Grenzen dieser dreidimensionalen Scheinwelt erfahrbar ist.

Nizamis Geschichte vom „verlorenen Paradies"

Eine der großartigsten Darstellungen und Deutungen des Themas vom „Wissenden" und seinem „verlorenen Paradies" stammt von dem persischen Dichter Nizami (Nezâmi, geb. 1141), dessen Lebenszeit mitten in die 166 Jahre währende Epoche der Assassinen und ihrer Herrschaft über Alamut (1090–1256) entfällt. Es handelt sich um die erste Erzählung im Zyklus der „Sieben Geschichten der sieben Prinzessinnen"[10]: um die Samstagsgeschichte der indischen Königstochter in der schwarzen Saturnkuppel. Wir können hier nur die inhaltlichen Grundzüge der Dichtung (deren Motiv man übrigens in der orientalischen Erzählkunst immer wieder begegnet) in Kürze skizzieren:

Der Held ist ein König, den unersättliche Sucht erfüllt, von *allem* zu erfahren, was Menschen nur immer erleben. Jeder Fremde, der in seinem Reich auftaucht, wird von ihm empfangen, beherbergt und bewirtet. Als Gegenleistung muß er ihm sein Leben, seine Schicksale und Abenteuer berichten. Eines Tages erscheint ein Schwarzgekleideter von ebenso schönem wie tieftraurigem Aussehen. Er will dem König auf dessen Fragen nicht antworten; aber als dieser ihn immer heftiger bestürmt und bedrängt, nennt er schließlich dem Herrscher „eine Stadt in China" als den Schlüssel zu seinem Geheimnis. Dann verschwindet der Fremde, ohne mehr verraten zu haben. Der König hat nun keine Ruhe mehr. Heimlich verläßt er Thron und Reich, um jene Stadt ausfindig zu machen. Endlich gelingt ihm das auch. Er gelangt in eine Stadt, deren wunderschöne Bewohner niemals lachen und alle schwarz gekleidet sind, „wie vom Nachtmeer umflutete Monde". Er will ihr Geheimnis ergründen, aber niemand will ihm Auskunft geben. Der König gewinnt einen Freund, einen Metzgermeister (die Symbolik ist offenkundig), und dieser kann schließlich seinen Bitten und Geschenken nicht länger widerstehen. Er führt den König in einer finsteren Nacht zu einer Ruine vor der Stadt und heißt ihn Platz nehmen in einem Korb, der dort an einem Seil von einer ungeheuren Säule herunterhängt. Kaum sitzt der König darin, so entführt ihn das Gefährt nach oben, auf die Plattform der Säule, wo später ein Fabelwesen, ein Riesenvogel, erscheint und den Menschen in der Morgendämmerung davonträgt, weit fort, in eine Gegend von paradiesischer Schönheit – das Reich einer Feenkönigin. Jeden Abend erscheint mit ihren Mädchen diese herrlichste aller Frauen. Sie beschenkt mit ihrer Liebe den fremden Sterblichen. Er darf neben ihr auf dem Thron sitzen, vom Zauberwein trinken, Feenmusik hören, sie küssen und kosen – nur die letzte Erfüllung bleibt ihm verwehrt. Sie vertröstet ihn von Nacht zu Nacht, und immer ungeduldiger wird der König. Längst hat er seine Vergangenheit, sein Reich, ja, die Menschenwelt überhaupt, vergessen. Die Sonne und der Tag sind ihm zuwider geworden. Er lebt *nur nachts,* dann, wenn seine Feengeliebte ihn aufsucht – und endlich, in der dreißigsten Nacht, einer Neumondnacht, kann er sich nicht länger mehr beherrschen. Auch der *letzte* Schleier soll fallen, die *höchste* Erfüllung ihm gewährt werden. Alle Dämonen seines Innern reißen sich von ihren Ketten los. Wahnsinn überkommt ihn: er bestürmt die Geliebte, sich ihm entweder hinzugeben oder ihn aber zu *töten;* während sie ihn vergeblich beschwört, doch nur diese *eine* Nacht noch geduldig zu sein; „denn", so sagt sie, „was ist schon eine einzige Nacht, wenn es um ewige Seligkeit geht?" Aber der Menschenkönig hört nicht mehr auf sie. Er überfällt sie in wilder Raserei; und als die Fee ihn so sieht, da verspricht sie, ihm zu Willen zu sein – nur solle er vorher rasch noch die Augen schließen. Der König gehorcht, in Erwartung des vollkommenen Glückes, aber als er einen Nu später die Augen wieder öffnet – was sieht er da? Verschwunden ist die Feenkönigin, versunken sind die seligen Gefilde, und statt dessen sitzt er wieder – wie in jener ersten finsteren Nacht – im Korb am Fuß der Ruine, und vor ihm steht, schwarzgewandet, sein Freund und sagt: „Kennst du jetzt unser Geheimnis? Verstehst du nun unsere Trauer?" [11]

Vergleich mit dem Paradies der Assassinen-Legende

Vergleichen wir diese Erzählung Nizamis mit der *Assassinen-Legende,* so ist ein beiden gemeinsamer Grundzug unverkennbar. Hier wie dort werden Menschen aus ihrer Alltagsrealität in eine Paradieswelt versetzt; hier wie dort werden sie nach einer Weile ihrer Glückseligkeit wieder beraubt; und hier wie dort sind sie fortan die Gefangenen ihrer Erinnerung an das Verlorene, ihrer Sehnsucht danach, und ihrer Unfähigkeit, zu vergessen und in der gewöhnlichen Menschenexistenz wieder Wurzeln zu schlagen.
Auch die Unterschiede sind sehr bedeutungsvoll. Nizamis schwarzgekleidete „Wissende" unternehmen jede in ihrer Macht stehende Anstrengung, um den König vor ihrem eigenen Schicksal zu bewahren. Er soll *blind* und dafür mit sich und der Welt zufrieden bleiben, anstatt um den Preis seiner Seelenruhe in ihr furchtbares Geheimnis eingeweiht zu werden. Als dann der König nach seiner Austreibung aus dem Paradies in die Menschenwelt zurückkehrt, spricht sein Freund zu ihm: „Wenn ich sie dir hundert Jahre lang *erklärt* hätte, würdest du die Wahrheit doch nicht geglaubt haben ... Jetzt aber hast du *selbst* das Verborgene geschaut; *wem* könnte man solches erzählen!" Und der König erwidert: „Wer das erlitt, muß *schwei-*

gen, muß sich fortan in Schwärze hüllen."[12] – Wahres existentielles Wissen kann eben niemals gelehrt, niemals nur „mitgeteilt" werden. Dasselbe gilt für die Assassinen der Legende: kein Außenstehender würde ihnen glauben, was sie erlebten. Während aber Nizamis Schwarzgekleidete eine *echte* Initiation durchlaufen, deren schmerzvolle Erkenntnis sie anderen ersparen möchten, ist der legendäre „Alte vom Berg" nur ein Schwarzmagier, sein Paradies eine künstliche Fata Morgana, und die Einweihung der Jünglinge ein diesen aufgezwungenes Gaukelspiel, ein politisches „Mittel zum Zweck". Wie aber verhielt es sich in Wirklichkeit? Es geht dabei weniger um die Frage nach dem *äußeren,* als vielmehr um die nach dem *inneren* Wahrheitsgehalt der Legende. War der historische „Alte vom Berg", waren Hasan Sabbâh, seine Nachfolger, die späteren „Herren von Alamut", und deren innerster Kreis von Vertrauten – Betrüger, Falschmünzer, Hochstapler? Waren sie Zyniker, kalte Rechner im großen Spiel um die Macht, die Glauben, Hoffnung und Opferbereitschaft ihrer genasführten Anhänger bewußt mißbrauchten? *Wenn* sie das gewesen sein sollten, dann wäre auch die Assassinen-Legende in Dichtung verkleidete *Wahrheit;* und es wäre dann ein durchaus zweitrangiges Problem, diese Legende den historischen Fakten anzupassen.

Haschisch und politischer Mord

Der Franzose Jean Servier, ein Anhänger der Theorie von de Sacy, bezeugt die Verwendung von Haschisch durch die „modernen Assassinen" des FLN im Algerienkrieg. Ein solcher Attentäter, dessen Anschlag und nachherige Verhaftung er selbst im September 1956 erlebt hatte, war nach dem Urteil Serviers durch die Droge in einen Bewußtseinszustand versetzt worden, der jenseits von Angst lag, und der es ihm erlaubt hatte, „sich selbst zu überwinden" und den selbstmörderischen Auftrag auszuführen. Darnach versank er in vollkommene Passivität; und seine Befragung verlief wie folgt:
„Warum hast du ihn getötet?"
„Er ist ein Franzose."
„Warum gerade *ihn*?"
„Er war am nächsten."

„Warum jetzt?"
„Warum später?"
„Du bezahlst mit deinem eigenen Kopf."
„Was liegt daran . . ."
Jean Servier hält es für sicher, daß einst gefangene Assassinen durch „gleiche Antworten das gleiche Erstaunen" bei ihren damaligen Feinden hervorgerufen hatten. Er sieht im Haschisch ein Mittel des Willens zur Macht, der sich selbst „Ideal" nennt. Wer diesem verfallen ist, der wird – mit den Worten eines von Servier zitierten nordafrikanischen Hanfverehrers – „vielleicht selber Haschisch rauchen, oder er wird jene rauchen lassen, die er zu seinen Sklaven machen will." [13]
Andererseits lehnt Marshall G. S. Hodgson in seinem schon erwähnten, bisher neuesten und besten Buch über die Assassinen die landläufige „Haschisch-Theorie" ab; und zwar unter Anführung gewichtiger Gründe. Er sagt, die von den Assassinen angewandte Taktik – diese genauestens und von langer Hand vorbereiteten Mordanschläge, das geduldige Abwarten des hierfür günstigsten Augenblicks, die Präzision des zugleich eiskalten und blitzschnellen Zuschlagens –, das alles widerspreche der Verwendung von Haschisch oder Drogen überhaupt. Die Bezeichnung „Haschisch-Leute" (die übrigens ernsthafte islamische Historiker selten verwenden) sei nicht wörtlich, sondern im übertragenen Sinn zu verstehen; sie sei der Sekte von deren Feinden und vom orientalischen „Volksmund" beigelegt worden, als eine herabwürdigende Beschimpfung, in der sich Grauen, Abscheu und Verachtung mischten, und die zum Ausdruck bringen sollte, man habe es hier nicht mit vernünftigen Menschen, sondern mit unzurechnungsfähigen Besessenen zu tun [14].

Die große Kehrtwendung unter Hasan III.

Der Standpunkt von Hodgson scheint auch gestützt zu werden durch ein Dokument, das der orientalische Gelehrte Âref Tâmer 1957 im Rahmen eines Aufsatzes über die verschiedenen Zweige der Ismailiten in einer libanesischen Zeitschrift in arabischer Sprache publiziert hat. Dieses Dokument stellt eine Botschaft des sechsten „Herrn von Alamut", des Imams Hasan III. (gest. 1221), an die

Gläubigen dar. Diesen wird eine betont asketische Lebensführung empfohlen: sie sollen „wenig essen, schlafen und sprechen". Unter den Dingen, derer sie sich zu enthalten haben, erwähnt nun der Imam – neben „Hochmut", „Haß", „Lüge", „Geiz", „Wucher" u. a. m. – auch ausdrücklich *Wein* und *Haschisch* [15].
Widerlegt nun das den Gebrauch der Hanf-Droge durch die Assassinen? So *scheint* es; aber – wie meistens im Orient – trügt der Schein. Das genaue Gegenteil trifft zu: unser Dokument (seine Echtheit vorausgesetzt) würde viel eher *für* als *gegen* den Haschisch-Gebrauch sprechen. Hasan III. war nämlich der große Renegat unter den „Herren von Alamut". Er vollzog eine Kehrtwendung um hundertachtzig Grad, schloß Frieden mit dem bisherigen Todfeind, dem orthodoxen Kalifat in Baghdad, erklärte sich selbst als orthodoxen Moslem, verfluchte feierlich seine Vorgänger, stimmte einer „Säuberung" der Bibliothek von Alamut durch sunnitische Geistliche zu, sandte seine Meuchelmörder statt wie bisher zum Schaden nun im Dienste und zum Nutzen des Kalifen aus; kurz: er ließ, wie Hodgson selber sich ausdrückt, „keinen Stein ungewendet, um seine neue Orthodoxie zu demonstrieren" [16].
Warum Hasan III. so handelte, ist eine äußerst schwierige und wohl nie mit Sicherheit zu beantwortende Frage. Gewisse Anzeichen könnten auf ein „Geheimabkommen" zwischen ihm und dem Kalifen Nâser hindeuten: demnach hätten sich diese beiden Antipoden der damaligen islamischen Welt, der sunnitische Kalif und der ismailitische Imam, gleichsam in der Mitte, im Bekenntnis zur gemäßigten Schia der „Zwölfer", getroffen, aber gleichzeitig vereinbart, nach *außen* – im Interesse der Einheit des Islam – eine sunnitisch-orthodoxe Haltung einzunehmen. Es kann aber auch sein, daß Hodgson mit seiner Vermutung recht hat, und daß die eigentliche Triebfeder der Handlungsweise von Hasan III. Haß gegen seinen Vater und Liebe zu seiner im Herzen sunnitisch gebliebenen Mutter gewesen ist [17].
Das für einen Außenstehenden erstaunlichste Phänomen an der ganzen Geschichte ist jedoch, *daß* dieser sechste „Großmeister des Assassinen-Ordens" diese radikale Schwenkung überhaupt beschließen und vollziehen konnte, ohne von seinen eigenen Leuten gestürzt zu werden, ja, ohne auch nur auf Widerstand und Widerspruch zu stoßen. Wir haben später noch auf die Hintergründe dieser Hal-

tung zu sprechen kommen; hier sei nur soviel vorweggenommen: die Nezâris (wie die „Assassinen“ richtig heißen) bildeten einen streng hierarchisch gegliederten Geheimbund, dessen innerster Kern aus dem jeweiligen „Herrn von Alamut“ und dessen nächster Umgebung bestand. Daß diese wohl zahlenmäßig immer nur kleine Elite von *wirklich* Eingeweihten einen *Männerbund* reinsten Wassers darstellte, steht außer jedem Zweifel, und geht schon aus der Tatsache hervor, daß es im „Adlernest“ – wie Alamut zu deutsch heißt – keinerlei Familienleben gab; denn Frauen und Kinder besaßen dort keinen Zutritt.

Wir müssen uns nun bewußt sein, daß es aller Voraussicht nach niemals gelingen wird, *die* Wahrheit über die Assassinen zu ergründen. Dies ganz einfach deshalb, weil schon damals und innerhalb der nezârischen Geheimbewegung selbst nur eine Handvoll „Wissender“ im Besitz dieser Wahrheit waren; und diese hätten sie selbst dann nicht verraten können, wenn sie das gewollt hätten; denn es handelt sich ja hier um eine Art von Wissen, das niemals durch Worte (und schon gar nicht durch Worte *allein*, weder gesprochene noch geschriebene) vermittelt werden kann [18].

Anders verhält es sich natürlich mit dem, was wir als Summe „sekundärer“ und „tertiärer“ Wahrheit bezeichnen könnten. Darüber haben wir bereits einiges vernommen. Wir haben die zur archetypischen Legende vom „Alten vom Berg“ und seinen „Hasisins“ umstilisierten Nezâris im Spiegel der orientalischen Volksmeinung gesehen; und wir haben auch gehört, wie die todbringenden Sendboten des Alamut-Herrn ihren islamischen und christlichen Feinden erscheinen. Ergänzen wir nun das Bild noch, indem wir ganz kurz auf die Grundlage der Lehre hinweisen, die auch dem „Fußvolk“, der großen Masse einfacher Nezâris, bekannt waren.

Um das tun zu können, müssen wir erst einen kurzen Abriß der historischen Fakten geben, so weit diese durch die bisherige Forschung gesichert erscheinen.

Die Gründung des „Assassinen-Ordens" durch Hasan-Sabbâh

Nachdem es der extrem-schiitischen Bewegung der *Ismailiten* gelungen war, in Ägypten die Macht zu ergreifen und dort das Fatimidenkalifat als Konkurrenz und Bedrohung der orthodox-sunnitischen Abbasidenkalifen in Baghdad zu errichten, kam es nach dem Tode des Fatimidenherrschers al-Mostanser (1036–1094) zu einer Spaltung von dessen Anhängern. Zwei Söhne des verstorbenen Kalifen, Nezâr und Mosta'li, machten sich gegenseitig die Nachfolge streitig. Dabei unterlag der rechtmäßige Anwärter, nämlich Nezâr, da die Armee seinen Bruder unterstützte.

Die Nezâris genannten Parteigänger des Besiegten emigrierten und verbanden sich mit der ismailitischen Diaspora im sunnitisch beherrschten Ausland, in Syrien und vor allem in Persien.

Das Schicksal wollte es, daß ungefähr gleichzeitig diesen persischen Ismailiten ein genialer Führer erstand – Hasan Sabbâh. Er stammte aus der zentralpersischen Stadt Qom, war ursprünglich Zwölfer-Schiit (welche Richtung heute die offiziell-persische ist), schloß sich aber schon als Jüngling der radikal-schiitischen, ismailitischen Geheimorganisation an, in deren innerer Hierarchie er dank seiner außergewöhnlichen Fähigkeiten rasch von Stufe zu Stufe stieg.

Nach der Spaltung in *nezârische* und *mosta'lische* Ismailiten verloren die ersteren – zu denen Hasan und seine persische Gruppe gehörten – den moralischen und machtmäßigen Rückhalt, den das ismailitische Ägypten und sein Fatimidenkalifat ihnen bisher bedeutet hatte.

Hasan Sabbâh, der die ägyptischen Verhältnisse aus eigener Anschauung genau kannte, hatte wohl mit einer derartigen Entwicklung bereits seit längerer Zeit gerechnet. Schon 1090 hatte er durch ein Überraschungsmanöver die fast uneinnehmbare Bergfeste *Alamut* („Adlernest") südlich des Kaspischen Meeres in seinen Besitz gebracht und sie zu seinem Hauptquartier erkoren. Umgeben nur von seinen engsten Getreuen, lenkte er künftig von dort aus die Geschicke der Nezâris. Er soll während der 34 Jahre, die er bis zu seinem Tode im Jahr 1124 in Alamut residierte, sein Zimmer nur zweimal verlassen haben – und auch dann nur, um sich auf das Dach der Burg zu begeben. Hasan galt übrigens als großer Mathe-

matiker und Alchimist; ferner hat er zwei seiner eigenen Söhne töten lassen, den einen davon wegen verbotenen Alkoholgenusses[19].
Es steht fest, daß in den Händen dieses Einsamen alle Fäden der nezârischen Geheimbewegung, die über den ganzen Mittleren und Nahen Osten bis an die Küsten des Mittelmeeres verbreitet war, zusammenliefen. Hasan muß erkannt haben, daß nur straffste Einheit nach innen und militanteste Haltung nach *außen* die so weit verstreute Minorität davor bewahren konnte, entweder von ihrer sunnistischen und gemäßigt-schiitischen Umwelt aufgerieben und aufgesogen zu werden, oder aber, wie das Fatimidenreich in Ägypten allmählich an innerer Zersetzung zu Grunde zu gehen. Aus dieser Einsicht zog er seine Konsequenzen mit beispielloser Härte.

Die Schaffung dessen, was man den „Orden der Assassinen" nennt, ist das Werk von Hasan Sabbâh. Da die Nezâris infolge ihrer zahlenmäßigen Schwäche ohnehin nicht daran denken konnten, einen zusammenhängenden Landstrich zu erobern, ihn besetzt zu halten und darin dem Abbasidenkalifat, den Saldschuqen und sonstigen lokalen Dynastien in offenem Kampf die Stirn zu bieten, wählte Hasan die Taktik des „Staates im Staat". Dies entsprach auch am besten den ismailitischen Traditionen der Hierarchie, der Geheimhaltung, der unterirdischen Agitation und der unbedingten Gefolgschaft.

Durch gezielte, raffiniert durchdachte Handstreiche bemächtigten sich die Nezâris eines ganzen Netzes von befestigten Stützpunkten, die, wie die Hauptfeste Alamut, in schwer zugänglicher Lage von wenigen Verteidigern auch gegen eine große Übermacht lange gehalten werden konnten. Diese „Ordensburgen" bildeten das Rückgrat der ganzen Bewegung. Ismailitische Minoritäten gab es überall; aber was man unter „den Assassinen" verstand, das war jene männerbündisch organisierte *Elite*, die erstmals unter Hasan Sabbâh in Erscheinung trat: Jünglinge und Männer, die nur darauf warteten, auf einen Wink das einzige, was sie besaßen – ihr Leben – zu opfern.

Einmaligkeit der Assassinen

Männerbünde und Geheimgesellschaften, die auch das Mittel des politischen Mordes bewußt anwandten, hat es in der Weltgeschichte viele gegeben. Aber weder vorher noch nachher ist es einer dieser Organisationen gelungen, die Welt so in Atem zu halten wie der „Alte vom Berg" und sein Kreis. Nicht umsonst sind die Assassinen zu einer die Jahrhunderte überdauernden Legende geworden. Es *ist* ein Rätsel, wie es dieser Geheimbund von Alamut vermocht hat, vom Ende des 11. bis in die Mitte des 13. Jahrhunderts, also während mehr als 150 Jahren, einer Welt von Feinden zu trotzen und, mehr noch, diese Welt in Angst und Schrecken zu halten.

Die lange Liste sunnitischer, schiitischer und christlicher Großer – darunter Kalifen, Sultane, Wazire, Fürsten und Grafen –, die in dieser Zeit unter den Dolchen der nezârischen „Opfergänger" (fedâ'is) ihr Leben ließen, kann uns hier nicht beschäftigen. Auch das Abendland stand damals im Bann dieses Terrors – vor allem natürlich die Kreuzfahrer, aber durchaus nicht *nur* sie. So wurde im Jahr 1158 ein allerdings mißlungener Mordanschlag auf Friedrich Barbarossa verübt. Dessen Enkel wiederum wurde von Papst Innozenz IV. öffentlich beschuldigt, er habe den Herzog von Bayern durch Assassinen ermorden lassen, während der so Angeschuldigte in einem Brief an den König von Böhmen dieselbe Anklage gegen den Herzog von Österreich erhob [20] ... Das allein schon beweist die unheimliche Berühmtheit, die auch unter ihren abendländischen Zeitgenossen die Assassinen erlangt hatten.

Die nezârische Mordtaktik im Spiegel der Moral

Hodgson hat mit Recht darauf hingewiesen, daß vom ethischen Standpunkt aus die nezârische Mordtaktik als verhältnismäßig human und gerecht bezeichnet werden muß [21]. Im Gegensatz zur orthodox-islamischen oder christlich-abendländischen Gesellschaft anerkannten die Nezâris keinerlei auf Macht und Reichtum beruhende, soziale Rangstufen. Ihre Hierarchie war eine rein geistige. Zudem waren sie überzeugt davon, im Besitz der absoluten Wahrheit zu sein. Wie die Ismailiten ganz allgemein, betrachteten sie sich

selbst als die einzigen wirklichen und rechtmäßigen Moslems, die Orthodoxen hingegen als verirrte und verlorene „Sektierer“. Ferner kämpften sie mit dem Rücken zur Wand. Ihre so geringe Zahl stand in krassem Widerspruch zu ihrem Totalitätsanspruch. Aus all diesen Gründen war ihnen nichts daran gelegen, möglichst *viele* ihrer Feinde zu töten, sondern nur deren *Führer*, die verantwortlich und deshalb in ihren Augen schuldig waren.
Nicht die Anzahl, sondern der hohe *Rang* ihrer Opfer hat die Nezâris zum meist gehaßten und meist gefürchteten Geheimbund der Geschichte gemacht. Sie vermieden es, Kriege zu führen, wann immer sie konnten; wichen dem blinden und sinnlosen Gemetzel von Feldschlachten aus. Stattdessen tauchten sie auf, wo niemand sie erwartete, um *jene* zu treffen, welche die Heere gegen sie ausgesandt hatten. Dem Gehirn des Feindes, nie seinem Arm, galten ihre Schläge. Sie waren unsichtbar und allgegenwärtig, verschwiegen und verschlagen, eiskalt und tollkühn: Adler und Schlange in einem.

Moderne Verteidiger der Assassinen

Leider kennen wir Hasan Sabbâh, die späteren „Herren von Alamut“, und die Nezâris überhaupt, fast ausschließlich aus der Sicht ihrer zeitgenössischen Gegner. Nach der Eroberung von Alamut durch die Mongolen im Jahre 1256 wurde die gesamte Bibliothek, die Abertausende von Handschriften umfaßte, den Flammen übergeben – nachdem der Historiker Dschoweini (Juwayni) die Bücher noch vorher hatte einsehen dürfen. Damals wurden die persischen Nezâris bis auf unbedeutende Reste ausgerottet.
Moderne *Verteidiger* der Assassinen (indische Ismailiten, persische Nationalisten usw.) haben es darum schwer, ihre Standpunkte sachlich zu untermauern. Sie stoßen auf eine Mauer jahrhundertealter Vorurteile. Der Name Hasan Sabbâhs weckt noch heute Reaktionen unkontrollierten Hasses und Grauens.
Allerdings ist es wohl ebenso unrichtig, in Hasan einen iranischen „Patrioten“ zu sehen, wie dies sein Landsmann, der große Erzähler Sâdeq Hedâyat (gest. 1951) tut. Für Hedâyat sind Omar der Zeltmacher und der Gründer des Geheimbundes von Alamut Geistesverwandte; und er schreibt über die beiden:

„*Hasan* bewirkte eine national-iranische Erhebung, indem er eine neue religiöse Lehre erfand und die Grundlagen der damaligen Gesellschaft erschütterte. *Omar* verfolgte dasselbe Ziel, aber mit geistigen Mitteln. Das Werk Hasans hatte keinen Bestand, da es vorwiegend auf politischen und militärischen Gegebenheiten beruhte; die Philosophie Cheiyâms jedoch überdauerte." [22]

Die Lehre von Hasan Sabbâh

Wir wissen, daß Hasan Sabbâh seine Anschauungen nicht nur praktisch verwirklicht, sondern auch in theoretischen Schriften niedergelegt hat. Davon scheint zwar nichts erhalten geblieben zu sein, aber wir besitzen immerhin eine zusammenfassende Darstellung von Hasans Doktrin aus der Feder des arabisch schreibenden Religionswissenschaftlers Schahrastâni (gest. 1153) [23]. Man kann überzeugt sein, daß dieser Zeitgenosse und erbitterte Gegner des Assassinenführers nur den äußeren, „profanen" Teil der nezârischen Geheimlehre kannte; aber dieser bildet doch die Voraussetzung zu einem besseren Verständnis des „Phänomens Alamut".

In den von Schahrastâni überlieferten Gedankengängen kreist Hasan Sabbâh um die Frage, ob und wie es dem Menschen möglich sei, die absolute Wahrheit zu erkennen. Am schärfsten wendet er sich dabei gegen die *Philosophen.* Ihnen wirft er vor, daß sie letzte Wahrheit und Wirklichkeit (d. h. Gott) durch individuelle Spekulation und Reflexion ergründen zu können glaubten. Dies führte zu einem Chaos von lauter verschiedenartigen „Wahrheiten". Niemand könne entscheiden, welche davon die richtige sei, da ja schon die Notwendigkeit einer verbindlichen Autorität von den Philosophen geleugnet werde.

Die *sunnistische* Orthodoxie, so meint Hasan, erkenne zwar diese Notwendigkeit an. Sie lasse aber die Frage, *wer* denn die Autorität zu verkörpern habe, völlig offen. Entweder sei grundsätzlich *jeder* als Autorität zugelassen, und dann sei eine Entscheidung zwischen entgegengesetzten Ansichten unmöglich; oder aber man sei zum Eingeständnis gezwungen, eine autorisierte „letzte Instanz" sei unerläßlich. – Dies richtet sich natürlich gegen den bekannten „demokratischen" Grundzug der Sunna: ihr Prinzip des „consensus" und ihre Auffassung, daß zumindest theoretisch jedermann ("der

Beste") Kalif (= Stellvertreter des Propheten) werden kann, aber doch nur als „primus inter pares".

Dagegen vertritt Hasan die *schiitische* Konzeption: die Autorität ist eine vom Propheten auf dessen Schwiegersohn Ali und weiter auf dessen Nachkommen in direkter Linie von Imam zu Imam vererbte göttliche Mission. Während aber beispielsweise für die „klassische" Zwölfer-Schia die Reihe der Imame mit dem 868 geborenen 12. Imam (dem „Mahdi"), der auf geheimnisvolle Weise verschwand und seither zurückerwartet wird, jäh abbricht, ist für die *Ismailiten* die ununterbrochene existentielle Präsenz des Imams (heutzutage in der Person des Agha Khans) von höchster Bedeutung. Hasan Sabbâh und seine Nezâris vertraten das schiitische Prinzip in seiner äußersten Konsequenz. Demnach verhält sich der Imam zur Gottheit wie das Sonnenlicht zur Sonne. Den jeweiligen Imam kennen und schauen, heißt *Gott selbst* kennen und schauen. – Erst der 4. Herr von Alamut, Hasan II. (gest. 1166), von dem wir noch sprechen werden, trat offiziell und öffentlich als Imam hervor, was nach außenhin damit begründet wurde, er sei direkter Nachkomme eines Enkels von Nezâr, den Hasan Sabbâh aus Ägypten nach Alamut gerettet und dort heimlich aufgezogen habe.

Nach Schahrastâni lehrte Hasan Sabbâh, daß es in dieser Welt Wahrheit und Irrtum gebe. Kennzeichen der ersteren sei *Einheit*, die des letzteren hingegen *Vielheit*. Der Schlüssel zur Wahrheit sei einzig und allein das Wissen um die rechte Autorität – niemals aber eigene Überlegung, die genau so in die Irre führe wie die Nachfolge falscher Autoritäten.

Intellektuelles und existentielles Wissen

Es ist völlig klar, daß solche Lehrsätze nur gleichsam den Rahmen bildeten für die eigentliche nezârische Geheimlehre. Diese besaß den Charakter einer stufenweisen *Einweihung*. Schahrastâni freilich war nicht der Mann, hiefür Verständnis aufzubringen. Er sah am Wesentlichen völlig vorbei. Das zeigt sehr schön die von ihm geäußerte Kritik: er wirft Hasan Sabbâh nämlich vor, die „gewöhnlichen Sterblichen" unter seinen Nezâris absichtlich in Unwissenheit gehalten und ihnen auf alle Fragen nur immer die stereotype Ant-

wort erteilt zu haben: „Unser Gott ist der Gott von Mohammed." Auch sei den gewöhnlichen Nezâris Studium, Lektüre und Diskussionen verwehrt geblieben; und nur eine kleine *Elite* habe Zutritt zur Bibliothek (von Alamut) besessen – Auserwählte, welche „die besonderen Umstände eines jeden Buches und den Rang der Autoren auf jeglichem Gebiet" genau gekannt hätten.
Deshalb, so klagt Schahrastâni, sei es unmöglich, mit Nazâris zu disputieren. Sie gingen Diskussionen aus dem Wege; sie hatten, wie ihr Kritiker sich ausdrückt, „das Tor des *Wissens* geschlossen und dafür dasjenige der Unterwerfung und des *Autoritätsglaubens* geöffnet; aber ein vernünftiger Mensch kann doch nicht freiwillig eine Lehre annehmen, ohne sie zu verstehen, und kann doch nicht einem unbewiesenen Weg folgen . . ."
In diesen Worten gibt sich der gute Schahrastâni als einer jener wohlmeinenden, aufrichtigen Rationalisten und Aufklärer zu erkennen, für die zu allen Zeiten „Wissen" nur Bildung, Belesenheit und Gelehrsamkeit bedeutet hat. Für Leute dieses Schlages ist ein Professor die Verkörperung der Weisheit. Schahrastâni und seinesgleichen sind unfähig, zu begreifen, daß es grundsätzlich *zweierlei* „Wissen" gibt: ein bloß *intellektuelles*, und ein im weitesten Sinne *existentielles* (zu dem auch das „sakrale" oder „esoterische" Wissen gehört).
Ersteres ist lern- und lehrbar, letzteres unübertragbar; denn es ist Folge eines Erlebnisses, Resultat einer inneren Erfahrung, und damit bleibt es jedem, der nicht dasselbe erfuhr und erlebte, verschlossen. Die einzige Möglichkeit, existentielles Wissen zu vermitteln, ist die Einweihung, die Initiation. Wenn (um ein Beispiel zu nennen) Ignatius von Loyola in seinen „Exerzitien" fordert, die Passion Christi müsse vom Meditierenden nicht nur vorgestellt, sondern *wirklich* bis in alle Einzelheiten hinein nachvollzogen werden – es müsse sich also gleichsam in einem mystischen Wachtraum die Passion *nochmals* ereignen –; wenn ferner derselbe Ordensgründer sagt, Worte müßten (um in die Wirklichkeit einzutreten) nicht gelesen, sondern „gegessen" werden: so handelt es sich hierbei um die Vermittlung existentiellen Wissens.
Solches Wissen ist seiner Natur nach *Geheimnis*. Wenn Hâfez davor warnt, „die Geheimnisse des Rausches und der Liebe" (also: existentielles Wissen schlechthin) Außenstehenden und Unberufenen

zu verraten, so meint er natürlich nicht, Geheimnisse dieser Art *könnten* überhaupt mitgeteilt werden. Das ist unmöglich. Aber um so mehr sind die Mißverständnisse und Mißdeutungen zu fürchten, die einem solchen Versuch der Mitteilung zu folgen pflegen.
Von hier aus betrachtet, kann man die Kritik eines Schahrastâni an den „Assassinen" in einem weiteren Zusammenhang sehen: es ist die typische Kritik der „Draußengebliebenen" an den „Eingetretenen". Gleichgültig, ob es sich bei letzteren nun um Templer oder Jesuiten, um den Geheimbund von Alamut oder um den Stefan-George-Kreis handelt. Die Vorwürfe sind immer dieselben.

Haschisch als „sakrale Droge"

Es ist durchaus möglich (aber weder erwiesen noch von entscheidender Bedeutung), daß das *Haschisch* in Alamut die Rolle einer „sakralen Droge" gespielt hat. Schon de Sacy wußte um solche Verwendung des Hanfes durch gewisse mystische Orden. Er publizierte einen arabischen Text von al-Maqrizi, in dem dieser Autor erklärt, die Rauschwirkung des Hanfes sei zuerst in Indien bekannt gewesen, und von dort sei das Geheimnis nach Yemen, Persien, Kleinasien, Ägypten und Syrien gedrungen. Der Ordensgründer Scheich Heidar (Haydar) habe vor seinem Tod (1051) seinen Adepten in Ostpersien den Haschischgenuß erlaubt und empfohlen, sie aber gleichzeitig schwören lassen, die Droge, deren sakraler Charakter damit betont wird, vor der Öffentlichkeit geheim zu halten [24]. Warum sollte in Alamut nicht ähnliches geschehen sein?

Zum Problem der nezârischen Selbstaufgabe

Wir haben schon in einem früheren Abschnitt die Frage nach dem inneren Wahrheitsgehalt der Assassinen-Legende gestellt. In dieser Legende nimmt ein Leitmotiv des islamischen Orients – das *Paradies*, in das die Jünglinge versetzt werden – die Schlüsselstellung ein. Wesentlich ist, daß es sich um ein Pseudo-Paradies handelt. Die versinnbildlichte „Einweihung" wird als gemeiner Trick und bewußter Betrug aufgefaßt, durch den sich der „Alte vom Berg" willfährige Werkzeuge seines Machtstrebens schafft.

Von der Legende aus gesehen, waren also die einfachen „Assassinen“ gutgläubige Opfer eines raffinierten Verführers und zynisch berechnenden Machiavellisten. Es liegt auf der Hand, daß diese Theorie mancherlei Vorteile bot. Sie erklärte auf natürlichste Weise die selbstmörderische Opferbereitschaft der nezârischen Elite (die vielleicht in Wirklichkeit in der Vorstellung wurzelte, durch den körperlichen Opfertod „gereinigt“ in eine höhere, seelische Wirklichkeit einzutreten [25]).
Man schirmte sich ab gegen das metaphysische Grauen, das solche Feinde in jedem Durchschnittsmenschen wecken mußten, indem man irregeführte, halb oder ganz verrückte, durch ständigen Haschischgenuß zerrüttete Marionetten eines skrupellosen Machtmenschen in ihnen sehen wollte. Man schützte sich zugleich gegen die gefährliche Faszination, die Alamut damals zweifellos auf die gesamte islamische Welt ausgeübt hat.
Es ist unmöglich, und wird vielleicht niemals möglich sein, diesen Kern der Legende eindeutig zu beweisen oder zu widerlegen. Für die Masse einfacher Nezâris war der Imam die verkörperte Wahrheit. Er war „der Beweis Gottes“ auf Erden. An *ihn* glauben, *ihm* folgen, das hieß: an Gott glauben, Gott folgen. Es gab keine andere Möglichkeit der Erkenntnis. Falls zwischen der Gottheit und dem jeweiligen Imam überhaupt ein Unterschied bestand, so war dieser dem menschlichen Geist jedenfalls nicht faßbar.
Es folgt hieraus zwingend, daß der jeweilige „Herr von Alamut“ tun, bestimmen und verlangen konnte, was immer er wollte, ohne von seiten der Gläubigen irgendwelchen Widerstand oder Widerspruch befürchten zu müssen. Das, woran der einfache Nezâri glaubte, war ja keine „Lehre“ im eigentlichen Sinn dieses Wortes, sondern es war die in der Person des Imams sichtbar gewordene göttliche Wahrheit.
So wird es verständlich, daß die Nachfolger von Hasan Sabbâh auf Alamut die verwirrendsten und scheinbar widersprüchlichsten Schwenkungen vollziehen konnten, und daß doch deshalb das innere Gefüge der nezârischen Bewegung nicht im geringsten ins Wanken geriet. Mochte *heute* der sunnitische Kalif in Baghdad als Todfeind gelten, dessen Ermordung man beschloß, und mochte *morgen* derselbe Kalif als „Fürst der Gläubigen“ auf Alamut anerkannt werden: der einfache Nezâri nahm das beide Male hin als

Äußerungen des unerforschlichen göttlichen Willens, über den zu urteilen oder auch nur nachzudenken ihm nicht zustand.

Hasan II. und seine Proklamation des „irdischen Paradieses"

Es gibt *ein* historisch faßbares Ereignis, das wie durch einen jähen Schleierriß Licht auf die inwendige Wirklichkeit des Geheimbundes von Alamut wirft: der schon erwähnte Imam Hasan II. proklamierte am 8. August 1164 in seiner Eigenschaft als „Richter der Auferstehung" den Anbruch des *Paradieses* auf Erden.
Damit drang ein greller Schein von jenem esoterischen Wissen des innersten Kreises von Eingeweihten über die Mauern von Alamut hinaus in die Öffentlichkeit: nicht nur der profanen Nezâris, sondern der islamischen Welt ganz allgemein. Der französische Orientalist Massignon, und mit ihm sein Wiener Kollege G. E. von Grunebaum, erblicken in eben diesem Ereignis, der offiziellen Proklamation des „irdischen Paradieses", denn auch den Ausgangspunkt zur späteren Assassinen-Legende [26].
M. G. S. Hodgson hat sich mit großem Scharfsinn bemüht, durch den schmalen Spalt in die tieferen Schichten der nezârischen Esoterik einzudringen [27]. Es scheint, daß diese unter *„Paradies"* einen bestimmten Grad geistiger Erleuchtung begriff, den gewisse Menschen schon zu Lebzeiten erlangen können, und der nach dem leiblichen Tod nur in das Stadium seiner endgültigen und absoluten Verwirklichung eintritt. Umgekehrt wäre dann auch *„Hölle"* ein innerer Zustand der Unwissenheit schon in diesem Leben, dessen Verewigung nach dem Tode keine neue Wirklichkeit bedeutet, sondern nur die schon bestehende bestätigt.
Als Kennzeichen des paradiesischen Zustandes, den der Imam herbeiführen wird, nennt ein von Hodgson zitierter ismailitischer Text die Abschaffung sämtlicher religiöser Gesetze und Gebote, das Aufhören von Arbeit und Krankheit, das Ende aller Taten und Worte.
Wir wissen natürlich nicht mit Bestimmtheit, was Hasan II. bewog, mit der Tradition seiner Vorgänger zu brechen, öffentlich als Imam hervorzutreten, das Religionsgesetz als aufgehoben zu erklären, das Weltende und den Anbruch des Paradieses zu verkünden – und

mit all dem ein bisher streng gehütetes Geheimwissen einer zwangsläufigen Mißdeutung auszusetzen. Bezeichnenderweise war dieser vierte Herr von Alamut viel mehr *Mystiker* als *Politiker*. Von ihm wird berichtet, er habe Wein getrunken, die sufischen Dichter studiert und geliebt und deren Gedankengut mit der nezârischen Überlieferung zu verbinden versucht [28].

Das Dilemma

Man könnte sagen, daß mit Hasan II. und seiner Proklamation des „irdischen Paradieses" ein inneres *Dilemma offenbar* wurde, das latent schon immer bestanden hatte. An diesem Dilemma ist der Geheimbund schließlich gescheitert. Seine Kraft war erlahmt, seine Wurzel verdorrt, lange bevor die Mongolen seine äußerliche Erscheinungsform zerschlugen. Die Ursache hiefür sehen wir im nezârischen Versuch, grundsätzlich Unvereinbares zu vereinen: militärische Methoden und politischen Machtanspruch mit esoterischer Geistigkeit. Der Griff der „Wissenden" von Alamut nach der Weltherrschaft war ein grandioser Mißgriff.

Gewiß besaß diese Elite die Schlüssel zu überzeitlicher Erkenntnis und dies hob sie turmhoch über das politische Eintagsfliegengetümmel und -gezänk ihrer Zeit, ja, *jeder* Zeit hinaus. Aber gerade deshalb hätte sie die Ebenen nicht vermischen dürfen. Politische Mystik oder mystische Politik ist ein Unding, ein Widerspruch in sich selbst. Insofern waren die Herren von Alamut Schwarzmagier – wenn auch wohl in einem anderen, viel tieferen Sinne, als die Legende das ausdrückt.

„Alamut" (Adlernest) und „al-mout" (der Tod) werden in arabischer Schrift genau gleich geschrieben: eine unheimlich wahre Symbolik, so zufällig sie auch sein mag. Das apokalyptische Grauen, das Orient und Okzident vor den Assassinen empfanden, rührte letztlich von der Ahnung her, daß hier Mystiker nach der Macht strebten, daß Wissende sich des Mordes als eines politischen Mittels zum Zweck bedienten. *Das* allein – und nicht die Taten oder Untaten als solche – war dämonisch. Es bedeutet Schuld nicht aus der moralischen, sondern aus der metaphysischen Perspektive. Und *so* gedeutet, dürfte die Legende Wirklichkeit sein.

VI

Rausch und Rauschmittel im Westen

Relativität der Freiheit

Die Freiheit, über die ein Mensch verfügt, existiert in seinem Bewußtsein; nirgends sonst. Dagegen sind die „Freiheiten", von denen gewöhnlich gesprochen wird, bloße Konventionen politischer, sozialer oder wirtschaftlicher Art. Einen absoluten Wert besitzen sie weder einzeln noch in ihrer Summierung. Sie umgrenzen den Spielraum, den die Gesellschaft, der ich angehöre, mir zubilligt. Durch Herkunft, Erziehung und Gewöhnung bin ich natürlich geneigt, die Summe dieser relativen Freiheiten mit der Freiheit überhaupt und als solcher zu verwechseln.

Wie kann ich diesen Trugschluß erkennen? Es gibt dafür die verschiedensten Wege und Methoden. Einige davon kann ich bewußt wählen, andere werden mir vom Schicksal aufgedrängt. Wenn ich beispielsweise durch Neigung oder Fügung meine angestammte Umgebung verlasse und sie mit einer anderen, mir ursprünglich fremden vertausche, so wird sich der neue Freiheitsbegriff, den ich nunmehr zwangsläufig erfahren muß, mit dem mir gewohnten keineswegs decken.

Nichts ist natürlich schwieriger, als Art und Maß der Freiheit, die Menschen in räumlich und zeitlich von einander geschiedenen Gesellschaften genießen, mit einiger Objektivität zu beurteilen. Man muß sich sogar fragen, ob wir dazu überhaupt jemals imstande sein werden. Die Erfahrung zeigt doch im Gegenteil, daß der berühmte „Barbarenstandpunkt" der alten Griechen – das heißt: die im Tiefsten durch nichts zu erschütternde Überzeugtheit von der eigenen Überheblichkeit und fremden Unterlegenheit – heute wie jemals das kollektive wie individuelle Bewußtsein bestimmt. Das hat verschiedene Gründe.

Einmal ist ja dieses Überlegenheitsgefühl des „ich" (oder „wir") eine direkte Projektion des Selbsterhaltungstriebes. Jeder Versuch zu objektiver Erkenntnis nähert das Individuum – und damit auch die Gruppe, der es angehört – der Gefahrenzone der Selbstaufgabe; und dies um so mehr, je größer die tatsächliche Schwäche ist, die man zu verbergen hat.
Ferner genügt auch der bewußte Wille zur Objektivität noch keineswegs, um diese auch wirklich zu erreichen. Die „wissenschaftliche Objektivität" des Westens beruht ihrerseits wieder auf einer ganzen Reihe höchst subjektiver Voraussetzungen, die nur richtig sind aus der Perspektive der Zivilisation des weißen Mannes. Daß er daneben grundsätzlich andere Existenzformen mit anderen Arten des Wirklichkeitserlebens gibt, ist eine Tatsache, die auch heute noch dem Verstehen des Wissenschaftlers viel engere Grenzen setzt, als etwa jenem des Künstlers.

Droge und naturwissenschaftliche Betrachtungsweise

Jede Droge „an sich" ist neutral: ein Weichensteller oder Schalthebel des Bewußtseins; weiter nichts. Zwar besitzt jede Droge, mit anderen verglichen, ihre spezifische Wirkung, die es zu erforschen gilt. Diese läßt sich aber auf verschiedenen Ebenen zum Ausdruck bringen: durch die chemischen Strukturformeln der Wirkstoffe etwa; so besteht, um ein Beispiel zu nennen, das Molekül von Amphetamin (Benzedrin) aus 9 Kohlenstoffatomen und 1 Stickstoffatom; dasjenige des ungefähr gleich stark wirkenden Pervitin enthält – an den Stickstoff angehängt – ein zusätzliches Kohlenstoffatom. Ein Sauerstoffatom, dem Pervitin-Molekül zugesetzt, ergibt Ephedrin; fügt man es aber dem Amphetamin-Molekül bei, so entsteht Katin, der Wirkstoff der in Abessinien und Yemen als Anregungsmittel gekauten oder getrunkenen Kat-Pflanze (Catha edulis). Entsprechend den so nahe verwandten Strukturformeln, ist natürlich auch die spezifische, hirnstimulierende Wirkung der vier Substanzen sehr ähnlich [1].
Nun ist aber diese modern-naturwissenschaftliche Betrachtungsweise natürlich nur *eine* unter anderen, ebenfalls möglichen und

ebenso gültigen, und sollte – wenn man sich der *ganzen*, so komplexen Wirklichkeit nähern möchte, und nicht nur einem ihrer Teilaspekte – mit diesen kombiniert werden. So wird beispielsweise der abstrakt und analytisch gerichtete Verstand des Chemikers die Unterschiede der spezifischen Wirkungen von Wein und Opium in entsprechende Formeln ausgedrückt finden; während vielleicht der kontemplative und künstlerische Geist aus der Versenkung in die äußeren Erscheinungsformen von Mohn und Rebe diese Einsicht intuitiv gewinnt.

Die Erkenntnis der spezifischen Wirkungen von Drogen auf den menschlichen Organismus ist ja keineswegs an die (sehr einseitige) Methodik und Perspektive der modernen Naturwissenschaften gebunden. – „Die gute Naturbeobachtung“, schreibt A. Mosig in seiner Abhandlung „Chinesische Materia medica“, „welche dem chinesischen Volk als Bauernvolk seit Jahrtausenden eigen ist, brachte es mit sich, daß man jetzt bei exakten wissenschaftlichen Untersuchungen alter Arzneimittel auf erstaunlich anmutende therapeutische Erfolge stößt, die empirisch schon jahrhundertelang bekannt waren. So wurde z. B. in Schildkrötenpanzern, die in der alten chinesischen Medizin in gepulverter Form bei Nachtblindheit verordnet wurden, Vitamin A nachgewiesen. Gegen epileptische Krampfanfälle wurde seit altersher eine Zubereitung aus Eselshaut benutzt. Neuere Untersuchungen zeigten, daß diese Substanz im Blut eine Erhöhung des Calcium-Spiegels hervorruft. Durch den Genuß von geschältem Reis stellen sich in Ostasien häufig Vitamin-B-Avitaminosen, in ihrer schweren Form als Beriberi, ein. Seit Jahrhunderten wurden dagegen Abkochungen von Reiskleie angewandt, von der wir heute wissen, daß sie Vitamin B_1 enthält. Die bei uns übliche Verwendung des Quecksilbers bei parasitären Erkrankungen ist in China uralt. Als Abführmittel finden seit den ältesten Zeiten Rhabarber und das Glaubersalz Anwendung ...“ [2]

Dasselbe, was hier mit Bezug auf physisch wirkende Arzneimittel festgestellt wird, gilt selbstverständlich auch für die bewußtseinsverändernden „magischen Drogen“. Die außereuropäischen Völker hatten diese in Weltbild und Gesellschaftsstruktur integriert; und eine Zuspitzung auf die Frage, ob es sich bei den durch solche Drogen bewirkten Zuständen um „ein Modell von Verrücktheit, einen Einschuß von Schizophrenie, oder eine Abkürzung zum Nirwana

für die Millionen“ [3] handle, wäre zweifellos in keiner anderen Zeit und Gesellschaft als der unseren möglich gewesen.
Schon diese Fragestellung ist falsch; denn die magischen Drogen bewirken nie *entweder* dies *oder* aber jenes, sondern eine Umschaltung des Bewußtseins, die als Möglichkeiten *sowohl* die Verrücktheit *wie* auch die Erleuchtung zuläßt. Das weiß auch Sidney Cohen, der seine Frage wohl nicht ohne Ironie auf den Zeitgeist so formuliert hat; denn er selbst weist ja darauf hin, daß von der Drogen-Wirkung „viel zu lernen“ sei über *das*, „was *wir* ‚Ich-Auflösung‘ nennen, die *Mystiker* aber ‚Selbst-Transzendenz‘, was *wir* ‚Regression‘ und *sie* ‚Unio mystica‘ heißen, was *wir* mit ‚Rückzug‘ (withdrawal) bezeichnen, *sie* hingegen als ‚Abkehr von der Illusion der Realität‘ verstehen.“ [4]

Der Alkohol als Berauschungsmittel des Westens

Der einzige Rausch, den der Westen wirklich kennt – weil er nur ihn offiziell anerkannt –, ist der Alkoholrausch. Man kann sagen, daß diese Art von Berauschung in der ganzen Vielfalt ihrer „internen“ Erscheinungsformen in das Bewußtsein des weißen Mannes integriert worden ist. Von je hat der Alkohol unsere Dichter und Künstler inspiriert; er wird beim Abendmahl in unseren Kirchen zu Christi Blut; er ist der Tröster der Einsamen und der Freund der Geselligen; er hilft aber auch dem Elenden und dem Verbrecher, zu vergessen oder zu hoffen; und dem Soldaten macht er Mut, zu töten und getötet zu werden.
Kurz – der Wirkungen des Alkohols sind viele, und ebenso zahlreich wie seine inneren sind auch seine äußeren Erscheinungsformen. Wodka, Absinth oder Champagner, alle die hunderterlei Wein- und Schnapssorten, besitzen ihre voneinander sehr verschiedenen, spezifischen „Tonlagen“; und berühmte Liebhaber des Alkohols wie Jean Paul oder E. T. A. Hoffmann haben regelrechte Typologien aufgestellt, in denen sie gewisse literarische und musikalische Gattungen bestimmten alkoholischen Getränken zuordneten [5].
Dennoch ist die Frage, die sich uns heute stellt, eine grundsätzliche und lautet: kann der Rausch als solcher, also *jeder* Rausch, in der modernen Gesellschaft, innerhalb der technischen Zivilisation, wie

sie heute ist und morgen sein wird, noch einen Platz einnehmen, der Rang, Wert und Würde besitzt? Kann er da anders noch als nur rein negativ erlebt und bewertet werden? Anderes bedeuten als ein Symptom der Flucht, der Kapitulation, der Selbstzerstörung und Isolierung, des sinnlosen Protestes gegen Unvermeidliches und Unaufhaltsames, der Schwäche und Krankheit, der „inneren Emigration", der nihilistischen Selbstaufgabe?

Fragen dieser Art sind nicht nur berechtigt; sie drängen sich auf. Die Funktion, die unsere heutige Gesellschaft und Gesetzgebung dem Alkoholrausch noch zuerkennen, ist die eines individuellen und kollektiven „Blitzableiters". Chronische wie gelegentliche Säufer finden in der Alkoholisierung einen zeitweiligen Ausweg aus inneren Spannungen und äußeren Grenzsituationen, die sie nüchtern nicht überstehen zu können glauben; und man läßt sie gewähren, so lange sie jedenfalls nicht allzu offensichtlich die Allgemeinheit gefährden.

Es gibt in unserer Gesellschaft Menschen, die sich Mut antrinken; es gibt andere, die gewisse Dinge oder sich selbst erst vergessen müssen, ehe sie genießen und sich freuen können; und es gibt solche – und es dürfte die Mehrzahl sein –, die trinken aus Langeweile und dem unbestimmten Gefühl auswegloser Einsamkeit, aus innerer Leere und seelischer Verödung.

Das alles sind letztlich Mangelerscheinungen, denen sonst nicht abgeholfen werden kann, und die der Alkohol überbrücken und ertränken soll. So, als einen Helfer in der Not, läßt unsere Gesellschaft den Rausch noch gelten – gleichsam am Rande ihres Gesichtsfeldes, ungern zwar und mit vielen Einschränkungen, und nur darum, weil sie ihn ganz nicht entbehren kann.

Denn – und dies scheint mir von entscheidender Bedeutung zu sein: der Rausch besitzt im funktionalistischen Getriebe der modernen westlichen Gesellschaft keinerlei Eigenwert; weder wird er in einem geistigen Sinn bejaht und gedeutet, noch hat man „offiziell" Verwendung für jene Lebenswerte, mit denen der Rausch (genau wie übrigens auch die Erotik) in unmittelbarer Beziehung steht, nämlich: schöpferische Phantasien, Muße, Meditation, Inspiration, Innenschau, Sensibilität, magische und mystische Fähigkeiten, Einsichten und Eingebungen künstlerischer, philosophischer und religiöser Art.

„Wissenschaft und Technik prägen unser gesamtes Leben in immer stärkerem Maße, verwandeln die Gesellschaft von Grund auf, entscheiden heute über das Ansehen der Nation und sichern morgen deren Zukunft“, schrieb kürzlich Adolf Butenandt, Nobel-Preisträger für Chemie und Präsident der Max-Plank-Gesellschaft[6], und er schloß seinen Aufsatz mit einem Zitat des berühmten, 1963 verstorbenen Psychiaters Ernst Kretschmer: „Wissenschaft ist eine Frage des Charakters, der strengen Zucht und des Verzichtes, eine Frage der Redlichkeit, der Unerbittlichkeit, der aufrechten Gesinnung und eines unendlichen Leistungswillens.“[7]

Dies ist tatsächlich eine geradezu klassisch zu nennende Definition des Elite-Menschen innerhalb unserer technischen Zivilisation. Entkleiden wir sie der allerdings bezeichnenden Adjektive und mehr oder weniger wiederholenden Umschreibungen, so enthält sie die folgenden fünf ethischen Forderungen: Zucht, Verzicht, Redlichkeit, Unerbittlichkeit, Leistungswille.

Keine dieser Qualitäten ist, für sich allein genommen, als ausschließlich wesentlich oder modern zu bezeichnen; in ihrer programmatischen Verbindung jedoch sind sie beides in höchstem Maße; denn *wer* entspricht diesem Ideal? Wer, wenn nicht diese modernen, persönlich meist so anspruchslos und bescheiden wirkenden Adepten und Manager des abstrakt gewordenen Willens zur Macht? Diese nur selten noch weintrinkenden, kaum noch scherzenden oder betenden, dafür ständig von Uhr und Kalender gehetzten Mönche ohne Klöster? Diese allen Genüssen entfremdeten, nur noch in Zielen und Zahlen lebenden Asketen auch dann – und dann gerade –, wenn sie im Smoking an offiziellen Banketten Festreden halten und hören, oder wenn sie von der sterilen Zelleneinsamkeit ihrer Büroräume und Laboratorien aus Aufstieg und Fall der Börsenkurse, Ausbruch oder Abbruch von Krisen und Kriegen bestimmen?

Es besteht kein Grund zur Annahme, Albert Einstein, J. Robert Oppenheimer und die übrigen „Väter der Atombombe“ hätten der Kretschmerschen Definition des idealen Wissenschaftlers nicht in vollendeter Weise entsprochen. Nicht gegen irgendwelche einzelnen, und auch nicht gegen die Definition als solche, können Einwände erhoben werden. Wohl aber ist es ein Gebot elementarster intellektueller Redlichkeit, klar zu erkennen und auszusprechen, *wie* ungeheuer einseitig das Menschenideal, mit dem wir es hier zu tun haben, tatsächlich ist, und *welchen* Preis wir für die technische Zivilisation, die es geschaffen hat, bezahlten, bezahlen und noch bezahlen werden.

Technische Zivilisation und Ekstase

Diese technische Zivilisation ist ihrem ganzen Wesen nach funktionalistisch; und das einzige, allgemein verbindliche Kriterium, an dem die moderne Gesellschaft das Individuum mißt, ist mehr und mehr dessen sozialer Funktionswert. Rausch wie Eros aber sind – ihrem eigentlichen, die Grenzen des bloß Funktionellen sprengenden Wesen nach – transzendent. Ihr gemeinsamer Nenner heißt Ekstase. Das aber ist etwas, was wohl in die orientalischen und andere außereuropäische Gesellschaften integriert worden ist, keineswegs aber in die Zivilisation des Westens. Deren ganzer, so extrem auf Leistung und Zweckdenken ausgerichteter Funktionalismus, deren linear und ad infinitum in den Zeitablauf projizierte Fortschrittsgläubigkeit, schließen ein tieferes Verständnis, eine geistige Durchdringung und existentielle Bejahung des Phänomens der Ekstase zwangsläufig aus.
Welche Folgen hat das? Unter anderen natürlich die, daß das nicht in Struktur und Bewußtsein der Gesellschaft integrierte Element des Ekstatischen sich, angestaut, dennoch bisweilen Bahn bricht – und dann um so wilder und zerstörerischer auswirkt, je weniger es zuvor auf der oberen, geistigen Ebene anerkannt und gemeistert worden ist.
So, und nur so, erklären sich diese uns allen bekannten, aber nur scheinbaren Widersprüche zwischen wissenschaftlicher Perfektion, technisch bis ins letzte durchorganisierter Gesellschaft einerseits, und orgiastischer Zerstörungswut, die bis zum Ausmorden und Ausrotten ganzer Völker und Rassen führt, andrerseits.
Wie kann eine Gesellschaft, die Eros in die Kloaken verbannt, den Rausch prostituiert, die Seele entfleischt, das Fleisch entseelt, den Geist aushungert, Mystik für Aberglauben, Ekstase für Verrückt-

heit, Meditation für Faulheit, und alle drei zumindest für Merkmale primitiver Rückständigkeit hält – wie kann eine solche Gesellschaft, deren eingestandenes Menschenideal noch heute der von „Zucht, Verzicht, Redlichkeit, Unerbittlichkeit und unendlichem Leistungswillen" geprägte Wissenschaftler ist, erwarten, das von ihr so radikal zerstörte Gleichgewicht zwischen Seele und Körper, Geist und Natur, werde sich nicht rächen – auch (aber leider keineswegs nur) an ihr selbst?

Funktion der Rauschmittel im Okzident und Orient (R. Brunel)

In seinem wichtigen, außerordentlich gut dokumentierten Werk „Le monachisme errant dans l'Islam" kommt René Brunel auch auf den fundamentalen Unterschied in der Bewertung des Rausches im Orient und Okzident zu sprechen. Er sagt dort, „in der gegenwärtigen westlichen Welt" sei die Rolle der Rauschmittel klar. Die Angehörigen unserer Gesellschaft seien in ihrer großen Mehrheit „angepaßt an die extrem despotischen Bedingungen des sozialen Lebens"; und nur in Ausnahmefällen „von Schwäche, Dekadenz, Verzweiflung oder zuweilen genialer Nichtanpassung" werde die Flucht in den Rausch als Alternative gewählt.
Ganz anders, fährt Brunel dann fort, verhalte es sich im Orient. Dort gebe es, erstens, „den Typ des Genießers", der von jeher in seine raffinierten Kombinationen von körperlichen und geistigen Genüssen, von Phantasie und Sinnlichkeit, die verschiedenen Rauschmittel mit einbeziehe – auch „um der vorübergehenden Illusion willen, die Schwelle des Paradieses erreicht zu haben, das der Prophet den Gläubigen versprochen hat."
Zweitens existierten im Orient zahlreiche Geheimgesellschaften von Liebhabern von Rauschdrogen, präsidiert von einem „Sultan Sans-Souci" – Miniaturstaaten im Untergrund gleichsam, verschwiegen und verschlossen nach außen, deren Mitglieder durch bestimmte Initiationsriten, ferner durch nur ihnen verständliche Zeichen, Symbole und Ausdrücke, miteinander verbunden sind.
Drittens seien im Morgenland die Dichter, deren Ansehen ja von jeher gewaltig ist, traditionelle Anhänger des Rausches und würden

zum Beispiel im Haschisch „la lucidité et l'émotivité complète" suchen.

Als viertes, letztes und wichtigstes Element, das die Haltung des Orientalen dem Rausch gegenüber bestimmt, erwähnt Brunel die Ekstase, „das Ideal aller Sufis"; denn „diese Mystiker machen die Ekstase zum Ziel ihres geistigen Kampfes gegen die natürlichen Neigungen".

Der französische Autor – der in seiner Darstellung von den Verhältnissen Nordafrikas ausgeht, dessen Derwisch-Orden er aus persönlicher Erfahrung bestens kennt – macht aus seiner Ablehnung der Rauschdrogen kein Hehl. Er nennt den Haschischrausch „die Karikatur der geistigen Ekstase", „brutalen Mystizismus, heftige und künstliche Loslösung von den Dingen dieser Welt, absolute Abdankung der Persönlichkeit ..."

Zwar fügt Brunel sogleich hinzu, seiner Ansicht nach seien in der Welt der Rauschliebhaber „die Getreuen des Haschisch noch die sympathischsten"; denn deren Paradies-Visionen seien der bloßen „körperlichen und intellektuellen Zernichtung, die der gewöhnlichen Berauschung folgt", immerhin vorzuziehen; aber dann faßt er sein Urteil folgendermaßen zusammen: „Wenn es eine im hohen Sinne menschliche Tugend gibt, so ist es der Wille (la volonté), so ist es die Selbstbemeisterung (la maîtrise de soi-même)." Und gerade *diese* Tugend, meint Brunel, werde dem Haschisch „vollkommen aufgeopfert", wie ja Baudelaire schon festgestellt habe. Darum, so schließt unser Autor, hätten jene islamischen Mystiker, die sich der Rauschdrogen bedienen, „den leuchtenden Weg des Himmels verlassen" [8].

Es ist höchst bedauerlich, daß auch ein Kopf wie René Brunel – trotz der hervorragenden Voraussetzungen, die er wissensmäßig hiezu besäße – einer grundsätzlichen Diskussion des Problems aus dem Wege geht. Die Gründe, die er gegen den Rausch und Rauschdrogen wie Haschisch anführt, sind durchaus konventionell und gehen tatsächlich in keiner Weise über das hinaus, was der von ihm mehrfach zitierte Charles Baudelaire schon hundert Jahre früher festgestellt hatte.

Baudelaire über den Haschischrausch

Baudelaires Analyse des Haschischrausches ist eine in jeder Hinsicht bewundernswerte Leistung, von bestechender Prägnanz in der Formulierung und von seismographischer Sensibilität im Aufspüren und Durchleuchten auch der verborgensten Symptome und hintergründigsten Symbole dieses an Rätseln reichen, im Westen noch immer sehr wenig erforschten, im Orient hingegen mit Absicht verschleierten Rausches.

Baudelaire unterscheidet *drei* Phasen:

Eine *erste*, charakterisiert durch unmotivierte Heiterkeit und Lustigkeit. Die „normale Welt" und die Nüchternen werden als unwiderstehlich komisch, ja, unsinnig erlebt. Dagegen „verstehen" sich die Berauschten untereinander spontan. Ein Außenstehender, der zufällig in eine solche Gesellschaft gerät, erregt durch sein Benehmen Heiterkeitsstürme und Lachanfälle, die aber völlig frei sind von Bösartigkeit, sondern im Gegenteil gepaart mit einer sonderbaren „Menschenfreundlichkeit". Man bemitleidet den Nüchternen wegen seiner „geistigen Inferiorität", ergötzt sich an ihm, möchte ihn aber keineswegs verletzen. – Muß aber umgekehrt der Haschisch-Berauschte an einem gesellschaftlichen Anlaß teilnehmen, so ist er sich seines Andersseins und der Notwendigkeit, seinen Zustand vor den Mitmenschen zu verbergen, qualvoll bewußt, und seine vorgetäuschte Normalität („den übrigen gleich zu scheinen") kostet ihn „übermenschliche Anstrengungen". – Schon in diesem ersten Stadium sind übrigens die Trennwände zwischen verschiedenen und selbst entgegengesetzten Affekten überaus dünn geworden; so kann Lachen unmittelbar in Weinen umschlagen oder umgekehrt.

Auf diese erste Phase folgt nach Baudelaire – gelegentlich nach einem Zwischenspiel „momentaner Beruhigung" – eine *zweite*, charakterisiert zunächst durch eine Reihe physischer Symptome, die aber (was ja für alle Psychotomimetika typisch ist) immer sogleich auf seelischer Ebene ihre Entsprechung finden. So tritt, besonders an den Extremitäten, ein oft sehr intensives Kältegefühl auf. In einem vom Dichter anschaulich geschilderten Fall (es dürfte sich dabei wohl um ihn selbst handeln) fühlt sich der Haschisch-Berauschte in einem Pariser Theater mitten im Sommer so, als seien seine Hände in „gefrorenes Wasser“ getaucht, und gleichzeitig – und bezeichnenderweise – gefrieren auch seine Gedanken, ja, wird er selbst schließlich zu einem „denkenden Eisstück“, während sich die Menschen ringsum den Schweiß von der Stirn wischen. – Ein merkwürdiger Kontrast besteht zwischen der atemberaubenden Flut andrängender innerer Bilder, Assoziationen und Empfindungen, und der äußerlich-körperlichen Trägheit und Mattigkeit, die genußvoll erlebt wird, wenn man ihr nachgeben darf, aber äußerst quälend, sobald man gezwungen ist, irgendwelche zielgerichteten Leistungen zu vollbringen. So nimmt man beispielsweise lieber den brennenden Durst einer ausgetrockneten Kehle in Kauf, als die „Mühen“, die es bereitet, diesen Durst zu befriedigen. – Die nun auffällig vergrößerten Pupillen sind in hohem Maße lichtempfindlich: das Haschisch bedient sich in diesem Stadium alltäglichster Lichteffekte, um diese ins Wunderbare zu übersteigern. Auch verändert sich die Perspektive: in dem erwähnten Fall sah der Theaterbesucher die Schauspieler auf der Bühne „unendlich klein und fern“, aber zugleich schärfstens konturiert, „wie am Ende eines ungeheuren Stereoskops.“ Auch die übrigen Sinne („das Ohr hört fast unvernehmbare Töne inmitten des größten Tumults“) sind geschärft und überempfindlich.

Von hier ist nur noch ein Schritt zu dem, was man als *dritte* Phase bezeichnen könnte – jene der eigentlichen Halluzinationen. Diese werden aber von Baudelaire mit Nachdruck von den Halluzinationen der Geisteskranken geschieden. Letztere, sagt er, hätten zur äußeren Welt keinerlei Beziehung mehr, während die Rauschhalluzinationen „im zeitlich und örtlich Gegebenen wurzeln“ (man vergleiche die Definition von Hartwich: „Der Hanf ist kein Neuschöpfer, sondern ein Vergrößerer“ [9]). Haschisch verdichtet nur gleichsam die Realität – in grundsätzlich gleicher Weise, wie der Künstler das tut – und läßt sie uns in Analogien erleben: „Die Töne kleiden sich in Farben, und die Farben enthalten eine Musik ...“ Diese immens gesteigerte Erlebnisbereitschaft und -fähigkeit kann nur dazu führen, daß, wie Baudelaire sich ausdrückt, „die Persönlichkeit verschwindet“ – also zu jener participation mystique, in der das Ich im Schauen sich selber vergißt, sich selbst in das Geschaute verwandelt, in der das Subjekt mit dem Objekt verschmilzt. Konkret heißt das: der Betrachter, der noch eben in den Anblick eines Baumes, eines Vogels oder des Rauchs seiner Pfeife, versunken war, *ist* nun plötzlich *selbst* dieser Baum, Vogel oder Pfeifenrauch. – In dieser Phase des Rauchens, die man die „mystische" nennen könnte, ist nun auch das Zeitgefühl völlig abhanden gekommen: jede „neue Minute wird eine neue Ewigkeit sein", und man durchlebt „mehrere Menschenleben innerhalb einer Stunde" [10].

Kritik der Kritik Brunels

Wenn René Brunel die nordafrikanischen Derwische und ihre Orden in solche einteilt, die sich zur Erreichung der Ekstase gewisser Drogen bedienen, und in andere, die das nicht tun, und wenn er von den ersteren sagt, sie hätten sich einem „brutalen Mystizismus", einer „heftigen und künstlichen Loslösung von den Dingen dieser Welt" und einer „absoluten Abdankung der Persönlichkeit" verschrieben, und sie hätten „den leuchtenden Weg des Himmels verlassen" [11] – dann ist diese ganze Art der Bewertung und systematisierenden Einteilung als in hohem Grade westlich zu bezeichnen. Brunel tut genau das, was sein Landsmann René Guénon mit so viel innerer Berechtigung den westlichen Orientalisten vorwirft [12]; er versucht nicht, die geistigen und existentiellen Erscheinungsformen des Orients aus sich selbst heraus zu verstehen, sondern preßt sie in die ihnen wesensfremden westlichen Denkschemen.
Brunel stellt eine Frage, die für den orientalischen Mystiker durchaus zweitrangig ist – nämlich die, *wie* ein Zustand innerer Erleuchtung erreicht wird – in den Mittelpunkt seiner Betrachtung. Damit noch nicht genug, fühlt er sich bemüßigt und berechtigt, gewisse Methoden, die immerhin auf eine uralte Tradition zurückblicken, als „künstlich" und moralisch anrüchig in der Art eines Schulmeisters zu brandmarken. Das, worauf es aber letzten Endes ankommt, warum es dem Orientalen geht, das eigentlich Zentrale – nämlich das Phänomen der Ekstase selbst – verliert er dabei völlig aus den Augen. Verständlicherweise! Denn sonst müßte er ja gestehen, daß in der technischen Zivilisation des Westens *jede* Art von mystischer Erfahrung – sei sie nun auf angeblich „künstliche" oder sogenannt „natürliche" Weise zustande gekommen – nicht nur faktisch auf dem Aussterbeetat steht, sondern vielmehr auch theore-

tisch dem Charakter und der Entwicklung dieser Zivilisation diametral widerspricht. Hätte Brunel *das* festgestellt, wäre seine Verurteilung dessen, was er „absolute Abdankung der Persönlichkeit" nennt, zumindest ehrlich. So aber erweckt er den Anschein, als maße er sich eine Schiedsrichterrolle an in der Frage, was „echte" und was „unechte" Ekstase sei. Und das ist, gelinde gesagt, grotesk.

Andere Rauschgegner

Aber Brunel steht ja keineswegs allein. Man könnte ein dickes Buch füllen mit den Äußerungen westlicher Gelehrter und Publizisten, in denen diese These von der „natürlichen" und der „künstlichen" Ekstase – mit dem obligaten Hinweis auf die „Schädlichkeit" und Verruchtheit der letzteren, das versteht sich – mit ermüdender Monotonie und Phantasielosigkeit breitgewalzt wird.
Aufgestört und empört durch den Vorschlag von Aldous Huxley, dem in Materialismus und Zweckdenken erstarrten westlichen Menschen durch Anwendung „magischer Drogen" wieder zu einem existentiellen Verständnis des Transzendenten zu verhelfen [13], hat der Orientalist R. C. Zaehner ein umfangreiches Werk verfaßt über „religiöse" und „profane" Mystik [14]. Abgesehen davon, daß er selbstverständlich die „künstliche" Ekstase verdammt, teilt er die Mystiker in die drei Klassen „Naturmystiker", „monistische Mystiker" und „theistische Mystiker" ein, wobei nach ihm die erstgenannten am tiefsten, die zuletzt erwähnten am höchsten stehen sollen. Eine solche Klassifizierung, und vor allem auch Zensurierung, ist leider bezeichnend für eine ziemlich weit verbreitete Art „wissenschaftlichen Denkens". Man glaubt, ein Stück Wirklichkeit erfaßt und bewältigt zu haben, indem man ihm eine Etikette umhängt und es in irgendeine Schublade einordnet. Nie käme ein wirklicher Mystiker auf den Gedanken, sich selbst in eine von Zaehners Kategorien einzureihen. Verglichen mit diesem „objektiv" sein wollenden Buch sind die Gedankengänge Huxleys – der ohne Berufung auf eine ja doch nicht verpflichtende Gelehrsamkeit von seiner eigenen Existenz und der Situation seiner Gesellschaft ausgeht – von überzeugender Bescheidenheit und Aufrichtigkeit.

In seinem unter Mitarbeit erstklassiger Spezialisten verfaßten Standardwerk „Iranische Literaturgeschichte“ schreibt der berühmte tschechische Islamforscher Jan Rypka unter der Überschrift „Kulturschädliches im Sufismus“ über die angeblich negativen Auswirkungen der orientalischen Mystik: „Der Glaube an Wunder und Wunderkraft der Heiligen verdummt die Massen; die Vorstellung der „reinen Liebe“ fördert die Homosexualität, und das Streben nach Ekstase führt zum Genuß von Rauschgiften.“ [15]
Liest man solche Äußerungen, die sich beliebig vermehren ließen, so wird die Bitterkeit des pakistanischen Dichtermystikers Mohammad Eqbâl verständlicher, der den europäischen Intellektuellen bescheinigt, sie wüßten „nichts von der Liebe und nichts vom Rausch“, und der das Schicksal Nietzsches mit den Worten kommentiert: „Weh dem von Gott Trunkenen, der in Europa geboren wird ...“ [16]

Unaufrichtigkeit der westlichen Argumente

Sagen wir es offen und ohne Umschweife und falsche Rücksichten: die beiden Haupteinwände, die von westlicher Seite wieder und wieder gegen die sogenannten „Rauschgifte“ erhoben werden – nämlich die, daß deren Wirkungen „künstlich“ und „schädlich“ seien – sind, bewußt oder unbewußt, so unaufrichtig, daß sie einer Verhöhnung des gesunden Menschenverstandes gleichkommen.
Ich habe schon in einem früheren Bericht über Selbstversuche mit LSD und Psilocybin den Satz geschrieben: „Wer hätte in dieser Zeit, die ihren politischen und technischen Wahnideen bedenkenlos (auch im ‚Frieden‘) Millionen von Menschenleben opfert, das moralische Recht, vom ‚schlechten Beispiel‘ und der ‚Sittenverderbnis‘ zu reden, die von weintrinkenden Mönchen, haschischrauchenden Sufis oder pilzessenden Indianerpriestern ausgingen?“ [17]
Derselbe Staat, der seine Bürger zwingt, sich für irgendeines dieser modernen Religionssurrogate (wie etwa „Nationalismus“, „Kapitalismus“, „Liberalismus“, „Sozialismus“ usw.) jahrelang in Uniformen stecken und abschlachten zu lassen – „für Ehre und Vaterland“ steht auf längst vergessenen Kreuzen des Krieges von 1870/71 im deutsch-französischen Grenzgebiet –, dieser selbe Staat, der seinen

Wissenschaftlern und Technikern Vernichtungswaffen in Auftrag gibt, die schon im letzten Weltkrieg Städte wie Coventry, Dresden, Hiroshima, Nagasaki samt ihren Bevölkerungen über Nacht „ausradiert" haben, – dieser gleiche Staat, sagen wir, hat die Anmaßung, uns vorschreiben zu wollen, wie, wo, wann und womit wir uns berauschen dürfen, welche Art Rausch als „natürlich" und „erlaubt", und welche als „künstlich", „schädlich" und „verboten" zu gelten hat. Übertreten wir aber diese Vorschriften, so hetzt der Staat (wohlgemerkt auch dann, wenn wir keinem Mitmenschen das geringste Leid zugefügt haben) seine Polizisten, Juristen und Psychiater auf uns und läßt uns im allgemeinen nur die Wahl, entweder als „kriminell" oder „krank" zu gelten. In beiden Fällen werden wir reichlich Gelegenheit haben, darüber nachzudenken, was in der „freien Welt" unter Freiheit verstanden wird.

Aber Spaß beiseite: daß in unserer modernen Gesellschaft die Gefährlichkeit der „Rauschgifte" mit voller Absicht maßlos übertrieben wird, daß die tatsächlichen Schäden in gar keinem Verhältnis zu den vorgetäuschten und angedrohten stehen – *das* dürfte auch den berufsmäßigen Hütern und Lenkern der öffentlichen Meinung, zumindest den klügeren unter ihnen, allmählich klar geworden sein. Aber darum geht es ja letztlich auch gar nicht. Den Sack, die „Rauschgifte", schlägt man; aber der Esel, den man damit meint, in die seelische Verfassung, die Geisteshaltung und die Lebensform des Mystikers und Ekstatikers ganz allgemein. *Sie* muß man treffen; denn Mystik und Ekstase, die in allen außereuropäischen Kulturen einen in die Gesellschaftsstruktur integrierten Bestandteil gebildet haben, sind unvereinbar mit dem Charakter und den Grundlagen unserer technischen Zivilisation.

Das zu erkennen, und es auch öffentlich auszusprechen, ist allerdings zweierlei. Gewiß – auch im Orient sind die verschiedenen Berauschungsmittel zu allen Zeiten umstritten gewesen. Aber wie sehr unterscheidet sich die Art, in der dort die Diskussion geführt wird, von der bei uns üblichen!

Vom koranischen Weinverbot

Schon das koranische Weinverbot kann mit den westlichen Tabus hinsichtlich der sogenannten „Rauschgifte“ kaum verglichen werden; denn während diese ja weitgehend auf Unkenntnis, Komplexen und Vorurteilen beruhen, waren der Wein und seine Wirkungen im damaligen Arabien jedermann bekannt, und wandte sich das koranische Verbot eindeutig gegen die extremen Folgen eines oft maßlosen Alkoholgenusses in der altarabischen Gesellschaft. In dieser nämlich führte die Verbindung von Alkoholgenuß und Glücksspielen zu ähnlichen Erscheinungen, wie sie uns von Tacitus auch für die alten Germanen bezeugt sind: die Männer verspielten ihr Hab und Gut, ihre Freiheit, ihre Frauen und Kinder; Streit, Kampf, Totschlag und Blutrache als Abschluß und Konsequenz solcher Wein- und Spielgelage waren unter den Beduinen an der Tagesordnung. Und *dagegen* richtete sich die koranische Offenbarung, die mit dem Wein zusammen auch das Glücksspiel untersagt, und die im übrigen klarstellt, der Wein stifte Schaden wie auch Nutzen, aber ersterer überwiege den letzteren – ein Standpunkt, den beispielsweise der populäre persische Prediger Râsched in der Gegenwart auch gegenüber dem Opium eingenommen hat [18].

Unterschied der orientalischen von der westlichen Haltung

Das ist zweifellos eine realistische Haltung; und ihr entspricht auch das Niveau der späteren Diskussion der Berauschungsmittel in der islamischen Gesellschaft. Immer bleibt dabei Raum für verschiedene Auffassungen und Auslegungen. Das gilt zum Beispiel auch für das Haschisch, das vom 9. Jahrhundert an (3. Jh. d. H.) in den Schriften der islamischen Theologen auftaucht. So untersagt seinen Genuß die Rechtsschule der Schafe'iten, während die der Hanefiten ihn gestattet [19]; und doch wäre es den Anhängern der beiden Richtungen niemals eingefallen, sich deswegen gegenseitig zu verketzern oder gar zu bekriegen.

Im modernen Sinn staatliche, in den Paragraphen der Gesetzbücher verankerte Verbote bedeuten das Ende jeder Diskussion überhaupt.

Sie setzen an Stelle von Dialog und Disput die Dschungelmethoden der Unterwelt auf der einen Seite, Polizeiterror und Gerichtsverhandlungen auf der andern. Die westliche Gesellschaft ist in der Praxis einer freien Diskussion ihrer Tabus meistens aus dem Wege gegangen – gleichgültig, ob es sich nun etwa um „Knabenliebe", um „Pornographie" oder um „Rauschgifte" handle. Wer gegen solche Tabus verstößt, gilt a priori als ein Gesetzesbrecher, ein Verbrecher; und es ist leicht einzusehen, warum es dann Einzelgänger so schwer haben, mit der Gesellschaft in Frieden zu leben.
Die hier angetönte Tendenz kann jederzeit ausarten in Inquisition, Hexenprozesse, kalvinistischen Sittlichkeitsfanatismus, Staatsterror und Staatstotalitarismus; Erscheinungen also, die der islamischen Zivilisation und Gesellschaft bis vor kurzem fremd gewesen sind. Selbst der Wein, dessen Genuß der Koran doch eindeutig untersagt, hat in allen Jahrhunderten islamischer Geschichte seine offenen Liebhaber und offiziellen Verteidiger und Befürworter gefunden; und selbst die Theologen sind sich in der Beantwortung der Frage, ob mit „Wein" nur der Rebensaft (unter Ausschluß beispielsweise des Dattalschnapses), oder aber der Alkohol als solcher gemeint sei, niemals einig gewesen.
Heute freilich sind im Zuge und unter dem Druck der weltweiten Verwestlichung die meisten islamischen Länder nolens volens dazu übergegangen, die westliche Gesetzgebung offiziell zu übernehmen. Was dabei herauskommen wird, kann heute noch nicht mit Sicherheit gesagt werden. Doch eines steht fest: die inneren Voraussetzungen, aus denen die äußeren Formen der technischen Zivilisation des Westens entstanden, sind dem Geist der orientalischen Tradition derart wesensfremd, daß diese über kurz oder lang entweder die künstliche Hülle von innen heraus völlig umformen, oder aber sie wieder abstoßen wird, sobald das die Verhältnisse erlauben. Jedenfalls ist jene Übergangsphase der zweiten Hälfte des 19. und ersten Hälfte des 20. Jahrhunderts, als große Teile der geistigen Eliten des Orients der Faszination durch die materialistische Versuchung des Westens verfielen, jetzt schon weitgehend vorbei.
Vergessen wir, um auf unser Thema zurückzukommen, nicht die große und bleibende Bedeutung folgender Tatsache: seit Mohammad al-Ghazâli (1058–1112), von dem die Moslems sagen, er wäre ein Prophet geworden, wenn ein solcher nach der Offenbarung des

Korans noch möglich gewesen wäre – seit also dieses Genie „des Kopfes wie des Herzens“ die Orthodoxie mit der Mystik versöhnt hat, ist im islamischen Orient die Ekstase nie mehr ernstlich angefochten, wohl aber gerade von den Besten und Begabtesten als eine höhere Bewußtseinsstufe anerkannt und auf den verschiedensten Wegen angestrebt worden.

Rausch und islamische Praxis

Nun gab und gibt es innerhalb des Islam religiöse Schulen und mystische Orden, die den Gebrauch aller oder nur gewisser Berauschungsmittel ablehnen, und es gibt andere, die ihn gestatten – was ja genauso vom Tanzen, vom Musikhören oder von der schwärmerischen Versenkung in den Anblick menschlicher Schönheit als Mittel zur Erreichung der Ekstase gilt –; aber immer war es doch dem Einzelnen freigestellt, sich *der* Gruppe und *dem* Weg zu verschreiben, die seiner persönlichen Konstitution und Auffassung am besten entsprachen. An ihm lag es, zu entscheiden, was er – für sich selbst – als „künstlich“ oder „schädlich“ vermeiden wollte, und was nicht. Ein Beispiel:

Ein Mystiker des Ne'matollahi-Ordens, den ich vor einigen Jahren in der zentralpersischen Stadt Yazd kennenlernte, hatte einen hohen Grad menschlicher und geistiger Vervollkommnung erreicht, den man auf den ersten Blick in dem still, heiter und sehr bescheiden wirkenden Kaufmann und Familienvater kaum vermutet hätte. Doch besaß mein Freund erstaunliche Fähigkeiten, die er selbst für unwichtig und nebensächlich hielt, während ein anderer, weniger reiner und weiser Mensch daraus zweifellos Kapital geschlagen hätte: so konnte er mühelos Gedanken lesen, die geheimen Wünsche, Ängste und Hoffnungen anderer erraten, sowie jederzeit in Trance fallen – „das Auge des Geistes öffnen“, „heimkehren“, „im inneren Meer versinken“, wie er selbst es nannte.

Dieser Mann hatte früher sowohl Opium wie Haschisch geraucht. Jetzt aber hielt er, in seinem eigenen Fall, Berauschungsmittel für „unnötig“ und „überflüssig“. Er kam ohne sie aus; er brauchte nicht länger diese Vermittler zwischen den verschiedenen Ebenen geistiger und materieller Erscheinungsformen; *aber* er kannte und *an*erkannte Wert und Bedeutung, die Drogen wie Opium und Haschisch auf niedrigeren Stufen der Erkenntnis besitzen; und er hatte gar nichts dagegen einzuwenden, daß sein eigener Schüler – ein leidenschaftlicher und hochbegabter Jüngling – sich ihrer gelegentlich bediente, um mit ihrer Hilfe leichter „die Sinne aus der äußeren in die innere Welt zurückziehen“ zu können.

„Rauschgifte“ und Zivilisationsgifte

Ich erwähne dieses Beispiel (und ich kenne andere, ähnliche), weil es deutlich macht, wie sehr und warum die „Entweder-oder-Kategorien“ des westlichen Denkens versagen, wenn man sie auf die Wirklichkeit orientalischer Mystiker anwenden will. Mit einem Vorschlaghammer kann man keine Feinarbeiten ausführen. Natürlich wissen die Orientalen um die Grobschlächterei und Eingleisigkeit europäischer Tabu-Begriffe; und im allgemeinen unterziehen sie sich denn auch gar nicht erst der Mühe, den Fremden in ihre differenziertere Betrachtungsweise einzuführen, sondern ziehen es vor, mit höflichem Lächeln ihren Abscheu vor „Rauschgiften jeder Art“ zu bekunden.

Das ist begreiflich genug; denn die westlichen Schlagworte von der „Künstlichkeit“ oder „Schädlichkeit“ dieses oder jenes Rausches sind ja Scheinargumente, Spiegelfechtereien, vorgebracht und bis zum Überdruß nachgeplappert von Leuten, die entweder von Mystik und Ekstase nicht die geringste Ahnung mehr haben, oder aber die bewußt eine Tendenz verfolgen, die schließlich auf eine totale Funktionalisierung und Automatisierung des Menschen und des Menschlichen innerhalb einer technischen Superzivilisation abzielt. Würden diese Gesundheitsapostel und Rausch-Inquisitoren ihre eigenen Argumente ernst nehmen, so müßten sie ja in erster Linie gegen die systematische Vergiftung der Atmosphäre und Gewässer, besonders unserer Großstädte und Industriegebiete, protestieren; so müßten sie Sturm laufen gegen die synthetische Herstellung chemischer Verbindungen, „die sich in der Natur nicht vorfinden“, oder gegen die Zerstörung des Atoms durch die moderne Physik; so müßten sie endlich zum selben Schluß kommen wie etwa Gustav Schenk, der seine lesenswerte Betrachtung über die „Gifte der technischen Zivilisation“ in die Worte zusammenfaßt: „Es gehört zum Wesen und Charakter der technischen Zivilisation, daß sie in jedem Sinne giftig ist. Gift ist ihr Merkmal, Gift ist ihr unauslöschliches Zeichen.“ [20]

Wie nimmt sich auf solchem Hintergrund das Gerede von der „Schädlichkeit“ orientalischer und indianischer Rauschdrogen aus? Ist es denn mehr als ein untaugliches Tarnungsmanöver, das die Öffentlichkeit nur ablenken soll von den *wirklichen* Gefahren und Dämonen, denen sie – der Chimäre eines steten „Fortschritts zum Untergang“ zuliebe – Körper und Seele zum Opfer bringen soll?

Gibt es, so fragen wir, eine groteskere Situation als die, wenn Angehörige einer Gesellschaft, welche die Natur immer mehr aus ihrem Dasein verbannt, und welche unter anderem die Welt mit ihren synthetisch hergestellten Beruhigungs-, Schlaf-, Aufputsch- und sonstigen Pillen überschwemmt, fremden und ungleich naturnäheren Völkern vorwerfen, sie suchten mit Hilfe von „schädlichen Rauschgiften“ (das heißt: Mohnsaft, Hanfextrakt, Pilzen, Kaktusscheiben, Windensamen – also lauter reinen Pflanzenstoffen) „unerlaubte und künstliche Ekstasen“? Wer, so fragen wir weiter, soll mit dieser plumpen Heuchelei betrogen werden? Wessen Interessen erfordern diesen Sündenbock? Was soll damit verdeckt und versteckt werden? Ja, läge nicht in diesem groß aufgezogenen, täglich von einer internationalen Schmierenpresse in Millionenauflagen kolportierten „Rauschgift-Mythos“ so viel bewußte Unehrlichkeit und berechnendes System, so könnte man darüber lachen – als über eines der vielen Symptome der offenbar unaufhaltsamen Verblödung des Menschen im Maschinen- und Atomzeitalter.

Ludwig Klages über Ekstatiker und Narkotiker

Der Gerechtigkeit halber muß gesagt werden, daß es im Westen auch immer wieder einzelne gegeben hat, und auch gibt, die trotz aller Tabus, trotz der extremen Ungunst der Verhältnisse und der öffentlichen Meinungsmanager, die Wahrheit nicht nur sehen, sondern auch ausgesprochen haben.

Ludwig Klages etwa, in seinem zuerst 1921 erschienenen, ebenso unzeitgemäßen wie tiefsinnigen Buch „Vom kosmogonischen

Eros“, schreibt, nachdem er die „nicht zu bezweifelnde Tauglichkeit narkotischer Gifte zur Herbeiführung sowohl der sprengenden als auch der schmelzenden Ekstasis“ festgestellt hat: „Es gab vielleicht niemals noch einen echten Ekstatiker, der nicht gelegentlich auch Narkotiker war ...“ [21]

Völlig unvoreingenommen durchschaut Klages (der ja selbst in Chemie promoviert hatte) den ursächlichen inneren Zusammenhang zwischen dem Wirklichkeitserleben des Ekstatikers und den uralten Zauberdrogen, wenn er sagt:

„Die seelenkundliche Erforschung der Ekstase bedarf der Ergänzung durch eine Wissenschaft von den Berauschungsmitteln. Opium, Haschisch, Koka, Alkohol, ätherische Öle, Weihrauch, Lorbeer, die Solaneengifte, selbst Nikotin, Koffein, Thein haben wechselweise dem Entselbstungsdrange der Visionäre gedient, und wir dürften die größten Aufschlüsse über das Wesen des Rausches von einer Wissenschaft der „Signaturen“ erwarten, wie sie im Freskostil die Mystik der Renaissance entwarf. Angesichts des Versagens heutiger Medizin bleibt uns vorerst nur der Weg der inneren Zergliederung offen.“ [22]

Gottfried Benns Apologie des Rausches

Ein anderer Wissender, der das Versagen des modernen Staates und der technischen Zivilisation gegenüber dem Phänomen des Rausches zur Diskussion gestellt hat, ist der Arzt und Dichter Gottfried Benn. In seiner 1943 verfaßten, aber erst viel später veröffentlichten Studie „Provoziertes Leben“ – dem vielleicht Geistvollsten, was bisher in deutscher Sprache zu diesem Thema gesagt worden ist – kommt Benn, nebenbei bemerkt, zu einer überraschend ähnlichen Einschätzung der abendländischen Situation wie in Frankreich nur wenige Jahre früher René Guénon [23], obwohl die beiden allem Anschein nach nichts voneinander gewußt haben.

„Eine Gemeinschaft“, schreibt Benn, „deren Hygiene und Rassenpflege als modernes Ritual auf den hohlen biologisch-statistischen Erfahrungen beruht, kann immer nur den äußerlichen Massenstandpunkt vertreten, für den kann sie Kriege führen, unaufhörliche, denn Wirklichkeit ist für sie Rohstoffe, aber ihr metaphysischer Hintergrund bleibt ihr verschlossen.“ [24]

Er nennt „das, was die denaturierten europäischen Gehirne in ihren Berufsübungen, Interessenverbänden, Sippenzusammenrottungen,

Sommerausflügen und sogenannten Festen an Lebensinhalt realisieren", „das Platteste an Konvention und Verbrauchtheit, das die geschichtliche Überlieferung kennt". Auch Benn, genau wie Guénon [25], konstatiert das Fehlen aller „wahren Grundsätze" in unserer Zeit und Gesellschaft, und er schließt daran die berühmt – und bei den Dummköpfen natürlich berüchtigt – gewordene Bemerkung: „Sonst käme sie darauf, durch den Ausbau visionärer Zustände, etwa durch Meskalin oder Haschisch, der Rasse einen Zustrom von Erkenntnissen und von Geist zu vermitteln, der eine neue schöpferische Periode aus sich entbinden könnte." [26]

Es ist wohltuend und ermutigend – vergleichbar dem Hochgefühl eines Wüstenwanderers, der unverhofft auf eine Oase stößt –, wenn man, und zudem noch in deutscher Sprache, solchen Sätzen eines wirklich freien Geistes begegnet.

Benn entlarvt auch dieses heuchlerische und angesichts der extremen Künstlichkeit der gesamten technischen Zivilisation doppelt verlogen anmutende Argument, man bekämpfe ja nur die künstliche", nicht aber die „natürliche" Ekstase. Was heißt denn das schon? Wissen die Leute, die so argumentieren, denn wirklich nicht, daß sämtliche anderen Methoden, die zu Innenschau und mystischen Erfahrungen führen (wie etwa Exerzitien, Fasten, Schlaflosigkeit, Atemübungen, magische Formeln, Meditation), erstens einmal – vom naturwissenschaftlichen und medizinischen Standpunkt aus gesehen – genau wie die Drogen gewisse biochemische Veränderungen in der physisch-psychischen Gesamtstruktur bewirken; und daß, zweitens, Staat und Gesellschaft im Westen diesen „anderen Methoden" genau so fremd und völlig beziehungslos gegenüberstehen wie den magischen Drogen? Der Unterschied besteht doch einzig darin, daß man diese verbieten kann, jene aber nur indirekt einschränken, unterbieten und allmählich verunmöglichen, indem das voll in den sozialen Funktionalismus der technischen Zivilisation integrierte Individuum gar nicht mehr die Möglichkeit, die inneren und äußeren Voraussetzungen, besitzen wird, um zu einer Innenschau und einem inneren Wissen *irgendeiner* Art zu gelangen.

„Potente Gehirne aber stärken sich nicht durch Milch, sondern durch Alkaloide", schreibt Gottfried Benn. Er kommt damit auf das Problem der „Schädigung des einzelnen wie der Rasse" zu sprechen: „Drogen, Räusche, Ekstasen, seelische Exhibitionismen, das klingt der Volksgemeinschaft infernalisch." Nach Auffassung unseres Autors steht, zunächst einmal, das Argument der Schädigung „einem Staat nicht zu, solange er Kriege führt, bei denen innerhalb von drei Jahren drei Millionen Männer getötet werden."

Dann aber, fährt er fort, „ist es äußerst interessant, festzustellen, daß Schädigungen universaler Art, die eine Rasse treffen, ihr Kompensationen bringen können, die das Verlorene weit an Lebenswert übertreffen."

Benn, der hier ja auch als Arzt und Naturwissenschaftler spricht, veranschaulicht dies am Beispiel des Verlustes des Hauptpigments, „der die weiße Rasse aussonderte", und erklärt abschließend: „Man muß also, wenn man das Wort Schädigung anwendet, immer die näheren Beziehungen angeben. Ob und wieso man in dieser Beziehung das versackende mitteleuropäische Gehirn überhaupt schädigen kann, bedürfte der weiteren Bestimmung ... Nach geistigen Maßstäben hat der extravagante Körper mehr geleistet als der normale, seine bionegative Eigenschaften schufen und tragen die menschliche Welt." [27]

Die Stellungnahme von Gottfried Benn zeigt und beweist, daß es durchaus auch innerhalb der abendländischen Tradition – denn Benn ist in der Art seines Denkens und dem Stilcharakter seiner Dichtung ein absolut westlicher Mensch – Wege geben kann, die verzerrte Perspektive der Moderne gegenüber Ekstase, Rausch und Berauschungsmittel zu überwinden. Doch gehört dazu Mut und selbständiges Denken.

Antonio Peri: ein west-östlicher „Drogenforscher"

Ein ebenso bedeutendes, wenn auch ganz andersartiges Zeugnis für die Auseinandersetzung des abendländischen Geistes sowohl mit dem Phänomen des Rausches, wie auch zugleich mit der Innenwelt des Orients, bildet der Roman „Heliopolis" von Ernst Jünger.

Heliopolis ist eine Stadt der Zukunft; und die Mächte und Strömungen, die heute noch so unentwirrbar ineinander verfilzt erscheinen, haben sich in ihr gleichsam kristallisiert. Die Gestalt, die uns hier vor allem interessiert, ist Antonio Peri – Angehöriger einer ein Altstadtviertel bewohnenden Minderheit von etwa tausend persischen Emigranten, die, „als nach der Austreibung der Angelsachsen die Gottlosen-Bewegung den mittleren Orient bedrohte“, in Heliopolis Aufnahme gefunden hatten [28].

Dieser Peri nun ist Buchbinder, aber ganz und gar kein alltäglicher – mit Grund wird von Werkstätten wie der seinen gesagt, sie „glichen verborgenen Blüten und ihre Gönner den Bienen, die zugleich Honig suchten und befruchteten“ [29] –; denn der äußere Beruf ist in diesem Falle nur Hülle und Tarnung der inneren Berufung. Dieser „stille Bürger, der so bescheiden und fleißig mit seinem Käppchen in der Werkstatt saß“ [30], ist ein heimlicher Drogenforscher. Er liebt „wie viele Parsen, das Opium und seine Inspirationen“ [31]; und er besitzt „eine kleine Bibliothek“, bestehend „teils aus Kräuterbüchern und medizinischen Berichten, teils aus Werken von Dichtern und Magiern“, in denen er zu lesen pflegte, „während die Wirkung der Drogen sich entwickelte.“ – „Auch führt er ein Logbuch über seine Ausfahrten.“ [32]

Sehr aufschlußreich ist vor allem ein Gespräch, das nach dem Tod dieses seltsamen Mannes zwischen seiner Nichte Budur [33] und deren abendländischem Freund Lucius stattfindet, und aus dem wir das für uns Wesentlichste wörtlich zitieren wollen.

„Mein Onkel“, sagt Budur, „fing Träume ein, so wie man andere mit Netzen nach Schmetterlingen jagen sieht ... Er schloß sich in sein Kabinett zum Ausflug in die Traumregionen ein. Er sagte, alle Länder und unbekannten Inseln seien in die Tapete eingewebt. Die Drogen dienten ihm als Schlüssel zum Eintritt in die Kammern und Höhlen dieser Welt.“

Lucius erwidert: „Er ging im Universum seines Hirnes auf Entdeckungsfahrt. Das sind die eigentlichen Ausbeuten ... Das ist noch eine der Arten, auf die sich das Leben führen läßt, als Eremit in der Kristallwelt – vielleicht auch in guter Partnerschaft.“

Dann kommt auch das Problem der Gefährdung, und des bei solchen Experimenten möglichen Selbstschutzes, zur Sprache. Dazu meint Budur:

„Vielleicht war es nur die Methodik, die ihn an Katastrophen und Delirien vorbeiführte. Er hat sie oft gestreift. Er war der Meinung, daß jede Droge eine Formel in sich enthält, die Zugang zu gewissen Räumen und zu bestimmten Welträtseln gewährt ... Die höchsten

dieser Formeln müßten gleich dem Stein der Weisen oder dem Arcanum coeleste das Universalgeheimnis aufschließen."
„Das höchste Arcanum", antwortet Lucius, „muß notwendig tödlich sein. Man müßte sich entschließen, den Körper als Zoll zurückzulassen, wenn man die Grenzen überschreiten will."
Darauf betont Budur die maßvolle und letztlich bewußt innerhalb des Humanen bleibende Zielsetzung ihres Onkels: „Antonio war wiederum auch nüchtern und seine Spekulationen gingen nicht in den absoluten Raum. Sie waren auf das Logbuch angelegt, das heißt auf Fahrten, von denen man berichten kann ... Er kannte die maximale Dosis und hielt bei den Experimenten stets auf Sicherheit." [34]

Antonio Peri und Lucius sind für Ernst Jünger auch Repräsentanten des Orients und Okzidents. Lucius, als Vertreter des letzteren, ist „Eroberer" und daher der „Raum in seiner Brust lebendig und Sehnsucht nach räumlichen Entfernungen". Umgekehrt zählt Peri „zu den Unterdrückten und Verfolgten dieser Erde". Was ihm somit an Raum versagt und verschlossen bleibt, wird gewissermaßen ausgeglichen durch sein Streben „nach tieferem Gewinne in der *Zeit*"; denn es sei ja „jeder Rausch magische Verwandlung und Verdichtung des Raumes in innere Historie" – also „ein ungeheurer Spielraum, der der Tyrannis entzogen sei". Schon Thomas de Quincey habe „auf die Aeonen hingewiesen, die man in einer Opiumnacht gewinnt" [35].

Rausch, Raum und Zeit

Was Jünger hier antönt, ist zweifellos einer der wichtigsten und faszinierendsten Aspekte des Phänomens Rausch überhaupt: nämlich die durch den Rausch bewirkte Verschiebung im Koordinatensystem von Raum und Zeit. Das Verhältnis, in dem diese beiden zueinander stehen, bestimmt ja unsere Vorstellung von „Wirklichkeit"; und also muß sich diese in eben dem Maße verändern, in dem auf der Skala unseres Gehirns der Schnittpunkt der Koordinaten verschoben wird.
Der von Jünger zitierte Thomas de Quincey spricht ja in seiner Beschreibung der Spätstadien nach jahrelangem, regelmäßigem und

hoch dosiertem Opiumgenuß vom „Anschwellen des Raumes" und der „ungeheuren Ausdehnung der Zeit" [36] Was von ihm so erlebt und benannt wird, sind aber natürlich zwei einander ursächlich bedingende Erscheinungsformen dessen, was Ernst Jünger so treffend als „innere Historie" bezeichnet. Die Schwerkraft von Raum *und* Zeit ist aufgehoben: de Quincey bewegt sich in beiden so, als sei das „hier und jetzt", also die übliche Wellenlänge des menschlichen Bewußtseins, für ihn zu einem „allerorten und jederzeit" geworden. Das bringt er einerseits auf der Ebene der zeitlichen Dimension zum Ausdruck – „zuweilen war es mir, als hätte ich in einer einzigen Nacht 70 oder 100 Jahre lang gelebt", „die unbedeutendsten Ereignisse meiner Kindheit oder längst vergessene Szenen aus späteren Jahren tauchten oft wieder zu neuem Leben herauf" [37] –; andrerseits in Bildern und Vorstellungen der räumlichen Dimension: so, wenn er seine „orientalischen Träume" beschreibt, die ihn nach Ägypten oder China entführen [38].

Die für uns wesentliche Einsicht lautet so: innerhalb der Eigengesetzlichkeit des Rausches bilden „Raum" und „Zeit" (im Sinne des normalen Bewußtseins) nurmehr weitgehend austauschbare Wechselbegriffe zur Wiedergabe jener „inneren Historie", deren tatsächlicher Gegenpol die „Außenwelt" ist – repräsentiert sowohl durch den äußeren Raum wie die äußere Zeit.

Ernst Jünger und Charles Baudelaire

Ernst Jüngers Antonio Peri ist – wie es ja übrigens schon sein west-östlicher, halb italienischer, halb persischer Name andeutet – eine seltsam schillernde, auch innerlich *zwischen* Orient und Okzident stehende Gestalt. Östlich an ihm sind seine gleichsam getarnte Existenzform, das bewußt Insulare und Oasenhafte daran, seine Wahl des mystischen „Weges nach innen", sein konstitutionell (nicht nur sozial) bedingter Verzicht auf jegliches Tätertum, auf jedes sicht- und spürbare Wirken im elementar „politischen" Sinn; abendländisch hingegen sind sein Hang zu System und Methode, die Art seiner Neugier – „die curiosité surnaturelle", dieser „letzte Blütenzweig am Baum des Glaubens, der vertrocknet war" [39] –, der sehr ausgeprägte Zug zum „Experimentellen", zu wissenschaftlicher

Objektivierung durch Verbindung empirisch gewonnener Erfahrung mit theoretischen Kenntnissen und spekulativen Schlüssen, was in Logbuch, Zusammensetzung der Bibliothek und methodischer Dosierung der „Einstiege“ zum Ausdruck kommt.
„Die Drogen sind Schlüssel“, wird in „Heliopolis“ einmal gesagt, „sie werden freilich nicht *mehr* erschließen, als unser Inneres verbirgt ... Doch führen sie vielleicht in Tiefen, die sonst verriegelt sind.“ [40]
Eine außerordentlich wichtige Feststellung! Besonders was ihren ersten Teil betrifft, so hat in seinen „Paradis artificiels“ schon Charles Baudelaire mehrfach und nachdrücklich darauf hingewiesen, daß im Rausch (dort ist es der durch Haschisch erzeugte, aber dasselbe gilt für *alle* Berauschungsmittel) nur zutage trete, was in Anlage und Substanz eines Menschen, als latente Energie sozusagen, schon enthalten sei.
Es lohnt sich, die Quintessenz von Baudelaires wegweisenden und geistvoll formulierten Beobachtungen zu diesem Punkt hier einmal zusammenzustellen. In seinem Aufsatz „Du Vin et du Haschisch“ (1851) sagt er, die von ihm geschilderten Phänomene zeigten sich „im allgemeinen, unbeschadet etlicher Varianten, bei den künstlerischen und philosophischen Geistern.“ Daneben gebe es jedoch das „völlig materielle Haschisch“ primitiver Naturen, die im Rausch nur zu läppischen und täppischen Narren würden, und die „den Spiritualisten unerträglich“ seien: „Ihr häßliches Wesen bricht durch“ [41]. – Im „Poème du Haschisch“ (1858) wird Baudelaire noch deutlicher; es gebe, meint er, eine gewisse Gesetzmäßigkeit des Haschisch-Rausches – im Rahmen „einer Art Einheit in der Mannigfaltigkeit“ – „vor allem bei Personen, deren Temperament und Erziehung analog sind.“ [42]
Und an einer späteren Stelle schreibt Baudelaire, nachdem er Thomas de Quincey zitiert hat, daß es „absurd wäre, sich – um die Wunder des Opiums zu beurteilen – bei einem Viehhändler darnach zu erkundigen; denn dieser wird nur von Ochsen und Weideplätzen träumen.“ Darum, so fährt unser Autor fort, bedürfe er, um die Aspekte des Haschisch-Rausches gleichsam wie „Strahlen in einem einzigen Kreis zu konzentrieren“, „einer Seele meiner Wahl, etwa dem ähnlich, was das 18. Jahrhundert den ‚sensiblen Menschen‘ (l'homme sensible) nannte, die romantische Schule den ‚unverstan-

denen Menschen' (l'homme incompris), und was die Familien und die bürgerliche Masse als ,Original' beschimpfen." [43]

Bekanntlich lehnt Baudelaire den Haschisch-Rausch, dessen brillanter Chronist in der westlichen Welt des 19. Jahrhunderts er geworden ist, in seinem abschließenden Plädoyer mit großer Vehemenz ab – und zwar mit hierzulande sehr populären Argumenten, die darum seither auch immer wieder, und besonders natürlich in Frankreich, zitiert worden sind. Das Haschisch, sagt er, lähme und zerstöre den *Willen*, „von allen Fähigkeiten die kostbarste" [44], es lasse „völlig den Traum mit der Tat verwechseln" [45], und: „es (das Haschisch) gesteht auf der *einen* Seite zu, was es auf der *andern* wegnimmt, das heißt: die Imagination – ohne die Fähigkeit, davon zu profitieren" [46]. Und in seinem Essay über Thomas de Quincey bekräftigt er: „Alles, was ich in meiner Studie über das Haschisch von der Verringerung des Willens gesagt habe, ist anwendbar auch auf das Opium." [47]

Interessanterweise ist in Ernst Jüngers „Heliopolis" von *dieser* Art Argumente nirgends die Rede. Das hängt natürlich auch damit zusammen, daß Jünger ziemlich genau hundert Jahre *nach* Baudelaire lebt und schreibt – und daß in diesem Jahrhundert auf verschiedenen Seinsebenen Dinge geschehen sind, die es einem denkenden Kopf grotesk und geradezu kindisch erscheinen ließen, Wille und Tätertum mit Baudelaire'scher Naivität zu lobpreisen.

Die Existenz eines Antonio Peri wird im Gegenteil letztlich bejaht: „Das war noch ohne Zweifel eine der Arten, auf die sich das Leben führen ließ – bei langsamer, doch köstlicher Verbrennung der Substanz." [48] Und während Baudelaire die magische Droge mit für die damalige Bourgeois-Moral bezeichnenden Nützlichkeitserwägungen ablehnt (man soll von der „Imagination" doch wenigstens „profitieren" können!), ist Jünger-Peri ihr gerade dafür dankbar, daß sie ein Schlüssel ist für „die Ornamente im Lebensteppich, den *kein Zweck* entweiht, den Vorhang vor den letzten und tödlichen Mysterien." [49]

Vom Tod als Freund und Feind

Die Beziehung des Rausches zum Tod tritt in der Sicht Jüngers überhaupt stark hervor, wird aber keineswegs negativ gedeutet. Zwar sagt der sterbende Antonio Peri: „Ich warne euch. Wer Räusche sucht, der rodet in den Vorhöfen des Todes und um die dunklen Eingänge.“ [50] Aber im gleichen Buch finden sich auch Sätze wie dieser: „Die Liebe zum Tode blieb ja der einzige und letzte Schmuck der Edlen in dieser Welt.“ [51]

Die Liebe zum Tode! Halten wir hier einen Augenblick inne, um uns zu fragen, was da gemeint sein könnte. Zunächst: der Tod hat unzählige Gesichter; und in einem ganz allgemeinen Sinn darf man wohl sagen, daß er um so furchtbarer und sinnloser erscheint, je mehr ihn die Menschen und ganze Gesellschaften aus ihrem Bewußtsein verbannen. In einer so ganz auf Expansion, Extraversion, Organisierung der Materie und technischen Fortschritt ausgerichteten Zivilisation wie der unseren gleicht der Tod, der individuelle wie der kollektive, einem Blitzschlag, der ebenso plötzlich wie zufällig einen Ameisenstaat trifft und dessen technisch perfekte Organisation – die sich als scheinbar autonom funktionierende „Welt in der Welt“ gegen alle Gefahren abgeschirmt glaubte – jählings vernichtet. Das Antlitz *dieses* Todes ist geprägt von unsäglicher Wildheit und Fremdheit; und es ist nur allzu verständlich, daß ihn die moderne Gesellschaft als *den* lastenden Schatten und großen Widersacher erlebt, den sie entweder „verdrängt“, mit ständigem Lärm und unablässiger Betriebsamkeit übertönt, oder aber gegen den sie – wie viele ihrer Begabtesten (Kafka, Camus, Hemingway usw.) – mit verzweifeltem Heroismus rebelliert und Sturm läuft.

Aber, so müssen wir fragen, wer ist denn dieser Tod, der solche Schrecken und Revolten auslöst? Wem gelten Haß, Angst, Wut und Verzweiflung, wenn nicht einem ganz und gar Unbekannten, Unvertrauten, durch und durch Fremden – einem verschleierten Schreckgespenst, das heimlich in der Finsternis heranschleicht und seine Opfer aus Schlaf und süßen Träumen reißt?

Wenn wir uns nun weiter überlegen, daß jene Menschen, die den Tod aus persönlicher Erfahrung und gleichsam von Angesicht zu Angesicht zu kennen behaupten – die Mystiker nämlich –, ihn nicht nur nicht fürchten oder verabscheuen, sondern oft inbrünstig herbeisehnen, so stimmt das doch nachdenklich. Die Frage der Ambivalenz des Todes sei hier vorläufig nur angetönt. Wir werden sie im letzten Abschnitt dieses Buches wieder aufgreifen, und uns dann ausführlicher mit ihr auseinandersetzen.

Magische Drogen als Schlüssel (A. W. Watts)

Jene Rolle, die das *Haschisch* als integrierter Bestandteil der islamischen Kunst und Gesellschaft gespielt hat, nehmen in *anderen* Kulturen *andere* Rauschmittel ein. Daran kann gar kein Zweifel bestehen. Doch handelt es sich hier um ein Problem, dessen Erforschung noch ganz in den Anfängen steht. Es wird Aufgabe einer künftigen, vorurteilslosen „vergleichenden Drogenwissenschaft“ sein, da Klarheit zu schaffen: einerseits die getarnten Zusammenhänge zwischen bestimmten Rauschbildern und dem Stilcharakter verschiedener Kulturen zu erhellen – ein auch völkerpsychologisch faszinierendes Unterfangen –, und andererseits die spezifischen Wirkungen der einzelnen Rauschdrogen gegeneinander abzugrenzen.
Dieses Buch stellt nur einen ersten bescheidenen Vorstoß in diese Richtung dar. Zudem ist sein Thema der Rausch im west-östlichen Spannungsfeld; Kulturen und Drogen, die im geographischen wie geistigen Sinne außerhalb des Raumes stehen, den die Begriffe „christliches Abendland“ und „islamischer Orient“ umreißen, können in ihm nur am Rande berücksichtigt werden.
Immerhin sollen hier einige Hinweise und Ergänzungen folgen, die wenigstens die Fragestellung als solche aufzeigen. Der bekannte Autor verschiedener Bücher über den Zen-Buddhismus, Alan W. Watts, diskutiert in seinem sehr lesenswerten Essay „The New Alchemy“ das Problem, ob und wie ein Zusammenhang besteht zwischen magischen Drogen und asiatischen Kunstwerken [52].
Er nennt den Charakter seiner durch Psychotomimetika wie LSD in Selbstversuchen vermittelten Erlebnisse und Sinneseindrücke „ausgesprochen exotisch“ und vergleicht sie den „Edelsteingärten“ morgenländischer Erzähler, persischen Miniaturen, chinesischen und japanischen Malereien. Anschließend stellt Watts die naheliegende Frage, ob also auch jene Künstler nur schufen, was sie zuvor „unter dem Einfluß von Drogen gesehen hatten“. Im Falle der

fernöstlichen Maler bezweifelt er dies, und zwar auf Grund seiner persönlichen Kenntnisse und Erfahrungen. Die Erklärung für die erwähnte Übereinstimmung findet er anderswo: nämlich in der Beobachtung, daß er sich bisweilen auch *ohne* Mithilfe einer Droge in einen Zustand versetzen konnte, in dem die Welt „jenen magischen Aspekt" annahm; und zwar geschah dies immer in Augenblicken, wenn er innerlich völlig entspannt war, mit „unbewacht offenen Sinnen" seiner Umgebung zugewandt.

Dann, schreibt Watts, begriff er (nicht intellektuell, abstrahierend, sondern existentiell), „daß alles *Liebesspiel* war, in jeder Bedeutung dieses Wortes ‚Liebe' – ein Spektrum vom *Rot* erotischen Entzückens über das *Grün* menschlicher Zärtlichkeit bis zum *Violett* göttlichen Erbarmens, von Freuds Libido bis zu Dantes ‚Liebe, welche die Sonne und übrigen Gestirne bewegt'. Alle diese Farben entsprangen einem einzigen *weißen* Licht; und mehr noch: diese eine Quelle war nicht nur, was wir gewöhnlich unter ‚Liebe' verstehen, sie war auch Intellekt; sie war nicht bloß Eros und Agape, sondern auch Logos." [53]

Was A. W. Watts hier erlebt und beschreibt, entspricht dem Lebensgefühl der *mystischen Seinshaltung* Asiens, zu der das Abendland durch seine Hinwendung zu abstraktem Begriffs- und Zweckdenken den Zugang verloren hat, und von der aus gesehen nicht nur Rausch und Erotik, sondern überhaupt alle Dinge dieser Welt und der menschlichen Existenz einen völlig anderen Stellenwert erhalten. Wir werden darauf noch ausführlich zu sprechen kommen. Hier sei bloß die Feststellung vorweggenommen, daß Rausch und Eros nur dann ihre Tiefendimensionen enthüllen, nur dann ganz verstanden und bejaht werden können, wenn sie verankert sind in eben dieser mystischen Seinshaltung. Ist dies – wie in unserer modernen technischen Zivilisation – *nicht* der Fall, so verwildern sowohl Rausch wie Erotik und entarten zu Zerrformen ihrer selbst. Die ungeheure Bedeutung der Narkotika, und insbesondere der „magischen Drogen" (Psychotomimetika), für unsere Zeit und westliche Gesellschaft besteht darin, daß sie vielleicht, wie das Beispiel von Watts zeigt, als *Schlüssel* dienen können, die nicht nur einzelnen, sondern ganzen Gruppen die Augen öffnen für die verlorene und verschüttete Wirklichkeit der Mystik – ehe es dafür zu spät ist, zu spät jedenfalls für diese Menschheit auf diesem Planeten. Darum, und nur darum, halte ich selbst so extrem formulierte Ansichten, wie sie der ehemalige Harvard-Professor Timothy Leary und seine Gesinnungsgenossen in „The Psychedelic Review“ vertreten, für positiv und hoffnungsvoll.[54]

Indianische Drogen

Aber kehren wir zurück zum Thema „Droge und Kunst“. Wahrscheinlich werden künftige genaue Untersuchungen erweisen, daß *Meskalin* (Wirkstoff des Peyotl, eines mexikanischen Kaktus), *Psilocybin* (Wirkstoff des ebenfalls indianischen Zauberpilzes Teonanacatl), *Ololiuqui* (eine Windenart) und andere Zauberdrogen der Neuen Welt die Kulturformen und Kunststile der Indianer ebenso tief beeindruckt haben, wie das *Haschisch* die Schöpfungen des islamischen Orients. Der Kreis um den französischen Naturforscher und Pilzkenner Roger Heim hat da schon wichtige Vorarbeit geleistet, auf die wir aber in diesem Zusammenhang nicht näher eingehen können [55].

Vom Zauberpilz Teonanacatl (A. Hofmann, R. G. Wasson)

Dagegen wollen wir wenigstens noch in Kürze einen fachwissenschaftlichen Aufsatz behandeln, der unter dem Titel „Die psychotropen Wirkstoffe der mexikanischen Zauberpilze“ Material mitteilt, das die hier vertretene These in hohem Maße stützt [56]. Der Verfasser ist der Schweizer Chemiker Albert Hofmann, also der bedeutendste Pionier der Psychotomimetika-Forschung überhaupt, der 1943 das LSD (D-Lysergsäure-diäthylamid = „Delysid“) entdeckte, 1958 das Psilocybin isolierte und 1960 die wirksamen Prinzipien der Ololiuqui-Droge bestimmte.
Im Sommer 1955 konnten der amerikanische Drogenspezialist R. Gordon Wasson und sein Begleiter A. Richardson im mexikanischen Bergdorf Huautla de Jimenez als wahrscheinlich erste Weiße an einer nächtlichen Pilzzeremonie der dortigen Indianer teilnehmen. Hofmann faßt ihre Beschreibung dieses Teonanacatl-Rau-

sches im originalen Rahmen, in Anwesenheit und unter Anleitung einer Curandera (Heilpriesterin), folgendermaßen zusammen:

„Wasson und sein Begleiter, die je 6 Paar der heiligen Pilze erhalten hatten ... gerieten ganz in den Bann der mystischen Atmosphäre, die sich in der dunklen Hütte ausbreitete. Wasson schildert in begeisterten Worten, wie der Teonanacatl ganz von ihm Besitz ergriff, obwohl er versucht hatte, gegen die Wirkungen, anzukämpfen, um ein objektiver Beobachter bleiben zu können. Zuerst erschienen geometrische, farbige Muster, die dann architekturartigen Charakter annahmen. Dann folgten Visionen von wundervollen Säulenhallen, edelsteingeschmückten Palästen von überirdischer Harmonie und Pracht, Triumphwagen, gezogen von Fabelwesen, wie sie nur die Mythologie kennt, Landschaften in märchenhaftem Glanz. Vom Körper losgelöst, schwebte die Seele zeitlos in einem Reich der Phantasie mit Bildern von *höherer Wirklichkeit* und tieferer Bedeutung als die der gewöhnlichen Alltagswelt. Der Urgrund, das Unaussprechliche schien sich erschließen zu wollen, doch öffnete sich das letzte Tor nicht.“ [57]

Später hat Albert Hofmann selbst, in der natürlich völlig verschiedenen Atmosphäre eines chemischen Laboratoriums, einen Selbstversuch durchgeführt, und zwar mit 32 mittelgroßen, bei schwach erhöhter Temperatur getrockneten Pilzen, die zusammen knapp 2 1/2 g wogen. Wir zitieren das Versuchsprotokoll:

„Nach einer halben Stunde begann sich die Außenwelt fremdartig zu verwandeln. Alles nahm einen *mexikanischen* Charakter an. Weil ich mir voll bewußt war, daß ich aus dem Wissen um die mexikanische Herkunft dieser Pilze mir nun mexikanische Szenerien einbilden könnte, versuchte ich bewußt, meine Umwelt so zu sehen, wie ich sie normalerweise kannte. Alle Anstrengung des Willens, die Dinge in ihren altvertrauten Formen und Farben zu sehen, blieb jedoch erfolglos. Mit offenen oder bei geschlossenen Augen sah ich nur *indianische* Motive und Farben. Als der den Versuch überwachende Arzt sich über mich beugte, um den Blutdruck zu kontrollieren, verwandelte er sich in einen *aztekischen* Opferpriester, und ich wäre nicht erstaunt gewesen, wenn er ein Messer aus Obsidian gezückt hätte. Trotz dem Ernst der Lage erheiterte es mich, wie das alemannische Gesicht meines Kollegen einen rein indianischen Ausdruck angenommen hatte. Im Höhepunkt des Rausches, etwa 1 1/2 Stunden nach Einnahme der Pilze, nahm der Ansturm der inneren Bilder, es waren meist abstrakte, in Form und Farbe rasch wechselnde Motive, ein derart beängstigendes Ausmaß an, daß ich fürchtete, in diesen Wirbel von Formen und Farben hineingerissen zu werden und mich darin aufzulösen. Nach etwa 6 Stunden ging der Traum (sic !) zu Ende. Subjektiv hätte ich nicht angeben können, wie lange dieser ganz zeitlos erlebte Zustand gedauert hatte. Das Wiedereintreten in die gewohnte Wirklichkeit wurde wie eine beglückende Rückkehr aus einer fremden, als ganz *real* erlebten Welt in die altvertraute Heimat empfunden.“ [58]

Der *„mexikanische Charakter“* des Rausches

Bei einem Vergleich dieser beiden Berichte wird man interessante *Übereinstimmungen* und *Unterschiede* feststellen. Beide „Versuchspersonen“ sind Weiße, Angehörige der westlichen Zivilisation und überdies Wissenschaftler. Beide setzen daher dem Rausch Widerstand entgegen, um „objektiv“ bleiben zu können, und beiden mißlingt das – obwohl gesagt werden muß, daß vermutlich dieser Widerstand (selbst in Fällen, da ein solcher *bewußt* gar nicht geleistet wird) den Rauschverlauf in ganz bestimmter Weise beeinflußt, so daß vielleicht Europäer und Amerikaner gerade das, was Orientalen oder Indianer als „letztes Geheimnis“ einer ihnen vertrauten Droge erleben mögen (und in Kunst verschlüsselt zum Ausdruck bringen), nicht oder nur sehr abgeschwächt und unvollkommen erfassen können. Immerhin hatte Wasson gegenüber Hofmann den großen Vorteil, daß *er* sich in der Heimat der Droge befand, und daß er diese zudem an der Stätte und im Rahmen jener kultischen Zeremonie einnehmen konnte, die von jeher die Indianer als für den „heiligen Pilz“ angemessen betrachteten. Die Distanz zwischen Ausgangslage und Rausch war also zweifellos sehr viel geringer, die „Verfremdungssymptome“ entsprechend abgeschwächt, das visionäre Erleben dagegen reiner und stärker als im Falle von Hofmann, der ja, was Hintergrund und Voraussetzungen des Rausches angeht, auf der ganzen Linie benachteiligt war: er befand sich in der Schweiz statt in Mexiko, tagsüber in der nüchternen Zweckwelt eines Laboratoriums statt nachts in der mystischen Atmosphäre eines Kultraums, betreut von einem alemannischen Arzt statt von einer indianischen Heilpriesterin, belästigt von Blutdruckmessungen und ähnlichen Schikanen statt angeregt durch Zauberformeln und Orakelsprüche, unter ebenso ahnungslosen wie neugierig besorgten Bleichgesichtern statt unter eingeweihten Rothäuten ... Nicht nur der *Rahmen*, auch die *Zielsetzung* des „Einstiegs“ war in beiden Fällen eine vollkommen andere, ja entgegengesetzte.

Hochinteressant ist nun folgendes: gerade die so große Diskrepanz zwischen Rahmen und Zielsetzung einerseits, dem spezifischen Charakter der „magischen Droge“ andererseits, hat offenbar Albert Hofmann die *Fremdheit* dieses Rausches ganz besonders stark und tief empfinden lassen. Warum würde er sonst mit solchem Nachdruck und so oft betonen, daß *alles* und *alle* um ihn herum „mexikanische“, „indianische“, „aztekische“ Züge, Farben und Formen annahmen – und dies, obwohl er sich einer möglichen Selbsttäuschung „voll bewußt“ war, und obwohl er sich daher mit „aller Anstrengung des Willens“ gegen diese Verzauberung sträubte? Ich habe in meinen zahlreichen Selbstversuchen mit Psilocybin dasselbe erlebt[59], bin dabei auch mehrmals selbst in einen *Indianer* verwandelt worden (und zwar regelmäßig in einen entweder viel *jüngeren* oder viel *älteren*, einen Knaben oder einen Greis); und merkwürdigerweise scheint gerade dieses „indianische Element“ im Rauschbild des doch sonst phänomenologisch – wie auch chemisch – so nah verwandten LSD völlig zu fehlen.

Es handelt sich hier offenbar um eine ziemlich genaue Parallele zum „islamischen Charakter“ des Haschisch-Rausches, den wir besprochen haben; jedenfalls wartet hier Neuland auf künftige Forscher.

Bewußtseinsspaltungen und ihre Ursache

Noch eine andere Übereinstimmung von *Hanf* und *Teonanacatl* drängt sich in diesem Zusammenhang auf: beide können (müssen aber nicht) zu Bewußtseinsspaltungen führen. Im Falle des erwähnten Experimentes von Albert Hofmann kam es dazu, ebenso in der früher zitierten „Geschichte vom Haschischesser“ aus 1001 Nacht; *nicht* aber bei der von R. G. Wasson und seinem Begleiter erlebten Pilzzeremonie, und ebenfalls nicht bei zwei „inneren Weltraumfahrten“ vermittels Haschisch, die ich in Gesellschaft und unter sachkundiger Anleitung islamischer Mystiker unternommen habe. Warum dies?

Unsere Antwort ist nach dem schon Gesagten unschwer zu finden; sie lautet: Überschneidungen verschiedener „Wellenlängen“ des Bewußtseins, die der Berauschte meist quälend oder doch peinlich als Gespaltenheit erlebt, finden immer *dann* statt, wenn der Rauschinhalt aus irgendeinem Grunde, ganz oder teilweise, existentiell nicht integriert werden kann; und er kann dies zum Beispiel nicht, wenn (wie im Falle des Haschischessers) Alltagsrealität und Wachtraum unvereinbare und unüberbrückbare Gegensätze bilden, oder wenn (wie im Falle Hofmanns) ein ähnlicher Widerspruch zwischen Drogencharakter und äußerer Umgebung klafft.

Dieses „Gesetz" schließt ein früher erwähntes, wonach der Rausch die Tendenz hat, die *Kehrseite* der jeweiligen nüchternen Stimmungslage zur Geltung zu bringen, keineswegs aus; die beiden Feststellungen ergänzen sich im Gegenteil. Ein Mensch mag *vor* dem Rausch melancholisch gestimmt sein und die dunklen Aspekte des Daseins vor Augen haben; er mag dann *im* Rausch den Ausblick in einen Himmel wolkenloser Heiterkeit genießen; und er mag dann schließlich *nach* dem Rausch beide Bewußtseinslagen in die Synthese einer dritten zusammenfassen – wichtig ist allein, daß diese verschiedenen seelischen Wellenlängen nicht in einer sich gegenseitig lähmenden Konfliktsituation zueinander stehen, der in extremen Fällen irgendein „Kurzschluß" (Affekthandlungen wie Selbstmord, Gewalttat usw.) entspringen könnte.

Über die Integration von Rauschmitteln

Wenn wir also sagen, daß ein einzelner, eine Gruppe oder eine ganze Kultur ein bestimmtes Rauschmittel „integriert" habe, so bedeutet das immer auch, daß der oder die Betreffenden gelernt haben, die *drei* für den Rauschverlauf entscheidenden Faktoren (spezifische Drogenwirkung, innere Zielsetzung, äußerer Rahmen) auf jenen gemeinsamen Nenner zu bringen, der die angedeuteten Gefahrenmomente auf ein Minimum reduziert und gleichzeitig dem Rausch ein Höchstmaß an Entfaltung sichert.

Umgekehrt ist natürlich der Gebrauch jeder Droge, die von außen in eine mit ihr noch nicht vertraute Gesellschaft Eingang findet, mit *Risiken* verbunden, die im voraus oft schwer zu berechnen sind, da sie von Imponderabilien physischer und psychischer, kultureller und rassischer Art abhängen. So hat bekanntlich der *Alkohol* auf Völker, die ursprünglich andere Formen der Berauschung vorgezogen hatten, verheerend gewirkt. Dieselben Indianer, die eine so vielfältige Auswahl an magischen Drogen körperlich und seelisch „verdaut" haben, sind durch das für sie verderbliche „Feuerwasser" des weißen Mannes zu Abertausenden dahingerafft worden.

Ob Meskalin, Psilocybin oder Ololiuqui – wenn diese indianischen Zauberdrogen der Öffentlichkeit zugänglich gemacht und frei an jedermann abgegeben würden – nun eine ähnlich zersetzende Wirkung auf unsere westliche Gesellschaft des 20. Jahrhunderts ausüben würden, ist natürlich schwer zu sagen. Ich halte es für wenig wahrscheinlich; schon, weil alle diese Substanzen (wie übrigens auch das Haschisch) auf den Organismus *nicht* suchtbildend wirken. Dagegen würden zweifellos der funktionalistische Charakter unserer Zivilisation, unser abstrahierendes Begriffsdenken, unsere ständig auf Ziel, Zweck und Zukunft gerichtete Seinshaltung, unsere Ideologiensucht und unsere Vergötzung des „Leistungsprinzips" auf längere Sicht ernsthaft in Frage gestellt werden. Ob das ein Glück oder ein Unglück wäre, muß natürlich jeder selbst entscheiden.
Sicher ist aber eines: die gegenwärtige Verwendung der magischen Drogen als sogenannte „Psychotomimetika" (d. h. eine Psychose erzeugende Stoffe) in der Psychiatrie und Tiefenpsychologie stellt eine bloße Verlegenheitslösung dar. Bezeichnenderweise verhält sich auch die große Mehrzahl der westlichen Psychotherapeuten ablehnend, oft sehr scharf sogar, oder doch gleichgültig. Das ist insofern verständlich, als gerade die Psychiater und Psychologen – abgesehen von einigen Außenseitern und Einzelgängern von der Art des genialen Hans Blüher – im allgemeinen dem Phänomen des *Rausches* (und dessen Beziehung zu Kunst, Erotik und Mystik) ohne tieferes Verständnis gegenüberstehen. So wird in ihrer Hand und Perspektive auch die sakrale Droge zur Karikatur ihrer selbst: bestenfalls noch gute genug, um „Modellpsychosen" und „schizophrene Symptome" hervorzurufen.

Der entheiligte Rausch

Damit ist nichts gegen die moderne Psychologie als solche gesagt; ihre Terminologie, Betrachtungsweise und Methoden, entsprechen der Gesellschaft, in der sie entstanden; aber: man sollte sich wenigstens klar darüber sein, daß der *Rausch* für Naturvölker wie außereuropäische Hochkulturen – mit den Worten des bekannten dänischen Ethnologen Kaj Birket-Smith – „*das* große Mittel" darstellt, „um mit dem in Verbindung zu treten, was wir das Übernatürliche

nennen", und „daß die Verwendung verschiedener Rauschgifte in der Auffassung wurzelt, der Rausch sei etwas Heiliges ..." [60]
Verglichen mit indianischen Heilpriestern und orientalischen Mystikern, sind die meisten unserer Psychotherapeuten in der Handhabung magischer Drogen Anfänger, und sind ihre Deutungen des Rausches, der von ihnen ebenso verkannt wird wie Eros, entsprechend oberflächlich. Aber so lange wir im Westen nicht begreifen, daß *wir* in diesen Dingen die „Unterentwickelten" sind, und daß es unsere Aufgabe wäre, zu *lernen*, statt zu *lehren* – so lange wird auch kaum eine Besserung eintreten.

Ambivalenz des Rausches

Vergessen wir doch nicht, daß jede Rauschdroge – ebenso wie das Phänomen des Rausches selbst – grundsätzlich jenseits von Gut und Böse steht. Nicht die Droge ist „gut" oder „böse", „positiv" oder „negativ", sondern allenfalls die Absicht, in der sie verwendet wird [61].
Wer aber kann diese Absicht gültig beurteilen? Der Rausch lähmt den Willen. Zugegeben; aber ist er darum etwa zu verurteilen? Für den, der den Willen an sich als einen absoluten Wert bejaht – gewiß [62]. Nur müßte sich ein solcher grundsätzlicher Kritiker schon sehr bald in Widersprüche verstricken. Denn auch der Wille, wie der Rausch, ist vom ethischen Standpunkt aus ein vieldeutiges Phänomen.
Es könnte ja sein – und ist tatsächlich auch immer wieder geschehen –, daß einzelne und ganze Gruppen mit Hilfe von Rauschmitteln den Willen ihrer Mitmenschen schwächen und lahm legen, um diese dadurch um so leichter beherrschen und ausbeuten zu können. Um die Mitte des 19. Jahrhunderts haben die Engländer in den sogenannten „Opiumkriegen" diese Taktik gegenüber dem zahlenmäßig größten Volk der Erde, dem chinesischen, konsequent befolgt [63]; und die gelehrigen Japaner haben keine hundert Jahre später auch diese Lektion des europäischen Imperialismus gegenüber denselben Chinesen erneut zur Anwendung gebracht [64]. Nach Ansicht der persischen Autoren ist die plötzliche, ungeheure Ausbreitung des Opiumrauchens in Indien und in ihrem eigenen Land

in der zweiten Hälfte des 19. Jahrhunderts ebenfalls auf politischen Vorsatz zurückzuführen [65]. Auch das „Feuerwasser“ hat ja bei der Ausrottung der nordamerikanischen Indianer – und bei der Dezimierung und Korrumpierung der mittel- und südamerikanischen – gewiß nicht nur „zufällig“ eine so äußerst wichtige Rolle gespielt.
Aber: welche Schlüsse lassen sich aus solchen Tatsachen ziehen? Hier scheiden sich die Geister, und zwar von jeher. Für die Vertreter von Staat und Gesellschaft ist und bleibt der Rausch eine Bedrohung einerseits, ein Mittel zur Beherrschung andrerseits. Ihnen geht es ja stets um die Aufrechterhaltung einer „Ordnung“, deren Exponenten und Nutznießer sie sind, und die sie darum mit allen Mitteln zu halten, zu stützen und zu stärken trachten.

Faktoren der Rauschbewertung

Aus dem früher Gesagten dürfte klar geworden sein, wie wichtig für den Verlauf und die Beurteilung jeden Rausches, und des halluzinatorischen ganz besonders, die vorgefaßte Erwartung ist. Einem schwarzen Sänger, der Haschisch raucht, um dadurch seine musikalische Sensibilität zu steigern, zeigt die Droge zum vorneherein ein *anderes* „Gesicht“ als einem orientalischen Erzähler, dessen Vorstellungskraft sie schärft; einem Vagabunden, den sie für Stunden zum Sultan macht, bedeutet sie nicht dasselbe wie einem islamischen Mystiker, dessen Seele nach Einswerden mit der Gottheit dürstet. Ein mexikanischer Indianer, der aus den Händen des Heilpriesters den sakralen Pilz Teonanacatl empfängt, wird etwas vollkommen anderes erwarten und erleben – und wird vor allem sein Erlebnis auch ganz anders deuten – als ein europäischer oder amerikanischer Psychiater, der dieselbe Substanz (als Psilocybin) entweder im Selbstversuch benützt, um durch eine „Modellpsychose“ Einblick in die Innenwelt gewisser Schizophrener zu gewinnen, oder aber sie einem Patienten verabreicht, um vermittels einer solchen „Psycholyse“ verdrängte Erlebnisinhalte rascher zutage zu fördern.
Deshalb: es gibt keinen Rausch und kein Rauschmittel, über die *als solche* ein Urteil gefällt werden könnte. Immer bilden eine ganze Reihe von Faktoren – die spezifische Eigenart der Droge, die Dosierung, die psychische und physische Konstitution der „Versuchs-

person", Milieu, Zielsetzung des Rausches und anderes mehr – ein höchst kompliziertes und vielschichtiges Ganzes.

Was sind „Rauschgifte"?

Leider sind es heute vielfach gerade die Vertreter und Anhänger der sogenannten „wissenschaftlichen Objektivität", die, was die Probleme des Rausches und der Narkotika betrifft, ihr eigenes Dogma mit Füßen treten. Allein schon die Verwendung des Begriffes *„Rauschgifte"* für ungefähr alle Berauschungsmittel (außer dem Alkohol) ist in höchstem Grade unwissenschaftlich; denn „Gift" ist nicht die oder jene Substanz, sondern eine bestimmte Substanz wirkt in einer bestimmten *Dosierung* auf einen bestimmten Organismus „giftig". Dieselbe Substanz kann also, in verschiedener Dosierung, als Berauschungsmittel *oder* als Gift Verwendung finden. Das sind Binsenwahrheiten, gewiß; aber wer in der Art, wie es heute und hierzulande üblich ist, von „Rauschgiften" redet, der zieht eben offensichtlich ein Tabu einer Binsenwahrheit vor.

Alkohol und „Rauschgifte"

Es gibt nur *eine* Möglichkeit einer sachlichen Rechtfertigung des Begriffes „Rauschgift", und das ist die Gleichsetzung von *Rausch* und *Vergiftung*. Wer so denkt und urteilt, denkt und urteilt wenigstens sauber. Er muß dann allerdings konsequent sein und unterschiedslos *jeden* Rausch als „Vergiftung" bewerten. Ferner muß er den *Alkohol* auf seiner schwarzen Liste der „Rauschgifte" ziemlich obenan setzen; denn vorsichtige und ernsthafte Forscher (Jean Herbert, R. de Ropp u. a. m.) haben längst und überzeugend dargelegt, daß und warum beispielsweise Opium und Haschisch den Organismus *weniger* schädigen als der Alkohol.

Aber eben! An den tückischen Unterwasserriffen der anerzogenen Vorurteile scheitert auch das stolze Schiff „wissenschaftliche Objektivität". Jeder Europäer, abgesehen von einigen Sektierern, wird es instinktiv als irgendwie lächerlich empfinden, vom Wein als von einem „Rauschgift" zu sprechen. Und er hat wirklich recht: es *ist* lächerlich. Aber der gleiche Europäer findet es gleichzeitig durchaus

in Ordnung, wenn im Gefolge der technischen Verwestlichung dieses Planeten und mit Hilfe irgendwelcher internationaler Organisationen und Kommissionen, die durch Wichtigtuerei ihre kostspielige Existenz zu rechtfertigen bestrebt sind, Asiaten, Indianern und anderen Nichtweißen *ihre* traditionellen Berauschungsmittel unter Berufung auf eine angeblich objektive Wissenschaft als „Rauschgifte“ verboten werden.
Warum dieser groteske Widerspruch? Weil der extravertierende Alkohol das traditionsgeheiligte Berauschungsmittel des *weißen Mannes* und der westlichen Zivilisation ist, deren Idealen des Tatmenschen und des Leistungsprinzips er zugegebenermaßen am besten entspricht.

Zur Londoner Tagung über das Haschisch (1964)

Vor kurzem erst, im Oktober 1964, befaßte sich eine internationale Studiengruppe, bestehend aus 26 namhaften Pharmakologen, Biologen, Psychologen, Chemikern und Ärzten, auf Einladung der „Ciba Foundation“ in London mit dem Thema „Haschisch“. Die Einführung des Vorsitzenden A. D. Macdonald, die fünf Referate von G. Joachimoglu, F. Korte / H. Sieper, C. J. Miras, J. M. Watt und S. Garattini, sowie die jeweils folgenden Diskussionen, sind publiziert worden unter dem Titel „Hashish: its Chemistry and Pharmacology“. Die rein naturwissenschaftlichen Aspekte dieser Veranstaltung interessieren uns hier nicht; wohl aber einige Fragen von allgemeiner Bedeutung, wie sie besonders in den Diskussionen zur Sprache kamen.
Schon in seiner Einführung wies Professor Macdonald (Manchester) auf einen 1963 in der britischen Zeitschrift „Lancet“ erschienenen Leitartikel hin, der den Standpunkt vertrat, es gebe keine stichhaltigen Gründe für das Verbot des Haschisch-Genusses durch die Staatsgewalt. Der englische Pharmakologe sprach dieser Argumentation „eine gewisse Wahrheit“ (an element of truth) nicht ab [66].
Der erste Referent, G. Joachimoglu (Athen), ein Mitglied des „Drug Supervisory Body“ der UNO in Genf, verteidigte dann die offizielle Ächtung des Hanf-Extraktes als einer „süchtigmachenden Droge“ (an addiction-producing drug). Er mußte zwar zugeben, daß das

Haschisch – im Gegensatz zu Alkohol und Opiaten – „keinerlei physische Abhängigkeit“ erzeuge, doch „Gewöhnung“ (habituation) rufe es dennoch hervor, mache kriminell und sei „ein soziales Übel“, vor dem die Gesellschaft bewahrt werden müsse. Daß man dies mit mindestens ebensoviel Berechtigung auch dem Alkohol vorwerfen kann, wagte Joachimoglu nicht zu bestreiten; er beschränkte sich auf die folgende, recht verlegen und unklar wirkende Stellungnahme:

„Gewisse Leute erklären, auch der Alkohol sei für die Gesellschaft gefährlich und doch werde sein Gebrauch nur geringfügig eingeschräkt. Zwei mächtige Männer, Mohammed und Präsident Wilson, haben beide den Alkohol verboten. Es ist unmöglich, zu sagen, ob es für die Moslems besser wäre, Alkohol zu trinken statt Haschisch zu benützen. Immerhin ist der vollständige Mißerfolg der Alkohol-Prohibition in den USA eine Tatsache. Man kann sich leicht die schwierige Situation vorstellen, zu der die Gesellschaft verurteilt wäre, wenn der Verkauf von Haschisch legal würde. Da in meinem eigenen und in anderen Ländern mit Werbung so viel Erfolg zu erzielen ist, würden Millionen von Menschen haschischsüchtig.“ [67]

Daß diese Millionen jetzt „alkoholsüchtig“ sind, und daß die Entwöhnung von Haschisch (im Unterschied zu der vom Alkohol) jederzeit ohne die geringsten Schwierigkeiten möglich ist – ganz abgesehen davon, daß Haschisch auch keinerlei organische Schädigungen erzeugt –, das alles verschweigt der griechische Pharmakologe und internationale Drogenüberwacher wohlweislich. In der anschließenden Diskussion stellte ihm dann sein britischer Kollege H. O. J. Collier die entscheidende Frage, ob die von ihm behauptete Zunahme „krimineller Tendenzen“ unter dem Einfluß von Haschisch als dessen *direkte* Wirkung zu verstehen sei, oder nicht vielmehr als eine mit der sozialen Notlage der meisten Haschischraucher zusammenhängende Begleiterscheinung.
Die Antwort des Herrn Joachimoglu, der vorher erklärt hatte, in Griechenland würden „nur ungebildete Leute“ (only uneducated people) Haschisch genießen, verdient wiederum wörtlich zitiert zu werden. Sie lautet: „Wir finden kriminelle Handlungen in der Krisis. Das französische Wort ‚assassin‘ für ‚Mörder‘ ist abgeleitet von ‚Haschisch‘, weil in der Krisis, wenn diese Leute erregt sind und die volle Wirkung des Haschisch erfahren, sie kriminell handeln.“ [68]

Bei aller Achtung, die man der Person und den Ämtern eines internationalen Drogenexperten natürlich schuldet, muß doch festgehalten werden, daß gerade aus *solchem* Munde eine so ganz und gar unsinnige Behauptung nicht hätte fallen dürfen. Das französische (und englische) Wort „assassin" (= Meuchelmörder) ist abgeleitet vom arabisch-persischen „haschischia" (= Haschisch-Leute), weil zur Zeit der Kreuzzüge der orientalische Volksmund die ismailitischen Nezâris so nannte. Diese „Assassinen" bekämpften damals mit dem Mittel des politischen Attentates ihre christlichen und orthodox-islamischen Gegner; es ist aber mehr als zweifelhaft – wie an anderer Stelle dieses Buches ausführlich dargelegt ist –, ob sie dabei überhaupt Haschisch jemals verwendet haben [69]. Aber wie dem auch sei, jedenfalls gehört Joachimoglus „Beweisführung" als Antwort auf die überaus wichtige Frage eines Fachkollegen an den Pranger gestellt. Das ist nicht Wissenschaft, sondern (bestenfalls) unfreiwilliger Humor; und wenn UNO-Organisationen die Schwäche ihrer auf veralteten Tabus beruhenden „Rauschgift"-Theorien mit Argumenten *dieser* Art stützen zu müssen glauben, dann verfallen sie mit Recht der Lächerlichkeit. Ich bin im Orient vielen Menschen begegnet, die regelmäßig Haschisch rauchen; es befanden sich darunter Künstler, Mystiker und auch einfache Analphabeten, aber „kriminell" war keiner von ihnen.

Das Unbehagen über die bisher eingeschlagene Tendenz kam denn auch im Verlauf der erwähnten Londoner Tagung mehrmals deutlich zum Ausdruck. So erklärte etwa N. B. Eddy (National Institutes of Health, Maryland) mit sympathischer Offenheit:

> „Vor rund 12 Jahren stellte die Weltgesundheitsorganisation Definitionen von Süchtigen (addiction) und Gewöhnung (habituation) auf und modifizierte sie fünf Jahre später. Diese Definitionen wurden mehr oder weniger akzeptiert; aber nun wünschten wir wirklich, wir hätten sie niemals niedergeschrieben." [70]

Eddy schlägt dann vor, „Süchtigkeit" und „Gewöhnung" grundsätzlich durch den Begriff „Abhängigkeit" (dependence) zu ersetzen; und also beispielsweise von „Abhängigkeit vom Typ Haschisch" (dependence of hashish type) zu sprechen [71]. Da ja bekanntlich neue *Begriffe* oft eine neue Art des *Denkens* ankündigen, wäre eine solche Versachlichung der Diskussion nur zu begrüßen.

Sehr interessant war auch ein Votum des Ägypters A. Ismail, Mitglied des Gesundheitsministeriums der VAR in Kairo und des „Central Opium Board“ der UNO in Genf. Er wies auf die „beträchtlichen Schwierigkeiten“ hin, denen die Narkotika-Kommission der UNO im Zusammenhang mit dem Haschisch-Problem begegnet sei. Vor einigen Jahren, sagte er, habe diese Kommission alle Regierungen aufgefordert, Präparate mit Cannabis indica (= Haschisch) zu verbieten. *Indien* – das in dieser wie ja auch in anderen Fragen mit beträchtlichem Mut seinen eigenen Weg geht – weigerte sich rundweg, dieser Zumutung Folge zu leisten. Es begründete dies mit dem Hinweis, mehrere Haschisch-Präparate (Extrakt wie Tinktur) müßten auf dem Markt bleiben; es gebe Krankenhäuser, die ihrer dringend bedürften, um den Appetit gewisser Patienten wieder herzustellen ... (Haschisch wirkt appetitfördernd; auch den Sinn für Humor regt es an, wie diese indische Auskunft beweist!) Ägypten dagegen, zusammen mit anderen orientalischen Ländern, fügte sich dem Machtwort der internationalen „Rauschgift-Drachentöter“, obwohl sich dort ein bestimmtes Hanfpräparat (Pilule damiana composita no. 156) seit jeher größter Beliebtheit erfreute. Über die Folgen des erzwungenen Verbotes sagte A. Ismail wörtlich:

„Ein Aufschrei (outcry) erhob sich, als wir es verboten, und die Leute überhäuften den damaligen Gesundheitsminister mit Petitionen ...“

Schüchtern regt der Ägypter an, es könnten „vielleicht“ solche Präparate unter gewissen Voraussetzungen von der Narkotika-Kommission wieder zugelassen werden [72].

Der schon zitierte Vorsitzende A. D. Macdonald, ein offenbar erfrischend vorurteilsloser Kopf, versicherte Ismail seiner Sympathie. Er stellte unter anderem auch fest, es seien eine Anzahl Narkotika-Liebhaber aus den USA, Kanada und Europa nach Großbritannien „emigriert“, da die englischen Gesetze und Ärzte weniger streng seien als die anderer Staaten. Auf die Frage eines Tagungsteilnehmers, ob diese Zuzügler die britische Bevölkerung „infizierten“, erwiderte Macdonald, das sei kaum der Fall („there is not much evidence of this“). Immerhin gebe es gewisse, auf „Süchtige“ spezialisierte Ärzte, die „zu denken scheinen, der Hauptteil der Behandlung bestehe darin, fortlaufend Rezepte für die betreffenden Drogen auszustellen“. Macdonald bestätigte, die Kommission „hoffe“,

„einige dieser Ärzte zu befragen" („to interview some of these doctors"), schloß aber dann mit der Bemerkung: „In diesem Land herrscht das Empfinden vor, daß das Verbot einer Droge nicht wirklich der Weg ist, das Problem zu lösen." [73]

Tabus einst und heute

Man gewinnt oft den Eindruck, daß die von zählebigen Tabus, von der Sensationspresse und drittrangigen Kriminalromanautoren irregeführte und aufgeputschte „öffentliche Meinung" die wirklich kompetenten Wissenschaftler hindert, ihre Ansichten über Rausch und Berauschungsmittel frei zu äußern. Versuchen sie es doch einmal, so stoßen sie bei Verlegern, Redakteuren, Kollegen und Vorgesetzten sehr rasch auf jene „Peinlichkeitsschranke", jenseits derer sie Gefahr laufen, ihre Wahrheitsliebe mit Schwierigkeiten im beruflichen Fortkommen bezahlen zu müssen, verleumdet, verunglimpft oder totgeschwiegen zu werden.
Jede Zeit und Gesellschaft hat *ihre* „Hexen", „Ketzer" und „Inquisitoren". Es ist ein billiges, weil völlig ungefährliches Vergnügen, die Tabus der Vergangenheit zu belächeln oder zu kritisieren. Man stiftet damit weder Nutzen noch Schaden. Man beweist nur sich und seinem Publikum die eigene Fortschrittlichkeit und Vorbildlichkeit, und des allgemeinen Beifalls ist man gewiß.
Aber an die *eigenen* Tabus zu rühren, ist eine andere Sache; und jedenfalls keine, die heute leichter oder populärer wäre als früher. Vielleicht hängt es auch damit zusammen, daß so viele wichtige Erkenntnisse des 19. und 20. Jahrhunderts *außerhalb* der Universitäten gefunden und ausgesprochen wurden?

VII

Süchtigkeit und sexuelle Perversion

Eine Typologie der Süchtigen

In dem von dem bekannten Pharmakologen Knud O. Møller herausgegebenen, dänischen Standardwerk „Rauschgifte und Genußmittel“ unterscheidet der Arzt Per From-Hansen folgende drei Gruppen von Süchtigen:

1. Menschen, die „nach einem besonderen *Plus* an Lebensgenuß“ verlangen, nach „*mehr* als dem, was das Leben normalerweise bietet“, wozu gewisse Angehörige der „jeunesse dorée“, Künstler wie auch Kriminelle zu rechnen seien.
2. Diese Gruppe „erstrebt nur einen *normalen* Zustand, der vorübergehend oder für immer verschwand“. Hier dient das Berauschungsmittel „als Medizin, nicht als Genußmittel“. Es soll helfen, sonst unerträgliche Depressionen – die innerlich oder äußerlich bedingt, akut oder chronisch sein können – zu überstehen. In solchen Fällen könne auch der Arzt die Droge (z. B. Opiumtropfen) geradezu verordnen.
3. „Menschen, die vor Konflikten zu *fliehen* suchen“; teils weil „ihre Fähigkeiten den Anforderungen des Daseins nicht genügen“, teils weil ein „Mißverhältnis zwischen dem Ehrgeiz der Betreffenden und den ihnen offenstehenden Möglichkeiten“ besteht. Die Flucht in den Rausch wäre hier Folge mangelnder Anpassung; „im Rausch baut der Süchtige seine eigene Vorstellungswelt auf wie Tagträumer ihre Luftschlösser“.

Unter diesen 3 Gruppen von Süchtigen – man könnte sie „Exzentriker“, „Melancholiker“ und „Deserteure“ nennen – überwiegen, nach From-Hansen, „gewisse Typen von *Psychopathen* mit besonders leicht erregbarem oder depressivem Gefühlsleben“ [1].

Vom „Helden" zum „Psychopathen"

Es erfordert keinen besonderen Scharfsinn, zu erkennen, daß das Leitmotiv der abendländischen Entwicklung die Auseinandersetzung des Individuums mit der Gesellschaft bildet. Dieses Leitmotiv hat seine Wurzeln schon in der Antike. Sein klassischer Ausdruck ist die griechische Tragödie, die Kunstform des Dramas und das „tragische Lebensgefühl" ganz allgemein. Seit der Französischen Revolution ist nun an die Stelle des *Helden*, der zwar zerbrechen und untergehen muß, aber dessen „tragisches" Schicksal die Gesellschaft zumindest nachträglich als „heroisch" und damit doch irgendwie vorbildlich anerkennt, mehr und mehr der bloße *Rebell* in allen seinen Schattierungen getreten: als Außenseiter, Abseitiger, Einzelgänger, Verzweifelter, Verbrecher, Verrückter – oder eben, kurz gesagt, Psychopath.

Dieses Auseinanderfallen der ursprünglichen und umfassenden Vorstellung des „Helden" in seine, höchstens noch an unser Mitgefühl appellierenden, Teilaspekte ist eine zwangsläufige Folge der westlichen „Demokratisierung" im weitesten Sinne, einer von Managern gelenkten Massengesellschaft, in der von den traditionell-europäischen Leitbildern des „faustischen Täters" und der „Persönlichkeit" nur die zweckmäßig gestutzten und zurechtgeschliffenen Varianten des möglichst reibungslos funktionierenden Spezialisten und des hochqualifizierten, aber weitgehend anonymen und austauschbaren Technikers übrigbleiben werden.

Es gehört zum Wesen einer solchen gesichtslosen, auf Statistik und Automatisierung beruhenden Gesellschaft, daß sie es vorzieht, nicht integrierte Einzelne als „Kranke" zu deklarieren, sie in ihrem Sinne heilen oder aber isolieren zu lassen, statt die Verantwortung für eine offene Verurteilung zu übernehmen. Märtyrer sind ebenso unzeitgemäß wie Helden.

Süchtigkeit und moderne Psychologie

Auf diesem allgemeinen Hintergrund ist die Haltung der modernen Psychologie gegenüber den Typen des *Süchtigen* und des *Hörigen*, die einander ja weitgehend entsprechen, zu verstehen. Während die konservativere Richtung innerhalb der Psychiatrie beide als Spielformen der sogenannten „psychopathischen Persönlichkeit“ begreift und diese wiederum durch die Vererbungslehre erklärt, legen andere, und offenbar ist es die Mehrzahl, heute mehr Gewicht auf das, was mit dem Modebegriff „Milieuschäden“ bezeichnet wird.

„Die neuere Auffassung“, schreibt J. Cremerius, „erwachsen auf den Erfahrungen der verstehenden Psychologie, der Psychoanalyse, kann nachweisen, daß es lebensgeschichtlich bedingte Störungen im Seelenleben sind, die der *Sucht* den Boden bereiten.“ [2]

Als solche Störungsfaktoren nennt Hans Hoff („Lehrbuch der Psychiatrie“) bei den von ihm behandelten Süchtigen etwa die folgenden: Elend in früher Kindheit (bei 46 %); schwere Störungen des Familienmilieus in der Kindheit durch Tod, eheliche Zerrüttung, Scheidung (83–93 %); „ambivalente affektive Bindung an den Elternteil gleichen Geschlechts“ (73 %); mangelnde „affektive Bindung an Lebensziele und Lebensaufgaben“ (83 %); „homossexuelle Tendenzen“ (83 %); dauernder Wechsel des Sexualpartners (77 %); „Störungen der Sexualfunktion im Sinne von Frigidität oder Impotenz“ (55 %); und anderes mehr [3].

Die Psychoanalyse, meint Cremerius zusammenfassend, habe gezeigt, „daß *alle* Süchtigen in einer bestimmten Phase ihrer frühesten Entwicklung gewisse Störungen der Beziehung zur *Mutter* erfahren haben“. Der hieraus resultierende Mangel (an Wärme, Geborgenheit und dergleichen) werde früh kompensiert durch „Heraustreten aus der *Realität* in die Welt der *Phantasie*“.

Genau diesen Ausweg, so fährt unser Autor fort, wähle später auch der Süchtige. Dieser versuche infolge seiner Lebensschwäche „auf dem Wege der Umgehung der Realität“ seine Wünsche zu befriedigen. Vor allem sei der Rausch Ersatz für den „Hauptmangel des Süchtigen, seine Kontaktlosigkeit“, wogegen der Gesunde und Normale „die mühevolle, ernsthafte Arbeit“ unternehme, „in einem langsamen, planenden, Enttäuschungen bewältigenden Prozeß, eine Welt echten Engagements aufzubauen“. Folgerichtig sei auch die *Erotik* des Süchtigen gekennzeichnet durch: Partnerwechsel, Don-Juanismus, Perversionen, körperliche und seelische Liebesunfähigkeit.

Soziologischer Hintergrund der Sucht sei oftmals, und insbesondere in den USA, ein extremer Materialismus: die „Verödung des Nestes, diese Vereisung der Brutstätten" – Familien, die „nur noch Schlafstellen, im besten Falle Tankstellen für die primitiven physiologischen Bedürfnisse darstellen"; und schließlich wird noch festgestellt: „Die Frage, warum eine Neurose sich gerade als *Sucht* manifestiert und nicht als Angst, Depression, Zwang oder körperliches Leiden, ist noch nicht geklärt." [4]

Psychoanalyse als Heilmethode

Dies ist – in den großen Zügen jedenfalls – die Haltung der allermeisten Vertreter der modernen Psychologie gegenüber dem Phänomen der Sucht. Daß diese Konzeption durch zahllose Fälle, geheilte wie unheilbare, praktisch bestätigt wird, soll hier keineswegs bestritten werden. Auch steht es natürlich außer jedem Zweifel, daß die erwähnten „Störungen", die der Analytiker in der frühen Kindheit solcher Patienten aufspürt, die Disposition zur „Flucht in den Rausch" entscheidend verstärken können. Das Prinzip der Psychoanalyse, Heilung durch Ausgraben verschwiegener und verdrängter Erlebnisinhalte, ist ja so wenig neu wie etwa auch die Schocktherapie; obwohl es im Westen noch kaum bekannt ist, hat der große islamische Arzt Ebn-e Sinâ (Avicenna, gest. 1037) schon vor fast einem Jahrtausend *beide* Methoden bei der Behandlung besonders schwieriger Fälle (Melancholie, hysterischer Lähmung u. a. m.) mit Erfolg angewandt [5].

Die Bedeutung von Hans Blüher

Wir wenden uns also hier nicht gegen die Methode als solche, die äußerst hilfreich und wertvoll sein kann: *dann* nämlich, wenn der Analytiker, der sich ihrer bedient, ein überlegener und von Vorurteilen freier Kopf ist. Ein solcher war beispielsweise Hans Blüher – noch heute ein Schreckgespenst aller Mucker, Schulmeister und Paragraphengläubigen –, der in seinem hochgescheiten Buch „Die Rolle der Erotik in der männlichen Gesellschaft" die Aufgabe des Analytikers mit folgenden Kernsätzen definiert: „Man muß sich unbedingt und ohne jeden Zweifel auf die Seite des Erkrankten stellen, und zwar auf die seines Triebes und seines Eros, niemals aber darf man auch nur im geringsten die verdrängenden Tendenzen vertreten, also das, was hierzulande „Sittlichkeit“ heißt. Wer sich mit der Sittlichkeit befleckt, ist unrein und macht den Patienten nur kränker. Der Patient will keine Sittlichkeit, sondern er will *sein* Leben, und das ist sein gutes Recht. Wer ihm nicht zu diesem verhelfen kann, soll die Finger davon lassen.“ [6]

Blüher wendet sich in seinem Buch gegen die im christlichen Abendland übliche, auch noch von Freud und den meisten seiner Nachfolger vertretene Ansicht, Homosexualität sei eine „Krankheit“ oder gar „Sünde“. Daß sie das *nicht* ist, sondern erst durch bestimmte Tabus in gewissen Gesellschaften zu gewissen Zeiten künstlich dazu *gemacht* wird, ist leicht nachzuweisen und dürfte heute auch jedem, der sich ernsthaft mit dem Problem beschäftigt hat, klar sein. Es ist nur eben leider sehr viel bequemer, auch gegen besseres eigenes Wissen zumindest nach außen den Standpunkt der Gesellschaft zu vertreten; und *das* ist es, was wir der großen Mehrzahl der Psychoanalytiker vorzuwerfen haben: sie gehen in ihrer Praxis wie in ihren Schriften davon aus, „daß ein Mensch nur dann glücklich sein könne, wenn er in tiefster Übereinstimmung mit der bürgerlichen Norm lebt“ [7]. Statt einzugestehen, daß es in sehr vielen Fällen die neurotischen Verdrängungen und Verklemmungen unserer Gesellschaft sind, die an sich völlig gesunde Einzelne zu „Kranken“ stempeln, ergreift der Analytiker im vornherein die Partei dieser Gesellschaft, als seien deren Gesetze, Sitten und Vorurteile Ausdruck einer göttlichen Offenbarung, zu deren Gralshüter er bestellt sei.

Der tiefere Grund, weshalb so viele Psychologen das Werk von Hans Blüher entweder totschweigen oder ihn selbst verleumden, ist wohl Neid oder schlechtes Gewissen; es seien hier die mutigen Sätze zitiert, mit denen der Psychiater Konrad Wolff die kürzliche Neuauflage des erwähnten Buches von Blüher begrüßt hat:

„Das Werk ist derart bedeutend, daß keiner, der Psychologie, Soziologie, Psychiatrie oder Pädagogik treiben will, daran vorbeigehen kann, was zur Folge hatte, daß die Schulwissenschaft, mit ihrem untrüglichen Sinn fürs Echte, einträchtig daran vorbeigegangen ist: der Klüngel kann keine Solitäre brauchen. Blüher ist mit seinem Buch zum Begründer der modernen Sexologie geworden, der Sexologie nämlich, die noch nicht existiert.“ [8]

Was ist „pervers"?

Wie wir nicht genug betonen können, sind *Rausch* und *Eros* Zwillingsgeschwister. Unsere bewußte und unbewußte „erotische Wellenlänge" findet in unserem Verhältnis zu Rausch und Berauschungsmitteln ihre spiegelgleiche Entsprechung. Daß dem so ist, bestätigt ja gerade auch die Psychoanalyse, indem sie, wie wir gesehen haben, „Süchtigen" einerseits, „sexuelle Perversionen" andererseits, immer wieder als einander gegenseitig bedingend feststellt.

Die Tatsache als solche ist unbestritten. Sie ist es, wie wir noch ausführlich zeigen werden, auch und gerade im Orient. Die Wege trennen sich erst – dann allerdings gründlich –, wenn es darum geht, selbst Stellung zu beziehen und das durch die Erfahrung so vielfach erwiesene Faktum auch zu *bewerten.* Begriffe wie „Süchtigkeit" und „Perversion" enthalten ja diese Wertung bereits, weshalb ein unabhängig denkender Kopf wie Blüher sie teils vermeidet und durch eigene neue ersetzt (so etwa das Gegensatzpaar „Mucker" und „Faun"), oder aber sie neu definiert.

„Der Begriff des perversen Charakters in der gewöhnlichen Auffassung", sagt er, „ist kein Wissenschaftsbegriff; er kam durch einen bloßen Majoritätsbeschluß zur Geltung ...". Die Konzeption, die dann Blüher entwirft, ist im Westen die einzige, mir bekannte, die ohne Einschränkung auch aus der Perspektive der orientalischen Tradition gebilligt werden könnte. – „Eine Perversion", schreibt er, „ist ein Teilreiz, der plötzlich, *gegen* den bewußten Willen, den Gesamtreiz an sich zieht und damit den symphonischen Charakter der Sexualitätsentfaltung zerstört"; und er führt das so aus: „Es mag jemand die verwegensten, ekelhaftesten, lächerlichsten oder grausamsten Nebenlüste verwenden, es mag jemand kurz vor dem Orgasmus in sadistischem Überschwang das geliebte Wesen töten und hinterher sich selbst in neuem Aufrausch: er ist *kein* perverser Charakter. Er wäre es dann, wenn gegen seinen Plan der Orgasmus in eine Prügelszene mit tödlichem Ausgang verrutscht wäre und er hinterher aus Reue oder Angst Selbstmord verüben würde." [9] So verwegen, ja ausgefallen diese Definition auch für manche klingen mag: sie ist unseres Erachtens die einzige, die sowohl Anspruch erheben darf auf die so oft mißbrauchte „wissenschaftliche Objektivität", wie auch auf (im ethnologischen Sinne) weltweite Gültigkeit; denn sie wurzelt, ganz im Gegensatz zu den sonst üblichen erotischen Gartenlaubenspielregeln der psychoanalytischen Briefkastenonkels und -tanten, in der Natur des Menschen selbst – und nicht in irgendeiner Polizistenmoral, die darüber wacht, daß der kleine Moritz und sein Lieschen kein öffentliches Ärgernis erregen.

Rausch und Eros in Blüher'scher Sicht

Nach dem Gesagten ist es nur selbstverständlich, daß eine solche vorurteilsfreie Betrachtung der Erotik auch unsere Vorstellung von Rausch und „Süchtigkeit" beeinflussen muß. Blüher selbst weist darauf hin, daß der „faunische Mensch", als Künstler, „dionysisch" sei; während er andererseits als Erscheinungsformen des „Mukkers", außer dem bürgerlichen Christen, etwa die folgenden aufzählt: Temperenzler, Abstinenten, Gesundheitsapostel, Tierschutzfanatiker und vegetarische Sonnenmenschen [10] – erklärte Rauschfeinde also, die erfahrungsgemäß nicht einmal den „Rausch der Nüchternheit" (Hölderlins „heilig nüchtern") kennen, da das, was *sie* unter „gesund", „normal" und „natürlich" verstehen, ja nie und unter keinen Umständen gesteigertes Leben bedeutet, sondern immer nur jene sterile Sicherheit von Familienharmonie und Volkswohlfahrt, von Sonntagsspaziergängen und Gärtchenglück, die nicht an ihre heimliche Lebens- und Todesangst rührt, und die ihrem uneingestandenen Ideal embryonaler Geborgenheit noch am ehesten entspricht.

Da Hans Blüher den landläufigen Begriff der „sexuellen Perversion" nicht anerkennt, müßte er notwendig auch den Typus des „Süchtigen" anders fassen und bewerten, als dies üblicherweise geschieht. Indirekt tut er dies auch. Er stellt nämlich fest, daß der Alkohol die Eigenschaft habe, „Hemmungen der Sitte zu lockern und die Sublimierungen rückgängig zu machen". Dadurch wecke er, zum Beispiel in unserer so betont heterosexuell orientierten Gesellschaft, die im Alltag aus dem Bewußtsein verdrängten homoerotischen Tendenzen. Natürlich gilt dasselbe auch für andere Berauschungsmittel, ja, für den Rausch ganz allgemein; und Blüher spricht dies auch aus, wenn er meint: „Dies ist eine der tiefsten psychologischen Verankerungen, welche die *Narkotika* überhaupt haben: sie stehen im Dienste der männlichen Gesellschaft." [11]

Der Begriff der „Süchtigkeit"

Daraus folgt nun, daß einzelne wie ganze Gruppen und Gesellschaften den Rausch um so *weniger* zu fürchten haben, je *mehr* ihr Bewußtsein mit ihrem Unbewußten, ihre geistigen Überzeugungen mit den Wünschen ihrer Triebseele, ihre Alltagsrealität mit ihren Träumen, übereinstimmen. Umgekehrt wird der Rausch um so gefährlicher, je größer der individuelle oder kollektive „Verdrängungsdruck" ist. Von dieser zentralen Tatsache müssen wir ausgehen.

Es ist vollkommen falsch, das Problem der Süchtigkeit zu verquikken mit dem sogenannten „Kampf gegen die Rauschgifte", der ohnehin mehr Schaden als Nutzen stiftet, auf Kosten des Steuerzahlers die Taschen der Schwarzhändler und ihrer mächtigen Hintermänner füllt, einer gewissen Sensationspresse und Schundliteratur Stoff und Schlagzeilen liefert – und im übrigen jede sachliche Diskussion unendlich erschwert, indem er unausrottbare Vorurteile schafft. Ich habe immer wieder die Beobachtung machen können, daß Personen, die auf dem Gebiet des Rausches und der Berauschungsmittel größte persönliche Erfahrung, theoretisches wie praktisches Wissen besitzen, Ärzte vor allem, im privaten Gespräch Ansichten äußern, die sie aus Rücksicht auf ihre Stellung und ihr Ansehen öffentlich niemals zu vertreten wagten. Schuld daran ist die systematische Verhetzung der öffentlichen Meinung durch Leute, die entweder völlig unwissend sind, oder die direkt oder indirekt von den „Tabus", die sie so wirkungsvoll verteidigen, profitieren.

Dies vorausgesetzt, wollen wir jetzt versuchen, den Typus des „Süchtigen" – wie er heute und in unserer westlichen Gesellschaft auftritt – noch näher zu bestimmen.

Wir sind davon ausgegangen, daß nach den Ergebnissen der modernen Psychotherapie Neurosen, die sich als „Sucht" manifestieren, immer oder fast immer mit „sexuellen Perversionen" gekoppelt erscheinen. Konfrontieren wir diese Tatsache mit den Einsichten, zu denen Hans Blüher vorgestoßen ist – und die wir ja in aller Kürze skizziert haben –, so kommen wir zwangsläufig zu Schlüssen

von überraschender Einfachheit, die nur darum nicht schon längst gezogen worden sind, weil sie die Gesellschaft zwingen würden, Ursache von Sucht und Perversion nicht so sehr in der Person des Patienten, als vielmehr in ihren *eigenen* Vorurteilen und Konventionen zu suchen. Was heißt das konkret?
Um besser gewappnet zu sein, wollen wir zunächst den Begriff „Süchtigkeit" in ähnlicher Weise definieren, wie Hans Blüher das mit dem Begriff „Perversion" getan hat. Demnach könnten wir etwa sagen: Süchtig ist jemand, für den das freiwillig eingegangene Abenteuer des Rausches zu einer mechanischen *Zwangshandlung* entartet ist. Insofern ist der Typus des Süchtigen das Gegenteil eines rauschhaften und rauschbegabten Menschen; denn während dieser auf seiner Suche nach Steigerung und Intensivierung des Lebens wie ein kühner Kapitän auf Entdeckungsfahrt die Gefahr liebt und dem Schicksal vertraut, indem er es herausfordert, flieht *jeder* aus Angst und Schwäche in den Elfenbeinturm seiner Sucht (oftmals mit der heimlichen Dornröschen-Hoffnung auf den Retterprinz Psychiater). Es mag einer sich unzählige Male und mit den verschiedensten Narkotika berauschen; er mag in seinen Räuschen paradiesische Seligkeiten und höllische Qualen durchleben; er mag vordringen bis an die Grenzen der Selbstvernichtung, und er mag sie sogar überschreiten und zum Opfer seiner Kühnheit werden, für die nur er allein die Verantwortung trägt und tragen will: er ist *kein* Süchtiger. Er wäre es dann nur, wenn er gegen seine bewußte Haltung und wider Willen zum Rauschmittel gegriffen hätte.

Echte Süchtige und Pseudo-Süchtige

Jedermann kennt den Typus des *Alkoholikers,* jener Menschen also, die nur die Wahl haben zwischen Sucht und totaler Abstinenz. Sie sind echte, primäre Süchtige, und sie wären es wahrscheinlich in *jeder* Zeit und Gesellschaft. Aber kann und darf ein Staat um einiger Kranker willen den Alkohol verbieten? Es scheint absurd; und doch wäre es nur die letzte Konsequenz des modernen Wohlfahrtsstaates, der ja dem einzelnen schon heute weitgehend vorschreibt, wie, wann und womit er sich berauschen darf. Es ist ein bloßer, auf Unkenntnis und Vorurteil beruhender Aberglaube, zu meinen, andere

„Rauschgifte" seien schädlicher als der Alkohol. Es gibt, wie der Psychiater Sidney Cohen in seinem LSD-Buch nicht ohne Ironie feststellt, keine „guten" und „schlechten" Drogen; es gibt nur deren gute und schlechte Verwendung [12]. Wären *alle* Rauschmittel ebenso frei erhältlich wie der Alkohol, so gäbe es deswegen höchstwahrscheinlich doch nicht mehr Süchtige als bisher schon, sondern eher weniger; denn es ist erwiesen, daß zum Beispiel die Mehrzahl der Liebhaber von Opiaten, die vor dem Richter und dem Psychiater landen, nicht Schiffbruch erleiden wegen des Rauschmittels als solchen – das Intellekt und Organismus weniger ruiniert als der Alkohol –, sondern infolge des aufreibenden „Doppellebens" und der moralischen Diskriminierung, zu denen unsere Gesetze und Tabus sie verdammen [13]. Es gibt also, neben dem echten und primären, den *sekundären* Süchtigen, der nur insofern „krank" oder „kriminell" ist – oder wird –, als er gegen die Vorurteile seiner Gesellschaft verstößt. Je puritanischer und engherziger eine Gesellschaft ist, je mehr Gewicht sie auf das „Gesetz", auf Spielregeln und Paragraphen legt, um so mehr solcher Pseudo-Süchtiger wird sie aufweisen.

Relativität der gesellschaftlichen Spielregeln

Den *Puritaner* als psychologischen Typ hat es immer und überall gegeben. Er wird stets dazu neigen, die Grenzlinie zwischen „erlaubt" und „verboten" zugunsten des letzteren zu verschieben. Mit der Tatsache und der Art der Gesetze selbst hat das wenig zu tun; denn deren Gültigkeit ist ja ohnehin eine nur *relative*. Im alten Mexiko stand, um nur dies eine Beispiel zu nennen, auf Alkoholismus die Todesstrafe, während die sogenannten „magischen Drogen" (Peyotl, Teonanacatl, Ololiuqui u. a. m.) integrierter Bestandteil des religiösen Weltbildes waren [14].

Der Ethnologe weiß, daß ungefähr alles, was beispielsweise in der westlichen Gesellschaft als „tabu" gilt – als „Sucht", „Verirrung", „Verbrechen", „Krankheit" oder „Unsittlichkeit" gewertet wird –, in anderen Kulturen anerkannter oder sogar geforderter Teil der menschlichen Existenz war oder noch ist. Kannibalismus, die von Sigmund Freud und seinen Kollegen ins öffentliche Bewußtsein gehobenen „Perversionen" (wie Homosexualität, Sadismus, Masochismus, Exhibitionismus, Transvestitismus, Fetischismus usw.), der Genuß von Narkotika aller Art, Torturen und Verstümmelungen, Menschenopfer und sexuelle Orgien, Sklaverei, Tyrannei, Geisteskrankheiten – das alles, ja jede überhaupt nur vorstellbare Handlung oder Verhaltensweise, kann irgendwann von irgendeiner menschlichen Gemeinschaft zum „Gesetz" und zur Institution erhoben und damit im öffentlichen Bewußtsein legalisiert werden. Irgendwo und irgendwann ist wohl *jede* Möglichkeit, die sich das menschliche Gehirn nur aussinnen kann, nicht nur in Wirklichkeit schon geschehen, sondern auch (sei sie auch vom heutigen und hiesigen Standpunkt aus noch so abseitig, ausgefallen, verrückt und verbrecherisch) „gesetzlich geschützt" gewesen. Es ist genau *dieses* intuitive Wissen um die völlige Relativität aller menschlichen Gesetze, die den *Mystiker* – diesen Gegentyp des Puritaners par excellence – die Wirklichkeit außerhalb der ethischen Zwickmühle von „gut" und „böse" suchen läßt; aber davon werden wir später noch ausführlich zu sprechen haben.

Der Puritanismus

Nun gibt es aber nicht nur den Puritaner als individuellen Typ in allen Zivilisationen, sondern es gibt auch ganze Völker, die kollektiv dessen Merkmale tragen. Dazu gehören die alten *Römer* und die alten *Juden.* Beide waren extrem „gesetzestreu", beiden war alles, was mit Rausch, Ekstase und Mystik zusammenhing, zutiefst verdächtig, und beide haben ein Menschenideal geschaffen von unverkennbar puritanischem Grundcharakter: den *Staatsbürger* die einen, den *Priesterrichter* die anderen.

Zwei von den *drei* Grundpfeilern der abendländischen Zivilisation – Rom und Israel – waren also vorwiegend puritanisch geprägt; und der Inbegriff von westlichem Puritanismus, Calvin und sein „Gottesstaat", stellt eine Verbindung der extremsten Tendenzen beider dar, in der das versöhnende und ausgleichende dritte Element, Hellas, vollkommen fehlt. Zwar finden wir puritanische Strömungen auch zu allen Zeiten im islamischen Orient – die Sekte der *Wahhabiten,* die beispielsweise nicht nur das Weintrinken, sondern sogar das Tabakrauchen als Sünde betrachten und verbieten, sind hiefür ein Beispiel[15] –; aber im ganzen gesehen waren im Orient die Gegenkräfte eben doch viel stärker: das römische Element fiel dort so gut wie ganz weg; und das hellenistische Erbe verband sich mit den iranischen und indischen Einflüssen und blieb so immer lebendig und kraftvoll genug, die Zivilisation des Islams vor dem Moloch „Gesetz“ und dem starren Fanatismus seiner Hohepriester zu bewahren.

Ursache und Heilung von „Perversion“ und „Süchtigkeit“

Betrachten wir von daher unser Problem und erinnern wir uns, wie und warum wir den „primären“ vom „sekundären“ *Süchtigen* unterschieden haben, so ist es ganz klar, daß für den sogenannten *Perversen* dasselbe gilt. Gewiß ist zuzugeben, daß die große Mehrzahl derer, die als „Süchtige“ und „Perverse“ vor dem Psychiater oder dem Richter erscheinen, wirklich krank sind. Aber kann uns denn das überraschen? Es geht ja doch um die Frage, *wie* es zu dieser Krankheit gekommen ist und *worin* sie besteht.
Blüher berichtet mehrfach von Patienten, deren völlige Heilung in verhältnismäßig kurzer Zeit ihm geglückt ist, während die Behandlungsmethoden anderer Analytiker, die vorher aufgesucht worden waren, nicht nur versagt, sondern vielfach die Neurose noch verschlimmert hatten. Und warum dies? Der Grund war einfach der, daß Blüher – im Unterschied zu seinen Kollegen – Hetero- und Homosexualität als grundsätzlich *gleichwertig* anerkannte. Infolgedessen betrachtete er auch die ganz, vorwiegend oder teilweise homoerotische Fixierung eines Patienten nicht als „Krankheit“ oder „Fehlentwicklung“, sondern als durchaus natürlich und normal. Dadurch befreite er die Betreffenden von der ihnen durch Erziehung, Sitte und Umwelt eingeimpften Zwangsidee, gegen ihre Veranlagung ankämpfen und ihre erotische Weichenstellung ändern zu müssen, weil diese „widernatürlich“ sei. Mit anderen Worten: Blüher löste den Knoten durch den bloßen Hinweis, es gebe ja gar keinen Knoten. Er heilte „eingebildete Krankheiten“, die nur darin bestanden, daß bewußter Wille und Triebseele einander widersprachen. In ihrer Koordination bestand die Heilung.

Das klingt wie die Geschichte vom Ei des Kolumbus; aber damit dies möglich wurde, war es notwendig, daß der Philosoph und Psychotherapeut Blüher gegen den Strom schwamm, daß er als einzelner den Mut und die Autorität besaß, die Partei des Individuums gegen die öffentliche Meinung, gegen Staat und Gesellschaft zu ergreifen und zu seinem Patienten zu sagen: nicht *sie* haben recht, sondern *du;* denn die dich verurteilen, tun dies auf Grund eines bloßen Majoritätsbeschlusses. Dir bleibt nur die Wahl, ihr Urteil anzunehmen und damit vor dir selbst als „Kranker" oder „Sünder" zu gelten – so lange, bis du es auch in Wirklichkeit *wirst* –, oder aber deine Richter als unzuständig und dich selbst als gesund zu erklären, und dann *bist* du es auch ...

Man nehme den Modellfall eines jungen Menschen, der vielleicht in einer nordwesteuropäischen oder amerikanischen Provinzstadt aufwächst und auf der Schwelle vom Kind zum Jüngling die Entdeckung macht, daß er „anders ist als die andern", daß er sich nicht in Mädchen, sondern nur in andere Jungen und Männer verlieben kann. Einige solcher Fälle unter Freunden, Kollegen, Studenten haben mir selbst ihre Lebensgeschichte erzählt; von zahlreichen anderen habe ich sie durch Dritte vernommen. Manche von ihnen sind vorübergehend oder für immer „entgleist", von Stufe zu Stufe gesunken, sind verbogen, verlogen, kriminell und süchtig (!) geworden; andere führen ein Doppelleben unter dem ständigen zwiefachen Druck ihrer Umwelt und ihres eigenen „schlechten Gewissens"; und nur einige wenige – zu denen bezeichnenderweise jene gehören, die im Orient Fuß fassen und dort eine Wahlheimat finden konnten – haben sich schließlich durchgerungen zu voller Selbstbejahung und bekennen sich als gesund und glücklich [16].

Homoerotik als Beispiel

Der oben zitierte Psychiater Hans Hoff hat bei 83 Prozent der von ihm behandelten Süchtigen „homosexuelle Tendenzen" registriert. Amerikanische Psychologen, die ich befragte, nannten einen eher noch höheren Prozentsatz. Was heißt das? Bedeutet es vielleicht wirklich – wovon offenbar eine starke Mehrheit der „öffentlichen Meinung" und ihrer Manager noch immer überzeugt ist –, daß der

auf das gleiche Geschlecht gerichtete Eros als solcher zu Unterwelt, Süchtigkeit und Zerfallserscheinungen aller Art prädestiniert?
Wäre dem so, müßten Völker und Kulturen, die – wie etwa das klassische Griechenland und, zumindest de facto, der islamische Orient und der Mittelmeerraum überhaupt bis heute – die Knabenliebe stets als eine mehr oder weniger natürliche Erscheinung anerkannt haben, einen gewaltigen Überschuß an Psychopathen, Rauschsüchtigen und kriminellen Elementen aufweisen. Es ist dies aber keineswegs der Fall. Je enger Begriffe wie „normal", „natürlich" und „gesund" durch Sitten, Tabus und Gesetze umrissen werden, je weniger Spielraum die Zwangsjacke der Paragraphen Rausch und Eros gewährt, je puritanischer eine Gesellschaft nach außen sich gibt, um so größer wird naturgemäß der „Verdrängungsdruck" – und *dieser* ist es ja, der die nach oben oder unten irgendwie von der statistischen Norm abweichenden Individuen in innere und äußere Einsamkeit, in „Perversion" und „Süchtigkeit", in Gerichtssäle und Irrenhäuser führt.

Folgen der Verwestlichung im Orient

Man kann diese negative Tendenz gerade im Orient überall da feststellen, wo infolge der Verwestlichung, des moralischen Druckes der internationalen Presse und öffentlichen Meinung, die überlieferten Sitten und Traditionen durch importierte Paragraphen ersetzt werden. Das wirkt nie und nirgends heilend, sondern fügt zu den einheimischen Übeln nur neue, schlimmere.
So hat beispielsweise im Iran das Verbot der traditionell-schiitischen „Zeit-Ehe" und der Kinderehe, sowie die Erschwerung und moralische Diffamierung der Polygamie, einerseits die beide Seiten lähmende Spannung zwischen Staat und Geistlichkeit ganz unnötig verschärft, und andererseits die früher nahezu unbekannte Prostitution gewaltig gefördert. Heute gibt es in Teheran ein ganz großes Viertel im Süden der Stadt, sinnigerweise „Neue Stadt" genannt, das fast ausschließlich aus Bordellen und Spielhöllen besteht.
Ähnliches gilt für das seit 1955 bestehende Verbot der Gewinnung, des Verkaufs und Genusses von Opium und Haschisch. Die Folgen: entsprechende Erhöhung des groteskerweise von den Behörden noch

geförderten Alkohol-Konsums; Steigen der Opium-Preise um das Zehn- bis Fünfzehnfache zum ausschließlichen Nutzen von Schmuggel, Korruption und Schwarzhandel; deutliche Zunahme (nicht etwa Verminderung) von im Rauschzustand begangenen Gewaltverbrechen. Letzteres mag erstaunen, ist mir aber von den verschiedensten Seiten bestätigt worden. Man überlege sich folgendes: welchen Sinn hat es, die im Orient heimischen, den Orientalen von jeher vertrauten Drogen *Opium* und *Haschisch* zu verbieten, gleichzeitig aber nicht nur den Absatz des von der Religion untersagten *Alkohols* (insbesondere des hochprozentigen Wodka) in jeder Weise zu fördern, sondern überdies auch den Verkauf der aus dem Westen importierten *Pharmazeutika* völlig unkontrolliert zu gestatten?
So kann man beispielsweise *Weckamine* aller Art (Dexedrin, Drinamyl, Ritalin etc.) in jeder persischen Apotheke ohne Rezept in unbeschränkten Mengen beziehen. Ein Opiumliebhaber, der die Illegalität des Schwarzmarktes oder dessen Preise scheut, braucht also nur auf *Amphetamin* umzustellen – was leichter ist, als man denkt, aber die entschiedenen Nachteile hat, daß in der dünnen und trockenen Luft der persischen Hochebenen Amphetamin, rein medizinisch gesehen, auf die Dauer den Organismus und die Nerven mehr angreift als Opium, welches in vernünftiger Dosierung keine Schädigung hervorruft, und daß ferner der Erlös nicht mehr dem den Mohn (oder Hanf) anpflanzenden persischen Bauern, sondern den europäischen und nordamerikanischen chemischen Industrien zugute kommt ...[17] Aber genau das scheint ja auch beabsichtigt und wird offenbar von den internationalen Kommissionen und „Rauschgiftkreuzrittern", den westlichen Experten und „Entwicklungshebammen" als ein Fortschritt gewertet.
Den Gipfel lächerlicher Nachahmung westlicher Verhältnisse bildet die Einführung eines *Homosexuellen*-Paragraphen in gewissen orientalischen Ländern. Natürlich nimmt dort kein vernünftiger Mensch, von der Spitze des Staates bis hinunter zum letzten Gepäckträger, ein solches „Gesetz" irgendwie ernst. Aber es hat (genau wie das Opiumverbot) allenfalls den Zweck, als bequemer Vorwand für Erpressungen oder Verurteilungen sonstwie mißliebiger oder in Ungnade gefallener Personen zu dienen.
Doch genug davon! Die Don-Quichotterien der westlichen Puritaner und ihrer orientalischen Stiefellecker werden einst als Muster-

beispiele unfreiwilligen Humors in die Geschichte eingehen. Vorläufig sind sie erst dankbare Objekte für den Volkswitz und tragen wacker dazu bei, das Ansehen besonders der Missionare des „American way of life" in ganz Asien mehr und mehr zu untergraben (die Ausdrücke „dumm wie ein Amerikaner" und „berechnend wie ein Europäer" sind dort bereits sprichwörtlich).

Wir sprechen ja aber hier nicht so sehr vom Orient in der Zwangsjacke der Verwestlichung – einer tragikomischen Karikatur vorübergehenden Charakters –, als vielmehr von der im Morgenland selbst gewachsenen und dort verwurzelten Geistigkeit und Seinshaltung, die zur abendländischen eine echte *Alternative* darstellt, und die, obwohl sie sich heute noch vorwiegend in der Defensive befindet, ohne jeden Zweifel die Hauptkrankheiten der „Europäisierung" und „Amerikanisierung" überleben wird.

Mehr noch: gerade im Falle der zwei Phänomene, die uns hier beschäftigen, Eros und Rausch, ist die traditionelle Haltung des Orients der modern-westlichen an Einsicht derart überlegen, daß auf Dauer die östliche die westliche Auffassung weit stärker und nachhaltiger beeinflussen wird als umgekehrt.

Die Bedeutung der Phantasie für Rausch und Erotik

Auch der *Rausch* hat, genau wie die *Erotik*, „symphonischen Charakter" (um hier diesen so glücklich gewählten Ausdruck Blühers zu verwenden). Diese Gleichartigkeit beider ist keineswegs erstaunlich; gibt es doch keinen Rausch, der nicht Kraft und Farbe von Eros erhielte; und gibt es doch keine Erotik, die nicht das Rauschhafte als wichtigstes Element in sich enthielte. *Dionysos* ohne Eros wäre nur der Schatten seiner selbst; und *Eros* ohne Dionysos wäre ungefähr das, was sich ein Paulus unter ehelichem Beischlaf vorgestellt haben mag, da er ja noch nicht mit den Möglichkeiten der modernen Wissenschaft rechnete: der künstlichen Befruchtung, der Fortpflanzung in der Retorte.

Abgesehen von dieser natürlichen Wechselwirkung von Eros und Rausch, ist es auch derselbe Dirigent, der die Instrumente und Klangfarben zum Einsatz bringt – nämlich die *Phantasie*. Ein zwar triebstarker, aber phantasiearmer Mensch wird in berauschtem Zustand zum grobschlächtigen Tölpel, als Verliebter zum brünstigen Schwerenöter, im Beischlaf zum Platzregen, der sich ohne den Luxus von Liebesspielen, ohne Umschweife oder Rücksicht auf den Partner innerhalb eines Minimums an Zeit sexuell entlädt und befriedigt.

Natürlich hat die grundsätzliche Erosfeindschaft der christlichen Kirchen gerade *diesen* Typus außerordentlich begünstigt. Die von Katholiken und Kalvinisten bis heute vertretene Auffassung, wonach die Sexualität lediglich durch ihren sogenannten „Endzweck", nämlich die Fortpflanzung, moralisch zu rechtfertigen sei, hat zwischen *Phantasie* und *Erotik* einen Keil getrieben.

Muß man noch sagen, daß dies zum Schaden *beider* geschah? Daß man durch diese gewaltsame Trennung natürlicher Partner im Namen der „Sittlichkeit" der *Phantasie* ihren angestammten Nährboden entzog? Daß man sie damit entstofflichte und aushungerte; während man umgekehrt den *Eros* gleichsam enthauptete, entgeistigte und nur in seiner primitivsten Form noch bestehen ließ?

Bildlich gesprochen: man verbannte die Phantasie zuoberst auf den Dachboden des Hauses, wo sie hungrig und frierend den Sternen nachträumen mochte; Eros hingegen kettete man zuunterst im Keller in einen finsteren Winkel, wo er in Kot und Abfällen verkommen mußte. Diese beiden, der Seelenvogel und das Raubtier, die in altorientalischen und griechischen Sphinxen so innig miteinander vereint gewesen waren, sollten nun plötzlich nichts mehr von einander wissen dürfen. Was Wunder, wenn da der Mönch als Orgiast vor den Folterbänken der Inquisition und in den Kerkerträumen eines Marquis de Sade zum furchtbaren Zerrbild antiker Sinnenlust wurde?

Phantasie und Sexualität gehören zusammen. Nur da, wo das Zusammenspiel dieser beiden bejaht, bewußt gepflegt und gefördert wird, kann von „erotischer Kultur" überhaupt gesprochen werden. In einer vom puritanischen Tabu beherrschten Gesellschaft jedoch – in einer von lebensfeindlichen Neurotikern von der Art eines Paulus, Savonarola, Torquemada, Calvin, Cromwell, Robespierre, Hitler vergifteten Gesellschaft – entarten die erotischen Genies zu erotischen Monstren, werden Ovid und Petronius zu Sade und Sacher-Masoch.

Man vergleiche doch mit den einsamen Phantasien dieser letzteren die berühmten antiken, islamischen, indischen oder chinesischen Meisterwerke erotischer Kunst und Kultur (so weit sie zugänglich und nicht als „Pornographie“ den Staatsanwälten der abendländischen Zivilisation zum Opfer fielen)! Selbst in den Erzählungen und Märchen von „1001 Nacht“, diesem grandiosen Gemeinschaftswerk aller Völker des Islams [18], findet man sämtliche „sexuellen Perversionen“ in Hülle und Fülle vertreten; und doch ist keine einzige dieser Geschichten pervers. Pervers sind vielmehr unsere christlichen und nach-christlichen Puritaner, die Eros vergiftet und amputiert haben, indem sie ihn der Flügel der Phantasie beraubten und zur Funktion der Fortpflanzung degradierten. Dadurch erst wurde es möglich, daß einzelne „Teilreize“, die man aus dem Gesamtorganismus herausgeschnitten, verpönt, verketzert und verboten hatte, sich selbständig machten, aus heiteren Kobolden in finstere Dämonen verwandelten, wie Krebsgeschwüre alles andere überwucherten, in Form von „Süchten“ und „Perversionen“ Rache nahmen für ihre Unterdrückung.

Der Marquis de Sade

Ein Kopf wie der Marquis de Sade wußte natürlich um diese Zusammenhänge. Er selbst sagt vom monströsesten seiner Produkte, dem grotesk-schauerlichen Raritätenkabinett „Die 120 Tage von Sodom“ (verfaßt 1785) [19], ein derartiges Buch sei noch nie, in keiner anderen Zeit und Gesellschaft, entstanden. Aber gewiß nicht! Wo sonst hätte ein so reich veranlagter Geist, eine so differenzierte und vielseitige Phantasie, derart verkommen und verderben können, daß sie erstarrte im völlig mechanischen Zwang, jede nur mögliche *Lust* in jede nur mögliche *Qual* zu verwandeln?
„Man sollte spüren, liebe Thérèse“ – sagt der Marquis in der „Justine“ durch den Mund des geistlichen Scheusals Clément zu dessen gemartertem Opfer – „daß die Objekte in unseren Augen nur *den* Preis besitzen, den unsere Einbildungskraft in sie hineinlegt.“ [20]
Nach der von Sade mit äußerster Konsequenz vertretenen Philosophie schmälert der Genuß, den man dem Partner verschafft, den eigenen. Für ihn sind „lieben“ und „genießen“ Gegensätze. Infolgedessen *gibt* es für ihn den Partner gar nicht mehr; er spricht ihm

die Existenzberechtigung ja im vornherein ab; der Partner wird zum bloßen „Objekt" der Phantasie, zur willenlosen und unbeseelten Puppe der Imagination; und wenn Sades „Helden" ihre „Opfer" auf jede nur ausdenkbare Weise erniedrigen, foltern und schließlich töten, so sind das gemimte Ritualmorde in einem Wachsfigurenkabinett, denn „Objekte" empfinden keinen Schmerz und können in Wirklichkeit nicht umgebracht werden. Sade nimmt nur Rache an sich selbst, quält und tötet sich selbst: sein Werk ist nur die gigantische Projektion seines Gehirns, hinter dessen hermetisch abgeriegelten Wänden (von denen die *äußeren* Mauern seiner Gefängniszellen nur ein unbedeutender Abglanz sind) er langsam den Selbstmord des hoffnungslos eingeschlossenen Skorpions vollzieht.

Zur Abwertung der Erotik im Westen

Im Roman „La voie royale" läßt André Malraux seinen Perken, den Deutsch-Dänen mit der „masque de brute consulaire", sagen: „Das Wesentliche ist, den Partner nicht zu kennen. Er sei: das andere Geschlecht ..." Und über die sogenannten Masochisten: „Man schlägt immer nur sich selbst ... Es gibt nur eine einzige ‚sexuelle Perversion' – wie die Dummköpfe das nennen –: nämlich die Entwicklung der Einbildungskraft, die Unfähigkeit zur Sättigung." [21]
Solche und ähnliche Aussagen, von denen die moderne europäische und amerikanische Literatur ja wimmelt, bilden die Reaktion des Individuums auf eine in erotischer Hinsicht äußerst rückständige, technisch aber überentwickelte Gesellschaft, die offiziell nur die primitivste Form des (selbstverständlich heterosexuellen) Geschlechtsverkehrs als „normal" und „natürlich" anerkennt.
Es ist nicht einmal notwendig, den Maßstab vorchristlicher und außereuropäischer Kulturen anzulegen, um über die erotische Barbarei und die hinterwäldlerischen Perversionen-Tabus des bürgerlichen Zeitalters im Westen ein vernichtendes Urteil zu fällen. Françoise d'Eaubonne, die in ihrem gescheiten Buch „Eros noir" die Lebensgeschichten berühmter und berüchtigter Erotiker untersucht, betrachtet die *Renaissance* als Höhepunkt erotischer Kultur im Abendland, deren unmittelbare Nutznießer Dichtung und Künste gewesen seien. Dann aber seien die damaligen aristokratischen

Wertmaßstäbe „durch die Gegenreformation und die Geburt des Kapitalismus zerstört worden“. Seither stehe das (künstlerisch *und* erotisch begabte) Individuum in einem konfliktgeladenen Spannungsverhältnis zu Staat und Gesellschaft. Kunst und Eros seien beide „zwecklos“, um ihrer selbst willen da; sie könnten nicht integriert werden in eine puritanische Arbeitswelt der Zwecke und Funktionen, und eben deshalb seien sie auch mehr und mehr in Gefahr geraten, als „deliktisch, ja kriminell“ zu gelten. Leben und Werke von Schriftstellern wie dem Marquis de Sade und dem Ritter von Sacher-Masoch müßten aus diesem Zwiespalt und dieser Abwertung von Erotik und Kunst heraus verstanden werden; und der sogenannte Sado-Masochismus sei „entstanden aus einem tiefen moralischen Schuldkomplex“. Einer Zeit und Gesellschaft, der schon Kunst als solche verdächtig sei, müsse *erotische* Kunst doppelt verwerflich erscheinen. Sie zwinge sie in die Rolle und auf die Ebene der *Pornographie,* so wie sie die Erotik der *Prostitution* ausliefere [22].

Die „bionegativen“ Genialen

Bezeichnenderweise gibt es für den westlichen Begriff „Genie“ im islamischen Orient (und vermutlich auch in anderen nicht-europäischen Gesellschaften) keine irgendwie vergleichbare Entsprechung; und auch im Abendland ist ja die Vorstellung, die heute mit diesem Wort verbunden wird, eine Schöpfung der Neuzeit. Auch dieser ganze Problemkreis, der in dem Schlagwort „Genie und Irrsinn“ enthalten ist, wurzelt im 19. Jahrhundert.

Psychiater wie Lange-Eichbaum, Kretschmer, Binder, Birnbaum u. a. m., sekundiert von Gottfried Benn – der hier als großer Dichter *und* Arzt doppeltes Stimmrecht genoß – haben dann im 20. Jahrhundert das Genie definiert als „Hochtalent plus bionegative Anlage“, und sein Schaffen als – bestenfalls – „eine durch die enormste geistige Gewalt lebenslänglich kompensierte Antinomie“, eine „immer wieder durch spirituelle Leistungen gelöschte *primäre* Disharmonie“; denn: „Genie ist *Krankheit,* Genie ist *Entartung,* davon muß man sich, glaube ich, für überzeugt erklären“ (Benn) [23].

Als Beweise für die Richtigkeit dieser Auffassung werden vorgelegt die Biographien von Genialen, psychiatrisch und psychoanalytisch

durchleuchtet, wobei unter den angeführten „Krankheitssymptomen“ *Süchtigkeit* nach Berauschungsmitteln und sexuelle *Perversionen* zweifellos die häufigsten und wichtigsten sind.
Nun muß man freilich betonen, daß – abgesehen von wenigen Ausnahmen (so Propheten wie Jesus, Buddha, Mohammad; Dichtern wie Li T'ai-po usw.) – ausschließlich *abendländische* Genies in solcher Weise untersucht und interpretiert werden, und daß ferner auch unter diesen die Berühmtheiten des 19. und 20. Jahrhunderts ganz unverhältnismäßig stark vertreten sind. Das ist in mehrfacher Hinsicht verständlich, gewiß; es stellt aber doch die objektive Gültigkeit der aus so einseitig ausgewähltem Material gewonnenen Schlüsse im vornherein in Frage. Aber davon einmal abgesehen, wiegt vielleicht ein anderer Einwand noch schwerer: kann man unsere heutigen und westlichen Begriffe von „gesund“ und „krank“ denn so ohne weiteres verallgemeinern und sogar rückwirkend auf andere Epochen und fremde Gesellschaften anwenden?
Ist es, um nur dies *eine* Beispiel zu nennen, nicht überaus naiv, arrogant und geschmacklos, Alexander den Großen, Sokrates und Cäsar in die Liste angeblich bionegativer „psychopathischer Genies“ oder „genialer Psychopathen“ einzureihen – mit der Begründung, sie seien sowohl *Alkoholiker* wie auch *homosexuell* gewesen?
Wer so argumentiert, dem kann ich versichern, daß ihn seine eigenen Vorurteile und Scheuklappen dazu zwingen werden, fast die gesamte Liebeslyrik, Mystik und sogar Volksdichtung des *Orients* als vielleicht „geniale“, aber jedenfalls „pathologische“ Schöpfungen „bionegativer Perverser“ in sein Weltbild einzureihen. Wem das Spaß bereitet, der möge es tun! Wir im Westen leiden ja ohnehin an der Wahnidee, wir hätten eine Erscheinung *dann* erst (dann aber auch „definitiv“ und „wissenschaftlich objektiv“) begriffen, wenn wir sie – mit irgendeiner Etikette versehen – in irgendeiner Schublade untergebracht haben.
Aber wäre es in unserem Fall nicht doch vielleicht klüger, zur Abwechslung den Spieß einmal umzukehren? Zu fragen, ob nicht vielleicht *wir*, die Normen unserer Gesellschaft, jene Psychiater und Psychoanalytiker, samt ihren Etiketten und Schubladen, „krank“, „pervers“ und „bionegativ“ (wenn auch nicht unbedingt „genial“) sein könnten?
Noch hat bisher kein Orientale – so weit mir wenigstens bekannt

ist – die dümmliche Frechheit besessen, Hâfez, Sa'di, Rumi und andere morgenländische Große als „pervers" zu entlarven, so wie das im Abendland Plato, Michelangelo und Shakespeare geschehen ist, und geschieht – nur, weil das erotische Idealbild dieser Riesen mit den sexuellen Wunschträumen des kleinen Moritz, den wogenden Busen und den wackelnden Hinterteilen irgendwelcher von der Filmindustrie standardisierter Weibchen, nicht übereinstimmt.

Der Exzentriker

Der Typus des „Exzentrikers", wie ihn dasselbe 19. und 20. Jahrhundert im Abendland hervorgebracht hat, ist nichts anderes als *eine* der noch möglichen Reaktionen des geistigen Menschen auf die beispiellose Herausforderung durch den zur gesetzlichen Norm, zum offiziellen Ideal und öffentlichen Idol erhobenen *„statistischen Durchschnitt"*. Dessen soziale Erscheinungsform kann natürlich wechseln. Bis 1914 war es eindeutig der Spießbürger, der bestenfalls – als „bourgeois gentilhomme" – zur grotesken Imitation des weitgehend entthronten Adligen geworden war. Dieses Ausweichen ins Abseitige und Absonderliche, das gerade für die Begabtesten der westlichen Dichter und Künstler der letzten 150 Jahre so charakteristisch erscheint, ist eine Form der inneren Emigration, zu der auch „Süchte" und „Perversionen" zu rechnen sind.
Wenige haben diese Zusammenhänge so klar erkannt und ausgesprochen wie Joris-Karl Huysmans, der in seinem berühmt-berüchtigten Exzentrikerroman „A Rebours" (1884) die Situation folgendermaßen charakterisiert:

„Verbrecherischer, verächtlicher als der verarmte Adel und die heruntergekommene Geistlichkeit nahm die Bourgeoisie noch deren frivoles Protzentum und hinfällige Großsprecherei an; durch ihren Mangel an Manieren war sie noch würdeloser; sie stahl deren Fehler und verwandelte sie in scheinheilige Laster; autoritativ und verschlagen, feige und niedrig ging die Bourgeoisie mitleidlos auf ihr ewiges Opfer, die Proletarier, los, denen sie selbst den Maulkorb abgenommen und die sie dazu abgerichtet hatte, den alten Ständen an die Gurgel zu springen ... Das Ergebnis seiner (des Bürgers) Thronbesteigung war die Unterdrückung jeder Intelligenz, die Verneinung jeder Ehrlichkeit, der *Tod jeder Kunst;* und in der Tat waren die erniedrigten Künstler in die Knie gesunken und küßten voller Eifer die übelriechenden Füße der hohen Roßtäuscher und der niederen Satrapen, von deren Almosen sie lebten ... In der Literatur: eine platte und feige Vielschreiberei, denn der Wucher brauchte Anständigkeit, und der Freibeuter, der für seinen Sohn eine Mitgift ergattern wollte und sich weigerte, sie für seine Tochter zu bezahlen, brauchte Tugend; keusche Liebe brauchte der Voltairianer, der die Priester der Vergewaltigung beschuldigte, selbst aber, scheinheilig, ohne *wirkliche* Verderbtheit, in zweideutigen Zimmern das fettige Waschwasser und die laue Wärme schmutziger Unterröcke beschnupperte ... Es war letzten Endes die ungeheure, die tiefe, die unvergleichliche *Gemeinheit* des Geldmannes und Emporkömmlings." [24]

Ich habe Huysmans so ausführlich zitiert, weil dieser unbemittelte Sohn eines holländischen Vaters und einer französischen Mutter, der während 32 Jahren als bescheidener Kanzlist im Pariser Innenministerium sein Dasein fristete, der als Schüler und Bewunderer Zolas begann und als katholischer Mystiker endete, als Mensch und Schriftsteller frei ist von der gewollten und affektierten Überspanntheit mancher seiner Nachahmer, die (wie etwa Oscar Wilde im viktorianischen England) erst zu Hofnarren, dann zu Opfern der Gesellschaft wurden, um deren Gunst sie doch buhlten, indem sie sie auf amüsante Art kritisierten und verspotteten. Huysmans' Worte haben mehr Gewicht.

„Fortschritt" und „Rückschritt" im bürgerlichen Zeitalter

Wir ersparen uns hier die Aufzählung weiterer Zeugen. Worum es uns geht, ist einfach dies: was das bürgerliche Zeitalter als ständigen und unaufhaltsamen „Fortschritt" bejubelte – wobei es kommerzielle Gewinne, wirtschaftliche Expansion, naturwissenschaftliche Entdeckungen und deren technische Auswertung als *das* Ziel des Menschen und der Zivilisation ansah –, das konnte und kann genau so gut als „Rückschritt" aufgefaßt werden, wenn man nämlich in Betracht zieht, womit alle diese materiellen Errungenschaften und technischen Vervollkommnungen bezahlt worden sind.
Da ja dieses Buch nicht den Anspruch erhebt, „objektiv" sein zu wollen, können wir offen gestehen, daß wir persönlich der zweiten Auffassung zuneigen und also durchaus reaktionär gesinnt sind.
Dies einmal vorausgesetzt, erscheint uns nun aber die Auffassung des Genies als eines kranken (oder, was ja dasselbe bedeutet, „bio-

negativen“) Hochtalents als eine glatte Umkehrung des wahren Sachverhaltes. Nicht das Genie, also der schöpferische Mensch par excellence, ist krank, sondern die Gesellschaft und Zivilisation, die zu einer solchen Verzerrung der Perspektive führen – oder *verführen* – konnte.

Genie und Ideal des „statistischen Durchschnitts“

Der Umstand, daß die meisten abendländischen Genialen des 19. und 20. Jahrhunderts auf die eine oder andere Weise Schiffbruch erlitten, daß sie durch direkten oder indirekten Selbstmord, im Wahnsinn, im Rausch, im Elend ihr Ende gefunden haben, daß sie „Süchten“ und „Perversionen“ aller Art verfielen, daß sie (zumeist freilich unfreiwillig) die Aufmerksamkeit von Polizei, Justiz und Psychiatrie über Gebühr in Anspruch nahmen, ja, daß etliche von ihnen (wie etwa Charles Baudelaire oder Gottfried Benn) schließlich sogar selbst davon überzeugt waren, Genialität, Dekadenz und Psychopathie gehörten nun einmal unweigerlich zusammen – dieser Umstand, sage ich, soll selbstverständlich nicht bestritten werden. Doch ist er ein Bumerang, der nicht jene Elite trifft, sondern die Gesellschaft und deren goldenes Kalb des „statistischen Durchschnitts“.

Wer sich das *Mittelmaß* zum Ideal erwählt, *hat* ja in Wirklichkeit gar kein Ideal mehr. Er selbst ist sein eigener Götze; und was man „öffentliche Meinung“ nennt, ist bloß die Summierung aller dieser ungezählten individuellen Mittelmaß-Vergötzungen. Folgerichtig stehen ja heute auch Presse, Rundfunk, Fernsehen und Filmindustrie auf der einen, das Publikum auf der anderen Seite, in einem Verhältnis gegenseitiger Hörigkeit. Das Ideal des „statistischen Durchschnitts“ ist also ein Widerspruch in sich selbst. Seine Verfechter sind reine Opportunisten, die den Standpunkt des Werbefachmannes und Reklameberaters einnehmen und das demokratische Prinzip auf allen Gebieten ad absurdum führen, indem sie die Meinung eines fiktiven „Mannes von der Straße“ zur unantastbaren Norm erklären. Ihre Methode ist die *Statistik,* ihr einziger Grundsatz die Vergötterung der *Majorität.* Es handelt sich also einfach darum, Geschmack, Wünsche und Ansichten dieser Majorität möglichst genau zu kennen, um hernach dieses Wissen als ein „Wortführer der öffentlichen Meinung“ in Erfolg und klingende Münze umzusetzen.

Dies ist der ominöse Schnittpunkt, in dem moderne Demokratie und moderne Diktatur einander berühren, und in dem die erstere jählings umschlägt in die letztere. Denn vom Glauben an Statistik und Majoritätsprinzip ist nur ein winziger Schritt zum Glauben an die Allmacht der *Propaganda*. Hier aber unterscheidet sich der *Diktator* unserer Tage grundsätzlich vom *Fürsten* der Vergangenheit: dieser war Symbol und verkörperte ein echtes Menschenideal (mochte er persönlich auch noch so kläglich versagen und hinter dem an ihn gestellten Anspruch zurückbleiben)[25]; jener hingegen wird immer gezwungen sein, sich als Sprachrohr und Werkzeug der vox populi auszugeben, da er ja seine Machtfülle anders gar nicht rechtfertigen kann – mag er auch in Wirklichkeit ein Menschenverächter, ein Genialer oder ein Krimineller, sein.

Aber wie dem auch sei: die Theorie des „bionegativen“ Genies ist, psychologisch gesehen, nur *eine* unter vielen anderen Folgen der weltweiten Demokratisierung des Geschmacks und aller Wertmaßstäbe. Je mehr Macht, Erfolg und Prestige heute ein Individuum in der Gesellschaft besitzt, um so mehr ist es auch in allen Fragen der Moral, Sittlichkeit und Lebensführung der Gefangene der „öffentlichen Meinung“; und diese ist, beispielsweise in Gestalt eines kalifornischen Frauenvereins, unbarmherziger und intoleranter als irgendein antiker oder orientalischer Tyrann, wenn es sich etwa darum handelt, die sakrosankte Mittelmaß- und Mittelstandsmoral gegen „Perverse“, „Süchtige“ und sonstige Wühlmäuse zu verteidigen.

Von daher gesehen, mutet die Gleichsetzung von „genial“ und „krank“ wie ein fast rührender Versuch an, unsere vergangenen und gegenwärtigen Geistesgrößen noch rechtzeitig in psychiatrische Schutzhaft zu nehmen, ehe sie ihres unsittlichen Lebenswandels wegen einem öffentlichen Verdammungsurteil verfallen.

Wir verstehen das zwar; aber das kann uns nicht hindern, die gegenteilige Ansicht zu vertreten: daß nämlich die geistig schöpferischsten, seelisch differenziertesten und phantasiereichsten Menschen immer auch die *gesündesten* gewesen sind – falls das Wort „gesund" überhaupt noch einen anderen und tieferen Sinn haben soll als denjenigen, den ihm Unteroffiziere, Blut-und-Boden-Dichter, Gymnastiklehrer und Werbeprospekte für Vitaminpillen zugestehen. Wer aber daran festhält, „gesund" und „mittelmäßig" und „durchschnittlich" als austauschbare Wechselbegriffe zu verwenden, der sollte wenigstens wissen, daß sein Standpunkt in keiner anderen Zeit und Gesellschaft als der westlichen *nach* der Französischen Revolution irgendwelche Aussicht gehabt hätte, ernst genommen zu werden. Krank ist *nicht* Plato, der gestand, er wäre kein Philosoph, wenn es in Athen nicht so schöne Jünglinge gäbe; krank sind vielmehr jene grämlichen Schulmeister, die seine Dialoge zensurieren, jene seelisch bleichsüchtigen Verfasser und Verteidiger der Homosexuellen- und sonstigen Tabu-Paragraphen, jene neurotisch verklemmten und gehemmten Jugendrichter und Tugendanwälte. Krank sind weniger die Minderheiten, die Hexen und Ketzer, Juden und Neger, „Süchtigen" und „Perversen", als vielmehr die Inquisitoren, die in ihnen ihr eigenes „ungelebtes Leben" verfolgen und verbrennen, verhaften und verfehmen. Krank ist keineswegs der Erotiker, der alle Regenbogenfarben der Liebe kennen und nennen will; aber krank ist mit Sicherheit der Sittlichkeitsapostel, der höchstens *eine* Farbe gelten läßt – am liebsten grau oder gräulich –, der Künstler zu Pornographen stempelt, und der Phantasie (weil er selbst keine hat) mit Unzucht verwechselt. Krank sind nicht die Trunkenen, sondern deren puritanische Neider; nicht die Spieler, sondern die Spielverderber; nicht die Leidenschaftlichen, sondern die Leidenschaffenden „aus Prinzip", die Rechner und die Ideologen.

VIII
Rausch und Mystik

Vom „Sterben" der Mystiker

Für die Mystiker war und ist die Todesnähe der Ekstase eine Grunderfahrung, was sie auch jederzeit mit der größten Selbstverständlichkeit ausgesprochen haben. – „Sterbe, weil ich noch nicht sterbe" [1], ist das Leitmotiv einer leidenschaftlichen Christushymne der heiligen Theresa von Avila; und der unvergleichliche Dschalâloddin Rumi dichtet:

> „Damit du nicht sterbest, sei nicht ohne Liebe,
> damit du lebest, stirb an der Liebe . . ." [2]

Oder auch:

> „Sterbt, sterbt, an dieser Liebe sollt ihr sterben;
> seid ihr an ihr gestorben, sollt ihr das Leben erben.
> Sterbt, sterbt – habt keine Furcht vor solchem Sterben:
> entwerden der Erde auf Erden; um die Himmel sollt ihr werben . . ." [3]

Das „sterben" des Mystikers ist nun aber von der Vorstellung, die ein heutiger Durchschnittsmensch unserer Maschinenzivilisation mit dem Tod verbindet, himmelweit verschieden. Die Gründe hiefür sind klar, und wir haben sie schon mehrfach genannt. Man hört und liest oft die Behauptung, für die Orientalen, die Asiaten überhaupt, habe der Tod weniger Gewicht und Bedeutung als für uns Weiße; sie nähmen ihn gelassen hin und ergäben sich ihm ohne Widerstand und Auflehnung.

Das ist schon richtig; fragwürdig sind nur die Gründe, die dann im allgemeinen für diese Haltung angeführt werden: nämlich die angeblich „fatalistische", „pessimistische" oder auch ganz einfach „primitiv rückständige" Lebensauffassung der Orientalen. Das sind Mißverständisse, die daher rühren, daß der so Urteilende nicht be-

reit und fähig ist, seine angestammten Denkkategorien zu verlassen und ihm Fremdes aus sich selbst heraus zu begreifen.
In Wahrheit ist die orientalische Seinsweise weder „fatalistisch" noch „pessimistisch" (so erscheint sie nur aus der linear-evolutionistisch gerichteten Perspektive des Westens), sondern sie ist – wenn wir dafür schon eine Bezeichnung finden müssen, zu der es auch abendländische Entsprechungen gibt – *mystisch*.

Verschiedene Voraussetzungen im Westen und Osten

Innerhalb der abendländischen Geistesgeschichte ist die mystische Haltung immer nur *eine* unter zahlreichen anderen Strömungen gewesen. Sie hat das europäische Menschenideal bald mehr, bald weniger – aber jedenfalls seit der Französischen Revolution nur noch in sehr geringem Ausmaß – beeinflußt und mitbestimmt.
Das ist natürlich kein Zufall, und wir haben ja bereits ausführlich davon gesprochen, daß die Erosfeindschaft des Christentums die abendländische Mystik ihrer natürlichen Quelle beraubt hat. Dadurch, daß die Kirche „himmlische" und „irdische" Liebe auseinanderriß – wobei sie letztere verketzerte, erstere für sich allein in einem gleichsam luftleeren Raum bestehen ließ –, zwang sie die Mystiker, entweder als Häretiker in die Katakomben zu verschwinden oder die Scheiterhaufen zu besteigen, oder aber unter dem wachsamen und argwöhnischen Blick der Theologen das Seiltänzerkunststück zu vollbringen, ihre Ekstatik „rein" zu halten von aller „irdischen" Beimischung.
Diese ungünstigen Voraussetzungen, unter denen die christlichen Mystiker – und *nur* sie – zu leiden hatten, verhinderten nicht nur das Aufblühen und die Verbreitung der Mystik selbst, sondern sind auch der Grund dafür, daß jemand, der nur die christlich-abendländische Mystik kennt, lediglich einen sehr begrenzten und beschränkten Ausschnitt der mystischen Wirklichkeit übersieht.
Verglichen mit dieser europäischen Mystik, steht die des islamischen Orients auf einer viel breiteren und stärkeren Grundlage. Dies gilt in jeder Hinsicht. Man kann ruhig sagen, daß die völlige Durchdringung des Islams mit den seelischen Erfahrungen und dem Gedankengut einer ekstatischen Liebesmystik ein Vorgang gewesen ist,

an dem *alle* sozialen Schichten gleichermaßen teilgenommen haben, und daß nicht nur die Literatur und das Bewußtsein der gebildeten Elite, sondern Weltbild und Lebensgefühl der Gesellschaft *als Ganzes*, im Orient durchtränkt sind von mystischem Geist.
Vielleicht dieses Erbes wegen wird der Orient – auf lange Sicht gesehen – der Herausforderung durch die technische Zivilisation des Westens widerstehen können. Diese Herausforderung ist ja eine materielle; und würde ihr das Morgenland dauernd und endgültig erliegen, so müßte es Magie auf niedriger Stufe („Steine in Brot verwandeln“) mit dem Stein der Weisen bezahlen, den es selber besitzt.

Vom unsagbaren Wissen

Es gehört zum Wesen dieses „Steines der Weisen“, daß mit Worten nicht beschrieben – sondern höchstens angedeutet – werden kann, woraus er besteht. Die Weisen selbst wissen das. Gewiß, sie fordern zwar immer wieder dazu auf, „das Geheimnis zu bewahren“; aber sie tun das nicht aus Angst vor wirklicher Preisgabe, sondern weil sie die Folgen der unvermeidlichen Mißverständnisse fürchten („sag es niemand, nur den Weisen, weil die Menge gleich verhöhnt“); denn gleichzeitig ist ihnen ja die Unzulänglichkeit der menschlichen Sprache, als eines Mediums zur Übermittlung des „Geheimnisses“ an Unberufene, vollkommen bewußt.
Scheich Faridoddin ʿAttâr hat dies in einem Gleichnis sehr schön zum Ausdruck gebracht; der Inhalt ist, kurz, folgender:
Die Nachtfalter wollen herausfinden, worin das Geheimnis der Kerze besteht; denn sie, die doch unwiderstehlich von diesem Licht angezogen werden, wissen ja nicht, warum. Zweimal schickt ihr Anführer Kundschafter aus, und diese umkreisen die Kerze, beobachten sie genau, kehren dann zurück zu ihren Gefährten und schildern diesen in allen Einzelheiten, was sie gesehen haben: Farbe, Aussehen und Benehmen des Wachslichtes. Das alles ist zwar durchaus richtig, und niemand bestreitet es; aber nichts von alledem vermag den Faltern diese rätselhafte Anziehung zu erklären, welche das Licht auf sie ausübt. Schließlich meldet sich ein dritter Falter, fliegt auf die Kerze zu, stürzt sich geradewegs in ihre Flamme, glüht auf und verbrennt. „Er kennt nun das Geheimnis der Kerze“, sagt

da der alte Anführer zu seinem Volk, „aber wer durch den Schleier eingetreten ist ins Innere des Mysteriums, der kehrt nicht zurück, und seine Lippen bleiben versiegelt – wer aber zurückkommt und spricht, der ist noch kein Wissender.“ [4]

„Wenn du das Auge öffnest, so bist du *alles* – und *dich* gibt es nicht mehr“, sagt Fachroddin ʿErâqi in seinem „Buch der Blitze“; und an einer anderen Stelle ergänzt er: „Darum sind Liebender und Geliebter, Verlangender und Verlangter, Rufer und Hörender, Befehlender und Gehorchender: *alle eins* – aber nicht jedermanns Verstehen reicht so weit.“ [5]

„Ich bin nicht; was *ist,* ist die Geliebte“ [6], sagt der Liebende in Nezâmis großartigem Epos „Leila und Madschnun“; und ʿErâqi kommentiert: „Wie sehr auch Madschnun in Leilas Schönheit versunken ist, so ist diese doch nur ein Spiegel ... in ihm schaut Madschnun eine Schönheit, außer der alles häßlich ist ... das Spiegelbild der absoluten Schönheit.“ [7]

Auch dieses Erlebnis des Absoluten ist natürlich „objektiv“ (und in Worten) nicht faßbar. In Sa'dis so berühmtem „Rosengarten“ – der heute noch in allen Schulen Persiens, Afghanistans und Pakistans gelesen wird – findet sich eine kleine Geschichte, die das vortrefflich illustriert:

Ein König, der von Madschnuns grenzenloser Liebe zu Leila gehört hat, läßt sich die so Angebetete vorführen. Ihr Anblick enttäuscht ihn; denn er sieht „ein von der Sonne schwarz verbranntes, mageres Wesen, dem noch die geringste seiner Haremsdienerinnen an Schönheit überlegen war“. Madschnun jedoch, der des Königs Gedanken errät, spricht zu ihm: „Durch das Fenster von Madschnuns Auge mußt du die Schönheit von Leila schauen, damit ihr Geheimnis dir offenbar werde.“ [8]

Unterschied zur „Ideologie“

Das sind nur ein paar ganz wenige, fast wahllos herausgegriffene Beispiele. Man kann heute nicht oft und nachdrücklich genug die Tatsache betonen, daß das, was wir die „mystische Seinshaltung“ des Orients genannt haben, in gar keiner Weise *eine* neben anderen „Ideologien“ oder „Weltanschauungen“ darstellt (eine Betrachtungsweise, die einer unzulässigen Projektion europäischer Begriffe und Verhältnisse gleichkäme), sondern daß wir es hier mit einem die gesamte menschliche Existenz mit einbeziehenden „way of life" zu tun haben, einer im „vollkommenen Menschen" und in der Erkenntnis des Absoluten gipfelnden Wegweisung, mit der verglichen die Relativität *aller* Ideologien besonders kraß zutage tritt. Diese orientalische Mystik ist sowohl überkonfessionell wie auch übernational – sie ist allmenschlich; und ihre Einsichten sind den Verschiebungen im Koordinatensystem von Zeit und Raum nicht unterworfen, weil sie im Absoluten selbst verankert sind. Sie sind gewachsen auf dem Boden des Islams, gewiß; aber den Spitzen orientalischer Geistigkeit ist es niemals zweifelhaft gewesen, daß von höherer Warte aus betrachtet alle Unterschiede der Konfessionen und ideologischen Streitpunkte ihre (ja immer nur relative) Gültigkeit verlieren. So sagt etwa Dschalâloddin Rumi:

> „Die Glaubensgemeinschaft der Liebe ist von allen Religionen [geschieden;
> durch Glaube und Gemeinschaft mit Gott sind verbunden jene, [die lieben." [9]

Und Hâfez dichtet:

> Ob nüchtern, ob trunken: ein jeder sucht, wen er liebe;
> Moschee oder Kirche: in beiden ist Raum für Liebe.[10]

Nun sind natürlich solche Aussprüche – zu denen auch das im Orient so oft zitierte Bekenntnis von Rumi gehört, seine Heimat sei „nicht Ägypten, nicht Iraq und nicht Syrien", sondern „der Ort, an dem der Geliebte weilt" – höchst mißverständlich, wenn sie in modern-westlichem Sinne interpretiert werden: nämlich aufklärerisch und rationalistisch, beispielsweise als Propaganda für „freie Liebe", für Religionsfreiheit und dergleichen. Nichts wäre falscher. Die orientalischen Dichter und Mystiker kämpfen nicht „für" und „gegen" etwas; sie stehen außerhalb dieses Teufelskreises der Reformer und Revolutionäre, die ja immer äußere, politische, wirtschaftliche und soziale Ziele verfolgen, wobei sie an Stelle der Ketten, die sie brechen, sogleich neue, noch schwerere und drückendere setzen (etwa den Terror der Kirche mit dem des Staates, die Herrschaft von König und Feudaladel mit der Tyrannei der Industriekapitäne und Börsenkurse, und diese wiederum mit der „Diktatur des Proletariats" vertauschen).

Es ist meines Erachtens auch eine Verkennung und Mißdeutung des orientalischen Welt- und Lebensgefühls, wenn etwa Jan Rypka über den historischen und gesellschaftlichen Hintergrund der klassischen Dichtung Irans schreibt: „Es gab nur ein zeitweiliges Entrinnen aus Grauen und Greueln schlimmster Art. Wut, Hoffnungslosigkeit und das Gefühl völliger Ohnmacht erzeugten Pessimismus. Eben diesem Hafen strebte auch die Mystik zu ..." [11]

Ganz abgesehen davon, daß es natürlich nicht angeht, „Pessimismus" einen „Hafen" zu nennen – und zudem noch für Mystiker –, stellt sich hier sofort die Frage: gab oder gibt es denn irgendwo und irgendwann in dieser Welt eine geschichtliche Epoche, die *nicht* aus „Grauen und Greueln schlimmster Art" bestände? Und selbst *wenn* es sie gibt, dann ganz bestimmt nicht im Abendland, und schon gar nicht in dessen neuer und neuester Geschichte, die ja, wie wir alle wissen, an „Grauen und Greueln" alles in den Schatten stellt, was andere Kulturen und Zeitalter sich nur jemals geleistet haben. Wären die Dinge so, wie Rypka und viele seiner Kollegen sie sehen wollen, so müßte es in der westlichen Gesellschaft des 20. Jahrhunderts von Mystikern nur so wimmeln – und das scheint mir, wenigstens vorläufig noch, keineswegs der Fall zu sein.

Wenn Rypkas Urteil für irgendeine Periode der iranischen Geschichte und Literatur Gültigkeit haben sollte, dann in erster Linie für die der vergangenen hundert Jahre – und verantwortlich hiefür ist die zwangsweise „Verwestlichung" und systematische Ausbeutung des Landes durch den Imperialismus der europäischen Großmächte (insbesondere Großbritanniens und Rußlands)[12].

Noch für die Zeit nach 1800 gilt das Urteil des damaligen englischen Gesandten Sir John Malcolm, er habe noch „kein Land" gesehen, „in dem so wenig gebettelt wird wie in Persien" [13]; und M. A. Djamâlzâdeh wies nach, daß in der Safawidenzeit (1501–1736) Persiens Export den Import übertroffen, und das Land sich damals „eines bedeutenden nationalen Wohlstandes" erfreut hatte [14]. Ähnliches gilt auch für Nordafrika, den arabischen Nahen Osten, und Asien ganz allgemein, ehe der Westen diese Gebiete zu „kolonisieren" begann. Die Schlagworte vom „traditionellen Elend" der außereuropäischen Gesellschaften, und von den „Segnungen der

Zivilisation", die wir ihnen angeblich gebracht hätten, sind leicht zu durchschauende Zwecklügen, die dadurch, daß man sie ständig wiederholt, nicht wahrer werden.
Doch davon abgesehen, bestand natürlich der „Gang der Weltgeschichte" immer und überall aus Machtkämpfen; und es ist sicher nur ein Zeichen geistiger Reife, wenn die Mehrzahl orientalischer Denker und Dichter grundsätzlich darauf verzichtet hat, das monotone Einerlei der politischen Zänkereien auch nur zur Kenntnis zu nehmen. Sie wußten ja doch, was im Jahr 1155 der Chronist Ahmad Samarqandi in die Worte kleidete:

„Wenn der Todesengel, dem ein jeder gehorchen muß, den König abberuft, so werden bald keine Spuren mehr bleiben von seiner Armee und seinen Schätzen; aber sein Name mag dauern für immer in eines Dichters Vers – so wie Scharif Modschalledi aus Gorgan sagt:

Von allen den Schätzen dieser Welt,
gehortet von den Königen der Sassaniden, der Samaniden:
davon ist außer den Hymnen von Rudaki
und den Gesängen des Barbod nichts geblieben hienieden." [15]

Es ist nicht ohne Reiz, mit dieser Einsicht die des britischen Historikers Arnold J. Toynbee aus dem Jahre 1946 zu vergleichen:

„What, in the final account, did these Western national victories amount to? ... Vanity of vanities! But Islam remains, with a mighty spiritual mission still to carry out ..." [16]

Fortschritt als „Flucht von vorn"

Kehren wir zum Leitfaden unseres Themas zurück: dem Bild des Todes aus der Perspektive mystischer Seinshaltung. Wer wollte bestreiten, daß die Züge des Todes um so schrecklicher und sinnloser werden, je mehr sich der Mensch auf Kosten seiner Innenschau und seines Wissens um die innerweltliche Wirklichkeit der Außenwelt und deren Scheinrealität aus Zeit und Raum zuwendet? Je „extravertierter" der Charakter einer Gesellschaft ist, um so schwieriger wird es für sie, die doch so unleugbare und überwältigende Allmacht des Todes sinnvoll in ihr Bewußtsein zu integrieren. Die natürliche psychologische Folge solchen Unvermögens ist panische „Flucht nach vorn" – eine Hetzjagd von „Fortschritt" zu „Fort-

schritt" –, deren einziger, allerdings uneingestandener Zweck ständige Betäubung ist: der Mensch soll, und will auch, keine Zeit mehr finden, sich seines Schicksals bewußt zu werden.
Der Weg des Mystikers ist der genau entgegengesetzte: er, der die Relativität alles Äußeren erkannt und durchschaut hat, sehnt aus innerer Erfahrung heraus den Tod herbei; denn dieser allein ist es, der das abgespaltene „Ich" aus seiner Vereinzelung in Zeit und Raum heimführen wird in die verlorene Wirklichkeit.

Mystik im technischen Zeitalter (H. Werthmüller)

Nun soll keineswegs geleugnet werden, daß sich der Durchbruch zu solch letzter innerer Gewißheit jederzeit und in jeder Gesellschaft ereignen *kann*. Auch innerhalb der modernen technischen Zivilisation, und sogar unter bewußter nachträglicher Einbeziehung der Rolle von Naturwissenschaften und Technik im kosmischen Gesamtplan. Ein Beispiel hiefür ist die großartige Schau des noch immer seiner „Entdeckung" harrenden Buches von Hans Werthmüller „Der Weltprozeß und die Farben".
„Mein Integralismus", schreibt Werthmüller, „ist jedoch der Ausdruck eines Erlebnisses, einer Unio mystica, eines Todes- und Gotteserlebnisses, in dem sich für meinen Blick wie für mein Ohr, für mein Hirn wie für mein Herz die Dinge geordnet haben, so daß ich nun, wie ichs auch anstelle, immer nur Beweise finden kann. Wenn ich dabei mit Vorliebe naturphilosophisch argumentiere, so hat das seinen Grund nicht in einer besonderen Neigung oder Ausbildung bei mir; ich möchte sogar das Gegenteil behaupten. Aber es ist nun einmal so, daß heute die Zeugenschaft von Einstein oder Plank höher eingeschätzt wird als diejenige von Christus, Buddha oder Origenes." [17]
Hören wir nun, auf welche Weise dieser moderne Mystiker, der von den Gegebenheiten und Bewußtseinsinhalten *unserer* Zeit und Gesellschaft ausgeht, die Gewißheit des Todes in sein Weltbild und Lebensgefühl integriert:

„Der Mensch existiert, weil er, mit seiner Existenz als Mensch, von Anbeginn dreidimensional organisiert, mithin in einen Prozeß verwickelt war. Er fiel nicht irgendwann im Verlaufe seiner Entwicklung in Sünde, sondern die Tatsache, daß er überhaupt in Erscheinung trat und sich, wenn er schon da war, auch entwickeln mußte: das war die Wirkung einer ‚Sünde', die außerhalb dieser Existenz und ihrer entwicklungsgeschichtlichen Existenzformen begangen worden ist ... Der Tod ist also keine Strafe, sondern eine Erlösung von der Strafe, die in einem ganzen Leben, in einem ganzen Weltprozeß ausgetragen wurde. Und die Tatsache, daß der Mensch im letzten, im grauen Zeitalter dieses Weltprozesses zu gottähnlicher Machtfülle erhoben wird, ist ein Zeichen dafür, daß danach die Strafe abgebüßt und getilgt sein soll: daß der Mensch wieder in seine göttlichen Rechte eingesetzt, als vierdimensionales Ebenbild Gottes in die Dimensionslosigkeit Gottes zurückkehren wird." [18]

Aus der Sicht des Mystikers Werthmüller erscheint die Vision der Selbstvernichtung der Menschheit in einer künftigen technischen Superzivilisation nicht nur aller Schrecken entkleidet – „was wir schreckhaft als Weltuntergang bezeichnen, ist lediglich die unendlich dimensionale Bestätigung dessen, was im vierdimensionalen Kleinen je und je die Sterbenden göttlich getröstet und erquickt hat" [19] –, sondern diese Selbstvernichtung wird überdies als ein im höchsten Grade sinnvoller und notwendiger Akt der Erfüllung des menschlichen Schicksals bejaht.

„Die Atomkernbombe der Zukunft", sagt Werthmüller, „wird dadurch einen unvergleichlich größeren Wirkungsgrad erreichen, daß in ihr ausschließlich die weit konzentrierteren Kräfte der Nukleonen, der Protonen und Neutronen, aktiviert werden. Und mit der Neutronenbombe, in der allein der Kern des Kernes zur Explosion aufgerufen ist, wird der Mensch jenen unendlich-dimensionalen Wirkungsgrad des Urgraus realisieren, durch den er Gott ebenbürdig wird, den ganzen Kosmos als überflüssig zerstört, mit dem ganzen Kosmos in die Ureinheit zurückkehren wird." [20]

„Aber nicht jedermanns Verstehen reicht so weit", möchten wir hiezu die oben erwähnten Worte des persischen Ekstatikers Fachrodin 'Erâqi zitieren, der aus einem ganz anderen räumlich-zeitlichen Sichtwinkel heraus die Realität dieser gleichen „Ureinheit" erfahren und ausgesprochen hatte.

Gemäß der Entsprechung von äußerem und innerem Weltraum, von Makro- und Mikrokosmos, ist für Werthmüller der kollektive Tod im Weltuntergang nur gleichsam Wiederholung und Bestätigung dessen, was individuell „im Zustande mystischer Illumination überall und jederzeit, vor und nach Christi Geburt, Möglichkeit und Tatsache gewesen" ist: „Die Aufhebung von Raum und Zeit, von

Gleichzeitigkeit und Identität in Gott, die Personalunion mit Gott als einem identischen und gleichzeitigen Vorgang mit dieser Aufhebung von Gleichzeitigkeit und Identität – das ist heute möglich wie vor tausend Jahren"; und was uns aus der Perspektive der Zeitlichkeit als „Tod" erscheint, ist in Wahrheit „Vollzug dieser überzeitlichen Gleichzeitigkeit mit Gott" [21].

In Werthmüllers im Erlebnis eines Letzten und Absoluten verankerten Schau – die deshalb als Ganzes angenommen oder abgelehnt werden muß –, ist auch das dem Abendländer sonst so geläufige „Bewußtsein des Tragischen" als eine bloß optische Täuschung ad absurdum geführt. In Sätzen wie dem folgenden, der wie eine tollkühne Prophetie anmutet, aber sich in Wirklichkeit völlig natürlich und zwangsläufig aus der mystischen Grunderfahrung seines Verfassers ergibt, wird uns diese innere Überwindung der tragischen, oder auch heroischen, Perspektive des Okzidents deutlich vor Augen geführt:

> „Erst wenn das Mittel gefunden ist, das uns die Unsterblichkeit zu verleihen imstande ist, wird die unendlich-dimensionale Neutronenbombe diese Unsterblichkeit in der Form bestätigen, daß sie die Menschheit gleichzeitig in einer Urexplosion in die Ureinheit zurückführen wird." [22]

Wir müssen uns hier weitere Zitate aus diesem Buch, das einst ohne allen Zweifel als eines der bedeutendsten und eines der ganz wenigen „inspirierten" Zeugnisse innerhalb der westlichen Gesellschaft unseres Jahrhunderts gelten wird, versagen. Wenn meine eigene Kritik des Westens und seiner technischen Zivilisation in mancher Hinsicht dem „Integralismus" von Hans Werthmüller zu widersprechen scheint, so erklärt sich das aus der begrenzteren Zielsetzung dieser Untersuchung über die Phänomene des Rausches und der Ekstase.

Überzeitlichkeit der inneren Erfahrung

Das Beispiel von Werthmüller macht uns ein weiteres Mal klar, daß der Mystiker zugleich außerhalb und *über* allen nur möglichen philosophischen, konfessionellen, wissenschaftlichen und weltanschaulichen Blickpunkten und Bekenntnissen steht. Der Mystiker ist, wenn man so will, „Existentialist" und „Realist" in einem – insofern, als er von seiner höchst persönlichen, durch keine Argumente zu widerlegenden Erfahrung einer letzten Wirklichkeit ausgeht. Diese Erfahrung ist, über alle räumlichen und zeitlichen Unterschiede hinweg, substantiell immer dieselbe – so wie, gleichnishaft ausgedrückt, hinter dem ständigen Wechsel von Wolkenschatten und Nebelschleiern das Sonnenlicht unveränderlich strahlt – aber andrerseits kann natürlich der Mystiker, nachdem er aus der absoluten in die Raum-Zeit-Realität zurückgekehrt ist, seine Erfahrungsgewißheit „übersetzen“ in die Sprache seiner Zeit und Gesellschaft. Darum: vergleicht man die Berichte von Mystikern aus den verschiedensten Jahrhunderten und Kulturen miteinander, so wird man stets feststellen, daß sie bei *formaler* Unterschiedlichkeit *inhaltlich* übereinstimmen.

Rausch und Ekstase

Von hier aus kommen wir nun zu einer für uns zentralen Frage; sie lautet: wie verhält sich zur *Ekstase,* dem mystischen „Außer-sich-Sein“, der *Rausch*? Besteht überhaupt zwischen den Zuständen, die man mit diesen beiden Begriffen zu bezeichnen pflegt, ein grundsätzlicher Unterschied? Nach fremden wie eigenen Erfahrungen, und auf Grund der mir in Leben und Literatur, durch Gespräche, Briefe und Erlebnisse bekannt gewordenen Zeugnisse aus vier Kontinenten, möchte ich diese letztere Frage verneinen.
Ich bin mir bewußt, dadurch wieder einmal alle jene herauszufordern, die darauf bedacht sind, möglichst hermetisch abschließende Trennwände aufzurichten zwischen dem, was sie etwa „natürliche“ und „künstliche“ Ekstase, „religiöse“ und „profane“ Mystik, „reine“ (himmlische) und „unreine“ (irdische) Liebesleidenschaft nennen. Vom Standpunkt dieser Theoretiker aus gesehen, wäre beispielsweise die „mystische Ekstase“ scharf zu trennen vom bewußt angestrebten, mit Hilfe von Narkotika zustande gekommenen „gewöhnlichen Rausch“.
Eine solche Unterteilung mag sich nun zwar aus der Studierstuben-Perspektive methodisch sehr schön und sauber ausnehmen, und zudem hat sie auch noch den Vorteil, die öffentliche Moral und ihre Tabus nicht zu verletzen; ihr einziger, aber entscheidender

Schönheitsfehler ist der, daß sie einer Konfrontation mit der Wirklichkeit nicht standhalten kann.

Ich habe bereits das Beispiel jenes mir persönlich bekannten Mystikers in Yazed erwähnt, der selbst keiner Berauschungsmittel mehr bedurfte, um den von ihm gewünschten Grad innerer Versenkung zu erreichen; der aber früher zu diesem Zweck sowohl Opium wie auch Haschisch geraucht hatte, und der deren (natürlich mäßige) Zuhilfenahme durch andere, weniger Fortgeschrittene, verstand und billigte. Das allein schon zeigt, wie sehr auch von einer betont mystischen Seinshaltung aus (allerdings einer praktisch verwirklichten, nicht bloß gelehrt-theoretischen) die Phänomene, die man „Ekstase" und „Rausch" nennt, ineinander verflochten sind, einander oft gegenseitig bedingen und sich nur graduell – keineswegs grundsätzlich – voneinander unterscheiden.

In den USA sah und sprach ich schwarze Sänger und Prediger, die bald *mit,* bald *ohne* Haschisch oder Alkohol in Ekstase gerieten. Umgekehrt bin ich in Europa, in Amerika und im Orient immer wieder Menschen begegnet, die gleichsam konstitutionell nicht nur aller ekstatisch-mystischen, sondern auch der elementar-rauschhaften Fähigkeiten zu ermangeln schienen. Diese Leute konnten große Mengen Alkohol trinken, Opium oder Haschisch rauchen, ja, selbst die mexikanischen Zauberdrogen Meskalin (Peyotl) oder Psilocybin (Teonanacatl) versuchen: alles, was sie damit erreichten, war eine ziemlich primitive und hemmungslose Ausgelassenheit, oder auch eine ebensolche Depression, gefolgt vom üblichen Katzenjammer – und jedenfalls nichts, was man, selbst bei bescheidensten Ansprüchen, als „Rausch" bezeichnen könnte, geschweige denn als „Ekstase".

Es gibt also zweifellos (worauf ja schon Baudelaire hingewiesen hat) Individuen, wie auch ganze Rassen und Kulturen, die von Natur „rauschhafter" sind als andere; aber man kann mit Sicherheit annehmen, und wird diese Feststellung durch eigene Beobachtungen bestätigt finden, daß die Begabung eines Menschen zum Rausch in einem direkten proportionalen Verhältnis zu seinen ekstatischen und mystischen Fähigkeiten steht.

Man mag hier einwenden, es gebe ja doch eine derartige Vielfalt der Erscheinungsformen von Rausch, Ekstase und Mystik, daß es unzulässig sei, sie gesamthaft in eine innere Beziehung zueinander zu setzen. Was läßt sich hierauf erwidern? Zunächst einmal ist die Feststellung, von der wir hier ausgehen, rein typologischen und psychologischen Charakters. Sie bedeutet noch kein Werturteil. Das heißt beispielsweise: die elementarsten Arten der Berauschung – so etwa ein Weingelage im Rahmen eines Volksfestes – und die Erfahrungen der großen Mystiker, die den Urgrund allen Seins erleben, sind zwar Vorgänge, die sich gleichsam am untersten und obersten Ende einer Skala befinden, durch zahlreiche Zwischenstufen voneinander getrennt; aber andrerseits weisen sie doch zweifellos beide in eine gleiche Richtung, weil sie beide darauf angelegt sind, die normalerweise bestehenden Zeit-Raum-Schranken zwischen Ich und Du, Individuum und Welt, Subjekt und Objekt, Bewußtsein und Wirklichkeit, zu durchbrechen.

Vergessen wir nicht, daß ja gerade die sozusagen „berufsmäßigen" Mystiker und Ekstatiker (Derwische, Mönche, Yogis, Schamanen) Hilfsmittel aller Art zur Herbeiführung oder Unterstützung ihrer Seelenreisen niemals verschmäht haben; und es ist nicht einzusehen, inwiefern etwa Fasten, Nachtwachen, Flagellationen, Atemtechniken, Gebetsformeln und dergleichen mehr *weniger* „künstlich" sein sollten als gewisse Drogen, die als Bewußtseinsschalter ähnliche oder gleiche Wirkungen hervorrufen – wenn auch in abgekürztem Verfahren.

Mystik der Künstler

Der italienische Gelehrte Mario Praz ist in seinem der „schwarzen Romantik" gewidmeten Werk zu analogen Schlüssen gelangt, wenn er etwa schreibt:

„Doch zwischen dem *Mystiker,* welcher die Welt der Sinne verneint, und dem *Exotiker,* der sie bejaht; zwischen dem Mystiker, der seinem Universum jeden stofflichen Inhalt abspricht, und dem Exotiker, der die entferntesten Epochen und die entlegensten Länder verstofflicht und sie mit den Schwingungen seiner Sinne erfüllt, besteht eine Ähnlichkeit der Absichten. Beide verlegen die Erfüllung ihrer Wünsche in eine ideale Traumwelt; um die notwendigen Voraussetzungen zur Intensivierung ihrer Träume zu schaffen, greifen beide in der Regel zu Reizmitteln: der *Mystiker* zu Fasten und Wachen, der *Exotiker* zu Opium und anderen Rauschgiften. – In einem allgemeinen und vorläufigen Sinn ist *jeder* Künstler ein Exotiker, weil er sich vermittels seiner Phantasie über die unmittelbare Gegenwart erhebt ..." [23]

Praz hat natürlich den christlich-abendländischen Mystiker im Sinn. Sonst könnte er keineswegs so generell behaupten, daß *der* Mystiker „die Welt der Sinne verneint". Die Mehrzahl der orientalischen Mystiker etwa verneinen nicht eigentlich die Sinnenwelt, sondern betonen nur deren vergänglichen und gleichnishaften Charakter – als eines „Spiegels" oder „Schleiers", der zugleich Abbild und Abglanz wie auch Verhüllung der Wirklichkeit ist. Aus der Sicht der Praz'schen Typologie müßte man die islamische Liebesmystik – und damit den größten und bedeutendsten Teil orientalischer Dichtung überhaupt – als „mystisch-exotische" Mischung bezeichnen. Auch kann ich mich selbstverständlich der positivistischen und materialistischen Auffassung von Mario Praz, wonach Mystiker (und Exotiker) „die Erfüllung ihrer Wünsche in eine ideale Traumwelt" verlegten, nicht anschließen. In Wahrheit verhält es sich doch genau umgekehrt, und durchstößt der Mystiker eine Scheinrealität aus Zeit und Raum – was ja bekanntlich auch die moderne Physik tut, weshalb sie mehr und mehr zu einem Kronzeugen der Mystik im 20. Jahrhundert wird –, um *dahinter* die Wirklichkeit zu erfahren.

Aber davon abgesehen, hat Praz zweifellos recht, wenn er die „Ähnlichkeit der Absichten" von Mystiker und Künstler konstatiert. Auch wenn er die grundsätzlich gleiche Funktion der von beiden angewandten „Reizmittel" – handle es sich dabei nun um Exerzitien oder um Berauschungsmittel – hervorhebt, können wir diese Ansicht nur teilen. Wir fügen hinzu, daß aus schon hinlänglich erwähnten Gründen im Orient (und wahrscheinlich mehr oder weniger in allen außereuropäischen Gesellschaften) die Bereiche von Mystik und Kunst noch heute weit mehr ineinander übergehen, als dies im Abendland der Fall ist. Charles Baudelaire beispielsweise (ein im Praz'schen Sinn typischer „Exotiker"), der die „participation mystique" des Haschisch-Berauschten, sein Sprengen der Fesseln des „Ichs" und sein Aufgehen im reinen, zeit- und raumenthobenen Schauen, erlebt und hervorragend geschildert hat – Baudelaire hätte als orientalischer Mensch und Dichter keinerlei Anlaß gehabt, nachträglich aus schlechtem Gewissen gegenüber seiner Erziehung und Gesellschaft in masochistischer Selbstkritik und Selbsterniedrigung sich selbst, seine Natur, seine Lebensführung, seine erotischen Neigungen, seine Süchte und Sehnsüchte, Erlebnisse und Einsichten, als „künstliche Paradiese“ und „Blumen des Bösen“ zu beklagen und zu verurteilen. Er tat dies ja nur darum, weil er als ein geborener Ekstatiker mit eminent mystischen Fähigkeiten in seiner Zeit und Gesellschaft auf nichts als Unverständnis und Ablehnung stoßen mußte.

Über den Schlaf

Wenden wir uns nun dem Kern unseres Problems zu: dem ursächlichen Zusammenhang zwischen Todeserlebnis und der Aufhebung der Koordinaten von Zeit und Raum. Dieser Zusammenhang kann nicht eng genug gefaßt werden; denn er ist der Schlüssel zum Verständnis einer Reihe von Phänomenen, die immer dann auftreten, wenn wir uns der Grenze nähern, jenseits derer das Ich-Bewußtsein erlischt.

Wo und wann ist das der Fall? Zunächst doch einmal im Schlaf. „Schlafend oder gestorben – beides ist eines“, sagt der persische Dichter Nezâmi, wohl in bewußter Anlehnung an das arabische Wort: „Der Schlaf ist der Bruder des Todes“ (an-noum ach almout)[24]. Von der Alltagsrealität aus gesehen, bezahlen wir ja gleichsam die Freiheit von den Zeit-Raum-Schranken in unseren Träumen mit der Aufgabe unseres „Ichs“ und mit dem Wegfallen all jener Funktionen, die nur dieses Ich in Zeit und Raum auszuüben vermag, und die in „Leistungsprinzip“ und „Zweckdenken“ zum Ausdruck kommen.

Damit hängt natürlich zusammen die psychologische Tatsache, daß vorwiegend phantasiebegabte, medial und kontemplativ veranlagte Menschen, Künstler etwa, im allgemeinen mehr, aber auch anders und lieber schlafen, als extravertierte, materiellen Zielen und Zwecken verschriebene Täternaturen, Politiker, Militärs und Geschäftsleute. Für diese letzteren ist Napoleon, dem drei bis vier Stunden Schlaf genügten, Musterbeispiel und Vorbild zugleich. In ihr Lebensgefühl und Weltbild sind Schlaf und Traum in keiner Weise integriert, auch kaum integrierbar, und werden darum von diesen kleinen und großen Napoleonen auch instinktiv als „Verlust“ gebucht, oder doch wenigstens als ein „notwendiges Übel“ betrachtet – ähnlich der Ruhepause, derer eine heiß gelaufene Maschine bedarf.

Ganz anders der zu Phantasie, Meditation und Selbstversenkung neigende, dichterische und künstlerische Mensch. Für *ihn* ist der Schlaf gleichsam natürlicher Zustand, in den er „heimkehrt" und den er auch bewußt über das Erwachen hinaus verlängert, indem er Geträumtes und Gedachtes miteinander zu verbinden sucht und die Leitmotive seiner Träume auch im Wachen weiter verfolgt.
Die „Nachtwachen" dieser Art Mensch sind natürlich von Grund auf verschieden vom rein zweckbedingten Wachbleiben der Täter. Von jeher ist ja bewußt angestrebte Übermüdung *eines* der Hilfsmittel gewesen, das die Erreichung von Zuständen mystischer Erleuchtung unterstützte.
Es gibt einen „Rausch der Übermüdung". Wenn nämlich der Schlaf über eine bestimmte Zeitspanne hinweg ferngehalten wird – wobei man sich mit Vorteil fester Nahrung enthält, nur Tee trinkt, und im übrigen in möglichst entspannter Haltung meditiert –, so gelangt man schließlich früher oder später an einen „kritischen Punkt", in dem bleierne Erschöpfung, physische und psychische Abgespanntheit, Mühe zur Konzentration, Depression oder Gleichgültigkeit, jählings umschlagen in ihr Gegenteil: der eigene Körper, soeben noch eine kaum zu bewegende Last, scheint sein Gewicht zu verlieren, schwerelos und wie unempfindlich zu werden; alle Gegenstände der gewohnten Umgebung erscheinen verwandelt, durchsichtig und in blendendes, manchmal fluktuierendes Licht gehüllt; und ganz ähnlich ergeht es einem mit Gedanken, Empfindungen und persönlichen Problemen, die vielleicht eben noch in lastender Unlösbarkeit den Geist bedrückten, sich jetzt aber mit einemmal wie von einem Zauberstab berührte Wolken in Nichts auflösen.
Das Charakteristikum dieses Zustandes, der verhältnismäßig leicht zu erreichen ist, könnte mit dem Wort von Novalis definiert werden: „Das Äußere ist ein in Geheimniszustand erhobenes Innere. Vielleicht auch umgekehrt . . ." [25] Die zwei auffälligsten Wahrnehmungen sind die der Helligkeit und der Schwerelosigkeit; und beide gelten sowohl für die Außenwelt wie auch für das eigene Innere. Ja, diese dem Alltagsbewußtsein so geläufige Scheidung in „innen" und „außen", „Ich" und „Welt", „Subjekt" und „Objekt", scheint durchbrochen; und was in der Zeit-Raum-Welt zu Materie verdichtet uns begegnet, erlebt der so Berauschte als umgesetzt in Lichtwellen.

Ich habe diese Art Rausch, bewirkt durch anhaltende Schlaflosigkeit, des öfteren an mir selbst und Dritten beobachtet. Er läßt sich allerdings und aus leicht ersichtlichen Gründen mit dem auf Uhr und Kalender abgestimmten Funktionalismus des modernen Lebens nur in Ausnahmefällen verbinden. Aber das gilt ja für *alle* Erscheinungsformen einer mystischen Seinshaltung; und wenn heute die große Mehrzahl der Menschen im Westen vom Wirklichkeitserleben im Sinne der Mystik keine Ahnung mehr haben, und dieses für „Aberglauben" oder „Verrücktheit" halten, so ist das leicht zu verstehen als Unkenntnis infolge Mangels an Gelegenheit zu eigenen inneren Erfahrungen. Gewiß waren die größten Mystiker Begnadete; aber ebenso gewiß ist Mystik – als der Weg zur Erkenntnis der innerweltlichen Wirklichkeit – zu einem großen Teil *ebenso* lehr- und lernbar wie bekanntlich ihr Gegenpol, die Wissenschaft, die Wege und Methoden zur Erforschung der äußeren Realität vermittelt.

Das jähe Umschlagen von geistig-körperlicher Übermüdung in einen gegensätzlichen Zustand von Überhelle und Überwachheit, der als eine Vorstufe zur Unio mystica gelten mag, kann uns auch zu einem vertieften Verständnis der Phänomene von Schlaf und Traum verhelfen. Die innere Verwandtschaft ist offensichtlich. In der „Dunkelheit" des Schlafes wie in der „Helligkeit" der durch bewußte Schlaflosigkeit erreichten Überwachheit sind die Raum-Zeit-Schranken des normalen Ich-Bewußtseins gesprengt; und man könnte vielleicht sagen, daß die mystische Überwachheit eine Art „Schlaf" auf höherer Ebene darstellt – nämlich so, daß die erste und elementare Form der Entrückung unter körperlichem, die zweite jedoch unter geistigem Vorzeichen steht. In beiden Fällen handelt es sich aber – was für uns hier das Entscheidende ist – um Annäherungen und Angleichungen in Richtung auf jene letzte Wirklichkeit, die das Ich-Bewußtsein mit der Chiffre „Tod" belegt.

Der sexuelle Rausch

Ein analoges Verhältnis zu dem, das wir soeben für Schlaf und Überwachheit festgestellt haben, besteht nun auch auf dem Gebiet der Erotik zwischen sexuellem Rausch und ekstatischer Liebesmystik. In beiden Zuständen sind Sprengung des Ich-Bewußtseins und Todeserfahrung nur einander bedingende Wechselwirkungen auf jener Grenzlinie, hinter der die Schwerkraft von Raum und Zeit erlischt.

In seinem großen Werk „Metaphysik des Sexus" schreibt Julius Evola: „So wäre es zum Beispiel banal, die bekannten Analogien anzuführen, welche die Phänomenologie der körperlichen Vereinigung mit der Phänomenologie des Leidens bis in das Stöhnen, in bestimmte Bewegungen, in Schreie usw. hinein gemeinsam hat. Es ist auch bekannt, daß insbesondere in bezug auf die Frau im Intimjargon mehrerer Sprachen der Terminus *‚Sterben!'* gebraucht wird für den Augenblick, in welchem der Spasmus vollständig erreicht ist... Es ist etwas Wahres an der Behauptung: ‚Die Wollust ist eine *Agonie* im strengsten Sinn des Wortes' (C. Mauclair)..."[26]

Sowohl in der klassischen Literatur wie auch in der modernen Umgangssprache Persiens werden die Worte „getötet" und „Getöteter", „gestorben" und „Gestorbener", auch im Sinne von „verliebt" und „Verliebter" verwendet. „Töte mich!" bedeutet, geäußert während des Liebesspiels, noch heute im ganzen Orient eine unzweideutige Aufforderung, den Orgasmus herbeizuführen; „ich sterbe" sagt dort die Frau (und oft auch der Mann) auf dem Höhepunkt der Lust, und „ich bin gestorben" oder „er hat mich getötet" darnach.

Auch der sexuelle Rausch kann, genau wie der Schlaf, als ein „kleiner Tod", als ein „Bruder des Todes" bezeichnet werden; und ganz ähnlich, wie bewußt gestautes Schlafbedürfnis schließlich in die Überhelle und Überwachheit des Mystikers mündet, kann auch die sexuelle Spannung durch vom Geist her bestimmte Stauung in die Transzendenz ekstatischer Liebesmystik überhöht werden. Die Worte sind annähernd dieselben („sterbt, sterbt – an dieser Liebe sollt ihr sterben", sagt ja auch Rumi;) aber die Ebenen, auf denen beide Male diese Begegnung mit dem Absoluten (genannt „Tod") stattfindet, unterscheiden sich ebenso wie die kreatürliche „erste" Geburt von der „zweiten" des Geistmenschen.

Um solche Zusammenhänge richtig durchschauen und vor allem auch vorurteilslos beurteilen zu können, ist es allerdings notwendig, sich freizumachen von dem hier schon hinlänglich behandelten

„erotischen Komplex“ des Christentums, oder besser vielleicht der christlichen Kirchen.

„Nach Auffassung bedeutender Denker Asiens scheint Sexualität mit Moral nicht mehr zu tun zu haben als Gymnastik mit ärztlicher Wissenschaft“, schreibt der französische Orientalist Jean Herbert und fährt dann fort, Enthaltsamkeit werde in den asiatischen Hochkulturen „nur aus praktischen und rituellen Gründen“ gefordert und „damit die sonst im Geschlechtsleben verbrauchte Energie für den Aufstieg zu höheren geistigen Ebenen genutzt werden kann . . .“ [27]

Die Aggregatzustände der Liebe

Das entspricht genau der auch von uns eingenommenen Haltung. Die Lehren der Naturwissenschaften von den verschiedenen Erscheinungsformen der Energie, von der Umwandlung einer Substanz von einem Aggregatzustand in einen anderen, führen natürlich – angewandt auf das Gebiet der Erotik – zu den gleichen Schlüssen. Um für den scharfsinnigen Realismus, mit dem der Orient die „Aggregatzustände der Liebe“ zu unterscheiden pflegt, ein Beispiel zu geben, übersetze ich im Folgenden einen kurzen Abschnitt aus einem Brief des persischen Schriftstellers und Gelehrten Mohammad Ali Djamâlzâdeh an mich:

„Vor einigen Jahren schrieb mir ein mir unbekannter Jüngling aus Schiraz und stellte mir die Frage, was ich von der Liebe halte. Ich antwortete ihm: wenn du die Liebe im geistigen, ‚idealen‘ Sinne meinst, so beantworten unsere großen Dichter deine Frage tausendfach; meinst du jedoch die Liebe eines jungen Mannes zu einer jungen Frau, so gilt die Antwort, die einst Molla Sadrâ gegeben hat: ‚Die Liebe ist eine Geisteskrankheit; sie tritt ein durch das Auge, und sie tritt aus durch das Geschlechtsglied; und ihre Heilung besteht im Beischlaf oder in der Abreise‘ . . .“ [28]

Das ist keineswegs Zynismus, wie westliche Leser leicht annehmen könnten, sondern humorvoll formulierte Einsicht in das Wesen der Sexualität, die damit ja durchaus nicht abgewertet oder verketzert wird – wie so oft aus christlich-theologischer Sicht –, sondern einfach realistisch gesehen als eine Art „Rohstoff“, der entweder seine natürliche Umsetzung in Familienbildung und Nachkommenschaft findet, oder aber unter Verzicht auf primäre Triebbefriedigung eine Veredelung ins „Feinstoffliche" erfährt. – „Er ist ertrunken in einem Meer, wo es weder Vergangenheit noch Zukunft mehr gibt" [29], sagt Fachroddin 'Erâqi vom Liebenden; und wenn man sich überlegt, daß dieser Ausspruch ja sowohl für den Gipfelpunkt des erotischen Rausches in der körperlichen Vereinigung, wie auch für die Ekstase des Mystikers seine volle Gültigkeit besitzt, so begreift man *beide* Zustände als verschiedene Erscheinungsformen ein und desselben Absoluten.

Sprengkraft des Eros (Leila und Madschnun)

Vielleicht das großartigste Beispiel für die Sprengung des in Zeit und Raum verhafteten Ich-Bewußtseins durch Eros, und für die innere Wechselwirkung zwischen Erotik und Mystik, ist die im ganzen islamischen Orient in vielen Sprachen und seit Jahrhunderten in zahllosen Fassungen immer aufs neue beschworene Geschichte von *Leila* und *Madschnun.*

Ich muß mich hier auf die für unser Thema wesentlichsten Punkte dieses höchst vielschichtigen Stoffes beschränken und verweise im übrigen auf meine früher erschienenen Spezieluntersuchungen im Zusammenhang mit meiner Übersetzung des Leila-Madschnun-Romans von Nezâmi (Nizami) [30].

Der Kern der Erzählung, wie sie uns die frühatabischen Quellen schildern, lautet etwa so: Der Beduinenknabe Qeis begegnet als Hirte dem Mädchen Leila. Beide werden von heftigster Liebe zueinander ergriffen; aber Leilas Vater will von der Heirat nichts wissen, weil Qeis durch Liebesgedichte die Ehre des Mädchens und seiner Sippe verletzt habe. Schließlich wird Leila gegen ihren Willen einem andern vermählt. Darauf steigert sich die Liebesleidenschaft des Jünglings zu offenem Wahnsinn: aus Qeis wird „Madschnun" (Verrückter). Umsonst pilgert sein Vater nach Mekka mit ihm; vergeblich sind alle Befehle, Bitten und Ermahnungen seiner Angehörigen. Madschnun verläßt Heimat, Eltern und Stamm. Allein, nackt und ziellos durchirrt er die Felsgebirge der Wüste von Nadschd. Die Augen der Gazellen erinnern ihn an die ferne Geliebte. Niemand kann ihm helfen, niemand ihn zurückholen in die

Menschenwelt. Er weiß von nichts anderem mehr als von Leila. Auch dichtet er ständig Verse auf sie, die teilweise von anderen gesammelt werden und ihn und seine Liebe berühmt machen. Endlich stirbt er – in völliger äußerer Einsamkeit und innerer Umnachtung.

In seinem Epos hat Nezâmi diese kargen Züge der ursprünglichen Beduinenlegende zu einem der genialsten Werke der Weltliteratur verwoben. Aber nicht davon kann hier die Rede sein, sondern nur von der Deutung der Liebesleidenschaft Madschnuns, die in den arabischen Quellen kometengleich ihren grellen Schein auf den sonst fast leeren Hintergrund der Wüstenwelt wirft, um am Ende als ein blindes Verhängnis in sich selbst zu verglühen. Madschnun erscheint dort als ein Kranker, Verirrter, Verrückter – getadelt, bemitleidet oder verspottet.

Und bei Nezâmi? Liebe, Wahnsinn und Dichtertum: diese drei Grundelemente der Madschnun-Gestalt erkennt der persische Meister als sich gegenseitig bedingende Aspekte des Durchbruchs zur eigentlichen (mystischen) Wirklichkeit. Beide, Wahnsinn und Dichtertum, entspringen wie ein dunkler und ein heller Strahl derselben Quelle eines von allem Anfang an auf Absolutheit gerichteten Eros.

Madschnun ist bei Nezâmi zu dieser Art Liebe „geboren". Sie ist sein ihm innewohnendes Schicksal, ein existentielles Gesetz, das gleichsam selbsttätig den Aggregatzustand aller Dinge des Lebens und der Natur, mit denen er in Berührung kommt, verändert, „Rohstoff" in „Feinstoff" verwandelt; und darum heißt es vom Kleinkind schon: „Jeder Schluck Milch, den es trank, wurde in seinem Innern zu einem Buchstaben der Treue; jeder Bissen, den es aß, gab seinem Herzen ein Stück Zärtlichkeit . . ."

Es ist nun Madschnuns Aufgabe, daß er sich dieser seiner Bestimmung mehr und mehr bewußt werde. Er selbst nennt später seine Liebe ein „Geheimnis", das man „niemandem deuten" könne: „Es kam in den Leib zugleich mit der Muttermilch – und es wird erst mit der Seele zusammen den Leib einst verlassen . . ."

So gesehen, sind die *äußeren* Hindernisse, die einer Erfüllung von Maschnuns Liebe in Zeit und Raum entgegenstehen, nurmehr sinnbildlich zu verstehen für die *innere* Unmöglichkeit einer solchen Erfüllung. So sind – immer in der Sicht des persischen Dichters –

die äußeren Schicksalsschläge Wegweiser zur inneren Wirklichkeit.
Nezâmi selbst vergleicht die erste Begegnung der beiden Liebenden als Kinder mit einem Rausch: „Schwer ist der Rausch vom ersten Wein – schwer fällt, wer nie noch gefallen ist …“ [31] Schon jetzt, gleich zu Beginn, zeigt diese Liebe ihren absoluten Charakter, der unvereinbar ist mit den Gesetzen und Erfordernissen, den Schranken und Bedingtheiten der menschlichen Gesellschaft.
Madschnun „weiß“ das natürlich zuerst nicht. Solange die Geliebte für ihn noch erreichbar ist, geht er durch diese Welt wie ein Schlafwandler, der nichts weiß, sieht und hört außer seinem Traumbild. Als ihm dieses entzogen wird, nach der Trennung, erwacht er zwar scheinbar – aber nur, um zu erfahren, daß das für ihn einzig Wirkliche eben sein Traum ist, die Wirklichkeit der andern jedoch so leer wie die Wüste. Was somit aus der Perspektive seiner Mitmenschen als „Wahnsinn“ erscheint, ist für Madschnun selbst nur Ausdruck seines Wissens um eine höhere Welt. Er ist wie einer, dem man das Paradies gezeigt hat, um ihn hernach davon auszuschließen.
Daß dieses Paradies nicht der reale Besitz der Geliebten, nicht die körperliche Vereinigung mit ihr sein kann, ist für Nezâmi so selbstverständlich wie für Dante. Das sagt nichts gegen die Sexualität als solche – die ja, wie wir gesehen haben, ihre eigene Metaphysik und Transzendenz hat, was übrigens gerade auch Nezâmi in anderen seiner Werke meisterhaft gestaltet hat –; *aber* man kann nicht die beiden Ebenen des „Rohstofflichen“ und des „Feinstofflichen“, der dunklen und der hellen Ekstase, der magischen Beschwörung und der mystischen Entrückung, des „Sterbens“ im Beischlaf und des „Sterbens“ in der Unio mystica, willkürlich mischen.
Darum: als sich die beiden Liebenden, zum zweiten und letzten Mal nach der Trennung, heimlich treffen, da nähern sie sich einander nur auf „zehn Schritte“, weil, wie Leila sagt:

„Das Nähergehen verderblich ist,
in der Religion der Liebe verwerflich ist –“

und weil Madschnun, der „vollkommene Liebende“, mehr auch gar nicht ertrüge; denn er wird schon ohnmächtig, als er die Geliebte nur sieht; und zudem weiß und sagt er: „*Ich* bin nicht; was *ist*, ist die Geliebte.“ [32]

Gradunterschiede der Entrückung

Zwischen dem gewöhnlichen *Rausch* und der mystischen *Ekstase* besteht ein ähnlicher Unterschied wie zwischen *Sexus* und *Eros*: also nicht ein Unterschied der Substanz, sondern der („rohstofflichen" oder „feinstofflichen") Erscheinungsform dieser Substanz – ihrer mehr oder weniger großen Durchsichtigkeit und Verdichtung. Auch der Diamant besteht bekanntlich aus reinem Kohlenstoff, und doch wird ihn niemand mit der gemeinen Kohle gleichsetzen. So sagt Dschalâloddin Rumi:

> „Immer sind wir trunken: ohne Wein –
> immer sind wir glücklich: ohne uns . . ." [33]

Solcher Zustand des mystischen Bewußtseins *ist* „Trunkenheit". Aber diese bedarf des Weines nicht mehr, weil ja auch kein „Ich" mehr vorhanden ist, dessen Fesseln und Grenzen das Berauschungsmittel erst sprengen müßte.

Daß für Madschnun, diesen Modellfall mystischer Liebe im Orient, die körperliche Vereinigung mit der Geliebten gar nicht mehr in Frage kommt, bedeutet nicht Ausdruck irgendeines moralischen Verzichtes, nicht Verurteilung des Beischlafes an sich – denn die Mystiker haben ja wieder und wieder betont, daß ihre Wirklichkeit auch der Schwerkraft der ethischen Kategorien entzogen und jenseits von „Gut und Böse" sei –, sondern es handelt sich hier um eine existentielle Notwendigkeit. Das Kohlenfeuer ist eines, und das Licht des Diamanten ein anderes. Ihr Ursprung ist derselbe; aber man kann die „Aggregatzustände" nicht vermischen: man kann nicht heizen mit Diamanten, und nicht die Kohle zum Spiegel des Weltlichts machen.

So kann Casanova nicht Madschnun sein, und Madschnun nicht Casanova, und wird der Mystiker im Zustand der Entrückung nicht nach dem Weinbecher greifen, und der Wein dem Trinker nicht die Unio mystica vermitteln – obwohl im einen Erscheinungszustand der andere keimhaft enthalten ist.

Die schwarze Mystik

Diese Feststellungen bilden nun keineswegs – wie es einem oberflächlichen Leser vielleicht scheinen könnte – einen Widerspruch zu früher Gesagtem. Im Gegenteil: wir haben damit unsere Ansicht, wonach *alle* Formen des Außer-sich-Seins, des Rausches im allgemeinen wie der Ekstase im besonderen, einem gemeinsamen Wurzelgrund entspringen (nämlich dem Durst des Menschen nach einer Wirklichkeit jenseits des Ich-Bewußtseins in Zeit und Raum), noch vertieft und bestärkt. Auch sind wir nach wie vor der Überzeugung, die populären Argumente von der „Schädlichkeit“ dieses oder jenes Rausches, oder der „Künstlichkeit“ irgendeiner Form der Ekstase, seien schon darum nicht ernst zu nehmen, weil sich in ihnen immer nur die Vorurteile und Interessen einer bestimmten Gruppe oder Gesellschaftsschicht spiegeln, der es nicht um Erkenntnis der Wirklichkeit, und nicht einmal um den Menschen als solchen geht, sondern immer nur um dessen funktionelle Verwendbarkeit.

Wenn nun dennoch *eine* Art der wertenden Unterscheidung – nämlich die zwischen „niedrigeren“ und „höheren“ Erscheinungsformen der Wirklichkeitserfahrung – und in unserer Sicht Gültigkeit besitzt, so nur unter der Voraussetzung, daß die innere Gewißheit des Mystikers von der Existenz einer außerzeitlichen und außerräumlichen Realität, welche der Mensch schrittweise oder auch in einem jähen Durchbruch zu erfahren vermag, nicht grundsätzlich geleugnet wird.

Anders ausgedrückt: wenn wir überzeugt sind von der Zufälligkeit und Sinnlosigkeit des menschlichen Daseins, so wird uns nichts und niemand (es sei denn unser eigenes Innere) das Gegenteil beweisen können. Ich denke hier vorerst weniger an die Verhaltensweise des Vertreters der modernen westlichen Zivilisation gegenüber der Seinshaltung des Mystikers – die ja ein bloßes Ausweichen in das Bedingte und Vorläufige materieller Zielsetzungen bildet –, als vielmehr an jene dunkle Kehrseite der Mystik im Orient selbst, die man, unter Übertragung abendländischer Begriffe, als „pessimistisch“ oder „nihilistisch“ bezeichnet hat.

Ein berühmter Vertreter dieser Richtung ist – jedenfalls nach der Mehrzahl der ihm zugeschriebenen Vierzeiler zu schließen – der

Naturforscher und dichtende Philosoph Omar der Zeltmacher (gest. 1122) gewesen; so, wenn er etwa erklärt:

„Du sahst die Welt, und was immer du sahst – ist nichts;
und auch das, was du sagtest und vernahmst – ist nichts;
du durcheiltest die Horizonte von Anfang bis Ende – nichts ist;
und der auch, der zu Hause herumkriecht – ist nichts." [34]

Folgerichtig ist für Chayyâm auch der *Rausch*, zu dem er ja immer wieder Zuflucht nimmt und auffordert, Funktion dieses seines Weltbildes: nämlich ein, ja, *das* Mittel schlechthin, die Sinnlosigkeit von Leben und Sterben wenigstens vorübergehend zu vergessen; denn aus der Sicht dieses „Rebellen" (als der er im Orient gilt) ist:

„glücklich jener, der nicht einen Atemzug lebendig war,
und geborgen einer, der von der Mutter nicht geboren ward ..." [35]

In unserem eigenen Jahrhundert hat beispielsweise der große iranische Erzähler Sâdeq Hedâyat (1903–1951) diese geistige und existentielle Haltung des von ihm verehrten Omar – die er selbst auf die Formel brachte: „Das Leben ist ein Augenblick: vergessen wir ihn! [36] geteilt und erneuert. Er empfiehlt schon auf der ersten Seite seines Romans: „Die blinde Eule", aus dessen hervorragenden Schilderungen des Opiumrausches wir zitiert haben, als „einziges Heilmittel" gegen die Martern des Daseins „das Vergessen durch den *Wein* und den künstlichen Schlaf mit Hilfe von *Opium* und Betäubungsmitteln, obwohl leider deren Wirkung vorübergehend ist" [37], und sein langjähriger Freund und Vertrauter Abu'l-Qâsem Endschawi schildert den Selbstmord Hedâyats mit den Worten:

„In dieser Stunde hatte er keinerlei Verbindung mehr mit der äußeren Welt. Er war angelangt an der Grenze zum Nichts; und wie ein von Liebe Wahnsinniger auf der Suche nach dem Geliebten, schritt er dem Vergehen und dem ewigen Nichts entgegen aus ... Das Nichts mit seiner magischen Lockung hatte ihn in seinen Zenit gezogen ..." [38]

Und im gleichen Bericht läßt Endschawi den Freund zu seinem letzten Besucher – einem Sozialisten, der ihn für die „Aktion" gewinnen will – sagen:

„Ich hänge nicht mehr am Äußeren, und ich glaube, daß jene Welt, die es wert ist, betrachtet zu werden, *innen* ist ... Je mehr ein Mensch in sich selber versinkt, um so tiefer genießt er. Oder was meinen Sie denn? Können Dinge und Personen, denen Sie begegnen, die Sie anschauen – können sie jemals so *wirk-*

lich für Sie werden wie Ihr eigenes Innere, Ihr eigenes Denken? Aber jenseits dieser Versenkung – und höher als sie – ist die Stille, ist das Schweigen. Verstehen Sie das? Ein Schweigen, das andauert. Es allein belügt sie nicht, denn es allein ist die *Wirklichkeit* – die hüllenlose, letzte Wirklichkeit. Alles sonst lügt und trügt ... Und Sie – vergessen Sie eines doch niemals: nicht immer leiden Menschen nur dann, wenn sie zu wenig gegessen oder geschlafen haben ...“ [39]

Diese Sätze verraten nicht umsonst ihre Herkunft aus dem Erbe und der Vorstellungswelt der orientalischen Dichtermystiker. Chayyâm oder Hedâyat sind ja nicht etwa „Nihilisten“ im westlichen, beispielsweise Schopenhauerschen oder Nietzscheschen Sinne (wenn auch heute die Orientalen selbst das bisweilen so darstellen); vielmehr sind auch *sie*, was schon durch ihr heftiges Leiden an der Zeitlichkeit und ihr enttäuschtes Sichabwenden von allen nur bedingten und endlichen Zielen deutlich bezeugt wird, mystische Sucher nach dem Absoluten. Der Unterschied besteht nur darin, daß sie am Sinn dieses Suchens verzweifeln; und daß sie schließlich den leiblichen Tod als die Schwelle ins Nicht-Sein begrüßen, während ihn der Mystiker umgekehrt als Tor zum eigentlichen Sein erfährt.
Aber *beide* Typen streben, wenn auch unter entgegengesetzten Vorzeichen, aus der Ich-Welt aus Zeit und Raum – die sie übereinstimmend als „Schein“ erleben – nach Absolutheit. Entsprechend ist ihr Verhältnis zu Rausch und Berauschungsmitteln: der *Mystiker* gebraucht sie vielleicht, oder gebraucht sie auch nicht, bedarf ihrer aber jedenfalls nicht mehr auf jener Bewußtseinsstufe, auf der er auch „trunken ist ohne Wein“. Der *Sucher* von der Art des Zeltmachers und Hedâyats jedoch bedient sich ihrer ständig und bedenkenlos, da er zwar die Alltagsrealität für genau so schattenhaft und „nichtig“ hält wie der Mystiker, darüber hinaus jedoch auch die Erfahrbarkeit einer überzeitlichen Wirklichkeit leugnet, und also das mystische „Entwerden“ nicht als Aufgehen im Licht, sondern als ein Zurücktauchen ins Dunkel begreift.

Stufen des Wirklichkeitserlebens

Wir kehren damit zum Ausgangspunkt dieser kurzen Betrachtung zurück: der Frage nach der Berechtigung einer Unterscheidung „niedrigerer“ und „höherer“ Erscheinungsformen der Ich-Sprengung in Erotik, Rausch und Ekstase. Unsere Antwort lautet jetzt: wir sind *dann* hiezu berechtigt (und sogar gezwungen), wenn wir die Existenz von etwas absolut Seiendem und überzeitlich Dauerndem in uns selbst nicht grundsätzlich bestreiten.

Dann nämlich muß es unsere Aufgabe sein, *den* Teil unseres Wesens, der am Absoluten teilhat, aus seiner Verflechtung mit der scheinrealen Zeitlichkeit des „Ichs" zu lösen; und dann gibt es selbstverständlich auf diesem Weg, dem „Pfad" der Mystiker, auch eine innermenschliche Entwicklung von niedrigeren, noch verhältnismäßig verdunkelten Graden, Stufen und Stationen des Wirklichkeitserlebens zu immer höheren, lichteren, luzideren.

Von da aus betrachtet, überschauen wir zweierlei Stufenleitern: nicht nur die vom Außersichsein des gewöhnlich Berauschten bis hinauf zum Mysterium der Unio mystica, sondern auch eine des inneren Weges, der gewisse Erfahrungen des Transzendenten bedingt und andere ausschließt.

Der Bewußtseinszustand des *Mystikers* schließt den des gewöhnlich *Berauschten* als eine Vorstufe seiner selbst in sich ein. Darum kann sich der Mystiker wohl einen „Berauschten" nennen, nicht aber der Berauschte so ohne weiteres einen „Mystiker". Doch hiefür ein Beispiel.

Der chinesische taoistische Meister Lieh-tse (vermutlich 5. Jh. v. Chr.) berichtet von sich selbst, er sei nach neunjähriger Meditation über das Absolute an einen Punkt gelangt, jenseits dessen Ich und Nicht-Ich zusammenfielen; und dann fährt er wörtlich so fort:

„Danach hörten auch die *Unterschiede der fünf Sinne* auf, alle wurden sie einander gleich. Da verdichteten sich die Gedanken, der Leib ward frei, Fleisch und Bein lösten sich auf, ich hatte keine Empfindung mehr davon, worauf der Leib sich stützte, wohin der Fuß trat: ich folgte dem Wind nach Osten und Westen wie ein Baumblatt oder trockene Spreu, und wirklich weiß ich nicht, ob der Wind mich trieb oder ich den Wind ..."

Lieh-tse vergleicht sodann diesen Zustand der Entrückung mit dem eines *Betrunkenen,* der nicht mehr weiß und spürt, was um ihn herum vorgeht; und anschließend sagt er:

„Wenn nun dieser Mann im *Wein* schon eine solche völlige Abgeschlossenheit erreicht, wie erst muß es sein, wenn man im *Geiste* Abgeschlossenheit erlangt! Der Berufene ist geborgen im Geist, darum können ihm die Außendinge nicht schaden." [40]

Man sieht: der Mystiker selbst setzt seine nach jahrelanger Innenschau erworbene Erfahrung der Transzendenz in Beziehung zum Rausch – darum ja auch die symbolische Bedeutung des Wortes „Wein“ im islamischen Sufismus –; aber zugleich ist er sich des grundsätzlichen internen *Rangunterschiedes* zwischen mystischer und nur rauschbedingter Trunkenheit völlig bewußt; mögen auch die beiden Zustände, von außen betrachtet und nach ihren äußeren Symptomen gleichsam „medizinisch“ beurteilt, von täuschender Ähnlichkeit sein.

Niemals wird beispielsweise der Berauschte jene Luzidität und Durchgeistigung der gesamten Existenz erlangen, die schon diese frühen chinesischen Mystiker im *Tod* den großen Erfüller begrüßen läßt, der sie endgültig wieder mit dem Absoluten vereinigen wird. So sagt etwa Chuang-tse (Dschuang-Dsi, 4./3. Jh. v. Chr.), einer der Nachfolger des großen Lao-tse, in seinem Dialog mit einem Totenschädel:

„Im Tode gibt es weder Fürsten noch Knechte und nicht den Wechsel der Jahreszeiten. Wir lassen uns treiben, und unser Lenz und Herbst sind die Bewegungen von Himmel und Erde. Selbst das Glück eines Königs auf dem Throne kommt dem unseren nicht gleich ...“

Und ehe er selbst starb, sprach derselbe Meister zu seinen Schülern:

„Himmel und Erde sind mein Sarg, Sonne und Mond leuchten mir als Totenlampe, die Sterne sind meine Perlen und Edelsteine, und die ganze Schöpfung gibt mir das Trauergeleit.“ [41]

Auch in der islamischen Liebesmystik ist der Tod ein Fest, das in ganz ähnlichen Bildern geschildert wird; so etwa, wenn Nezâmi die sterbende Leila zu ihrer Mutter sprechen läßt:

„Du sollst mich, wenn ich tot bin, schmücken wie eine Braut. Mache mich schön – womit? Nimm als Augensalbe Staub von den Wegen Madschnuns, bereite mir Indigo aus seiner Not, besprenge meinen Scheitel mit dem Rosenwasser seiner Tränen, hülle mich in den Duft seines Grams ... Ein blutrotes Totenkleid wünsche ich mir, denn ich bin ein Blutzeuge wie die Märtyrer. Man trägt Rot zu den Festen, und ist mein *Tod* nicht mein *Fest?* Dann hülle mich in den Schleier aus Erde, den ich nicht wieder ablegen will ... Oh, er wird kommen, mein Wanderer, mein Ruhloser! Ich weiß es. Er wird auf meinem Grab sitzen und den Mond suchen und nur den Schleier sehen – die Erde, und er wird weinen und klagen. Dann, Mutter, sag ihm: ‚Im Augenblick, da Leila die Kette dieser Welt zerrissen hat, ist sie gegangen mit dem Gedanken an dich und in Liebe zu dir ... Ihre Sehnsucht nach dir ist mit ihr nicht gestorben. Du kannst ihre Augen hinter dem Schleier von Erde nicht sehen, aber diese Augen halten Ausschau nach dir und folgen dir auf deinem Weg, wohin du auch gehst, und warten auf dich und fragen: wann kommst du? ...' Sag ihm das, Mutter!" [42]

Solche Zeugnisse sind nicht, nie, das Ergebnis eines durch Berauschungsmittel oder bewußte asketische Übungen – welcher Art auch immer – zu erreichenden inneren Zustandes. Sie sind vielmehr Ausdruck einer mystischen Seinshaltung, die den *ganzen* Menschen immer, von Augenblick zu Augenblick, erfüllt. In Rausch und Ekstase gewonnene Erfahrungen mögen als Wegweiser hiezu von unschätzbarem Wert sein; aber es sind Wegweiser, und nicht der Weg selbst.

Absolutheit der mystischen Seinshaltung

Der Mystiker erweist sich in jeder Zeit und Gesellschaft daran, daß er von seiner Absolutheitserfahrung her alle äußeren Formen, Gesetze, Anschauungen und Überlieferungen weder annimmt noch ablehnt, sondern als „uneigentlich" durchschaut und damit *relativiert.* Wäre seine Haltung eine andere, und würde er in irgendeiner Weise eine Änderung des äußerlich Bestehenden anstreben, so wäre er ja – wie der „Revolutionär" und „Reformer" – nur ein Täter mehr auf der Bühne der Weltgeschichte, der dadurch, daß er gegen den Widerstand der jeweils herrschenden Mächte eine Veränderung der geltenden Spielregeln und Rollenbesetzung durchsetzt, im Grunde überhaupt *nichts* bewirkt. Denn politische Zielsetzungen, soziale Reformen, wirtschaftliche Programme, ideologische Grundsätze und dergleichen behandeln den Menschen ja immer nur als bloße Funktion ihres abstrakt gewordenen Machtstrebens, wie umgekehrt auch der Mensch in ihnen ein willkommenes Mittel zum Zweck erblickt, seiner eigenen inneren Wirklichkeit zu entfliehen. Darum sagt der lebende indische Mystiker Krishnamurti (geb. 1895) mit Recht: „Alle Wege der Flucht sind sich gleich, es gibt keinen höheren oder niederen. *Gott* und *Trunk* stehen auf derselben Ebene, solange es Mittel sind, dem zu entfliehen, was man ist. Nur wenn man sich seiner Wege der Flucht vor sich selber bewußt wird, kann man seine Bedingtheit erkennen"; oder auch: „Aber die Reformatoren wie die sogenannten Revolutionäre haben ein Ziel vor Augen, das sie erreichen wollen, und beide benutzen den Menschen als Mittel zu ihrem Zweck ... Man kann aber Zweck und Mittel nicht trennen, denn sie bilden einen einzigen, unteilbaren Vorgang. Die Mittel sind Zweck ...“ [43]

Alles, wonach wir in dieser Welt aus Zeit und Raum jagen, was uns hier Befriedigung und Leiden schafft, Reue und Hoffnung eingibt, begehren und fliehen läßt, ist ja letztlich un-eigentlich. Wir weichen damit nur dem aus, was *ist*; immer ist, von Augenblick zu Augenblick. Was aber ist das? Das läßt sich nicht formulieren – weil es ja damit auch schon wieder begrenzt und bedingt wäre –; wohl aber läßt es sich *erfahren*. Wie? Indem wir, erwidert Krishnamurti, durch den Strom der Zeit und des Zeitlichen auf unseren Grund tauchen, der selbst unbewegt ist:

„Man muß jeden Tag allen seinen Erinnerungen, Erfahrungen, Kenntnissen und Hoffnungen gegenüber absterben, und das Ansammeln von Vergnügen, von Buße und Tugenden muß von einem Augenblick zum andern aufhören. Das sind keine leeren Worte, es ist die Darlegung eines tatsächlichen Zustandes. Was fortdauert, kann nie den Segen des Unbekannten erleben. Nichts anzusammeln, sondern jeden Tag und jede Minute zu sterben, bedeutet zeitloses Dasein. Solange noch der Drang nach Erfüllung mit all seinen Konflikten herrscht, muß die Furcht vor dem Tode bestehen bleiben ... Der Suchende muß verschwinden. Das ist Meditieren. Die Ruhe des Geistes läßt sich nicht durch einen Willensakt herbeiführen. Stille herrscht, wenn unser Wille endet. Das ist Meditieren. Wirklichkeit kann man nicht suchen, sie ist da, wenn der Suchende nicht mehr besteht ... Das Problem liegt also zweifellos im Aufhören aller Bemühungen des Verstandes, etwas zu sein, und zwar in jeder Beziehung ...“ [44]

Zu dieser mystischen Grundhaltung stehen nun aber alle die modernen Ideologen und Pseudo-Religionen in einem zwar meist unausgesprochenen, aber nichtsdestoweniger unüberbrückbaren Gegensatz; denn *sie* wollen ja keineswegs den Menschen zu sich selbst hinführen, sondern sich seiner im Gegenteil bemächtigen und bedienen, wofür sie ihn durch Erfüllung seiner materiellen Wünsche, in Form von „Fortschritt“ und „Sicherheit“, zu belohnen versprechen.

Dies ist auch der tiefere, mehr oder weniger unbewußte Grund der westlichen Tabus und Vorurteile gegenüber *Rausch* und Berauschungsmitteln, und ganz besonders gegenüber *jenen* Drogen, die (im weitesten Sinne des Wortes) „introvertierend" wirken, oder auch in außereuropäischen Kulturen kultische Verwendung fanden und finden, indem sie dort die innere Bereitschaft zu mystischer Seinshaltung begünstigen und verstärken. Gewiß kann man nicht – und wir haben das ja hinlänglich betont – den Narkotiker und den Ekstatiker, rauschbedingtes Außersichsein und mystische Entrükkung, einfach einander gleichsetzen; aber noch viel weniger kann deren ursächliche innere Verwandtschaft, und die Bedeutung des Rausches als „Unterbaus" der Mystik, ernsthaft bestritten werden.
In diesem Zusammenhang ist folgende Überlegung sehr aufschlußreich: im Okzident ist wohl der *Künstler* derjenige Typ, der eine mystische Seinshaltung, wie sie der Orient versteht, noch am ehesten zu verwirklichen imstande ist. Dichter und Künstler sind aber auch diejenigen, die einerseits dem immer stärkeren Gefälle der westlichen Zivilisation zu Zweckdenken, Zielgebundenheit und Funktionalismus den hartnäckigen Widerstand leisten; und die andrerseits – von den Hirten und Hütern der öffentlichen Moral und Meinung aus gesehen – so oft durch ihre eigene Gefährdung auch die Gesellschaft gefährden, indem sie beispielsweise erwiesenermaßen den sogenannten „Rauschgiften" viel leichter und gründlicher verfallen als die anderen, besser integrierten Bürger.
Warum wohl ist das so? Was die erwähnten „Hirten und Hüter", die offiziellen Sprachrohre von Staat und Gesellschaft, eben immer wieder übersehen oder tot zu schweigen versuchen, ist folgendes: Was *sie* anzubieten haben, wird einen Thomas de Quincey oder Charles Baudelaire, einen Gottfried Benn oder Aldous Huxley, niemals von der Überlegenheit des nüchternen über das berauschte Bewußtsein zu überzeugen vermögen.
Wenn beispielsweise im Zuge der Kampagne gegen das Opiumrauchen in Persien ein Professor der Medizin in einer Sendung von Radio Teheran erklärt: „Die jungen Männer anderer Länder haben unerschrocken unter Granaten- und Bombenhagel gekämpft; ihre stählernen Leiber, starken Nerven und ehernen Arme sind vor kei-

ner Pein und Mühe zurückgeschreckt", während „der Opiumsüchtige nie ein vernünftiger Soldat sein, und eine opiumrauchende Nation nie eine starke Armee haben wird" [45] – dann *kann* doch die Reaktion eines nur halbwegs geistigen Menschen auf diesen professoralen Unsinn nur darin bestehen, innig zu wünschen, die ganze Menschheit möchte doch Opium rauchen, statt als „vernünftige Soldaten starker Armeen unerschrocken unter Granaten- und Bombenhagel zu kämpfen".

Das Beispiel soll nur verdeutlichen, worum es hier geht. Rausch und Sucht können „überhöht" werden – der Mystiker steht turmhoch über dem Trunkenbold und dem Süchtigen –; aber wenn Staat und Gesellschaft den entgegengesetzten Weg gehen, wenn sie Rausch und Sucht zugleich „unterbieten", indem sie sie *ver*bieten zugunsten besserer Verwendbarkeit des Individuums als Kanonenfutter, dann kann ein solcher Staat auch nicht mehr erwarten, daß seine Gebote und Verbote intellektuell ernst genommen werden. Es entsteht dann jener latente Kriegszustand zwischen dem modernen Staat der Massen und Manager einerseits und den geistigen Eliten – die mehr und mehr in die Katakomben abwandern – andrerseits, wie Gottfried Benn und andere ihn prophezeit haben, und wie er heute schon, durch die zwangsläufige Verwestlichung auch der außereuropäischen Gesellschaften, in weltweitem Ausmaß zu beobachten ist.

Sakrale Drogen oder Psychotomimetika?

So betrachtet, ist es ein typisches Symptom, daß die moderne Zivilisation die kultischen Drogen höchstens als „Psychotomimetika" – das heißt: eine Modell-Psychose bewirkende Substanzen – bedingt hat gelten lassen; während der andere und eigentliche Aspekt, der in der von Sidney Cohen vorgeschlagenen Bezeichnung „Mysticomimetica" (also: mystische Zustände hervorrufende Stoffe) zum Ausdruck kommt [48], erst durch Huxleys „The Doors of Perception" offiziell zur Kenntnis genommen wurde, aber gleichzeitig auch Reaktionen und Ressentiments von außerordentlicher Heftigkeit ausgelöst hat.

Das kann niemanden verwundern, der sich über Wurzeln und Wesen der technischen Zivilisation des Westens im klaren ist. Der

Mystiker – als der Prototyp des im modernen Sinne „nicht engagierten“ Menschen – stellt durch sein bloßes Dasein und So-Sein das Bestehen *jeder* Ideologie und *aller* Ideologen, welcher Art auch immer sie seien, grundsätzlich in Frage. Nun kann man aber Mystik nicht direkt verbieten, selbst der totalitärste Staat kann das nicht; denn sie richtet sich ja gegen nichts und niemanden. Wohl aber läßt sich all *das* verbieten, verunmöglichen oder erschweren, was den einzelnen Menschen veranlassen und bestärken könnte, den „Weg nach innen“ einzuschlagen und sich einer mystischen Seinshaltung anzunähern – und wozu, neben manchen anderen Dingen, nun eben auch der Rausch im allgemeinen, und gewisse Drogen im besonderen, gehören.

„Was“, so fragt Sidney Cohen am Ende seines Buches über das LSD, „soll eine rationalistische, materialistische, ziemlich ungläubige Gesellschaft mit den visionenschenkenden Drogen beginnen? Sollten sie vollständig verboten werden? Wer sollte Zugang zu ihnen besitzen? Der Wissenschaftler für Forschungszwecke? Der Psychotherapeut? Der Philosoph, der seine Denkprozesse zu ergründen wünscht? Der Künstler, der auf erhöhte Schöpferkraft hofft? Der Mystiker? Der Hedonist? . . .“

Es gibt keine „guten“ und „schlechten“ Drogen, sagt der Psychiater S. Cohen weiter – jede Droge kann sowohl zum Heil wie zum Verderben des Menschen angewendet werden, hat eine helle und eine dunkle Seite, mag positiv oder negativ gedeutet werden. Selbst der Teonanacatl, der „heilige Pilz“ der Azteken, bewirkte – eingenommen von der Bevölkerung nach der Krönung von Montezuma II. um 1502 – Selbstmord der einen, prophetische Hellsicht anderer [47].

Rausch und moderne Gesellschaft

Wir haben gesehen, daß es verschiedene Wege gibt, die jenseits des Ich-Bewußtseins und seines zeit-räumlichen Koordinatensystems bestehende Wirklichkeit existentiell zu erfahren. So oder so *hat* ja auch der Mensch, und zwar jeder Mensch, an dieser metaphysischen Wirklichkeit teil und ist insofern – im weitesten Sinne des Wortes – ein „Mystiker“; selbst dann noch, wenn sich sein Teilhaben auf die Tatsache beschränken mag, daß er schlafen und sterben muß.

Wir müssen hier nochmals wiederholen, daß die konventionellen Unterscheidungen von „künstlicher“ und „natürlicher“ Ekstase, von „schädlichem“ und „unschädlichem“, „erlaubtem“ und „verbotenem“ Rausch, zwar soziologisch und völkerpsychologisch aufschlußreich sein mögen, weil sie Charakter und Eigenarten einer Gesellschaft spiegeln, daß sie uns aber einem Verstehen des Phänomens von innen heraus nicht nur um keinen Schritt näher bringen, sondern im Gegenteil ein solches geradezu verunmöglichen, indem sie die *Frage nach der Wirklichkeit* – auf die es hier allein ankommt – zudecken mit sekundären und nur relativ gültigen Gesichtspunkten moralischer, konfessioneller, politischer, juristischer oder medizinischer Art.

Daraus folgt nun auch, daß die Frage, *wie* ein Zustand des (im weitesten Sinne) mystischen Außer-sich-Seins zustande kommt, über Wert und Wahrheitsgehalt einer solchen Erfahrung kaum etwas aussagt. Ebenso wie der Wurzelgrund *jeder* Konfession als Ausgangspunkt für mystische Erfahrungen einzelner oder ganzer Gruppen dienen kann – obwohl und gerade weil ja die mystische Seinshaltung ihrem Wesen nach überkonfessionell ist –, so können auch die verschiedensten Wege und Methoden doch zu gleichen oder ähnlichen Ergebnissen und Erlebnissen führen. Grundsätzlich aber gilt, daß selbst der gewöhnlichste Rausch der raum- und zeitlosen Realität der Mystiker phänomenologisch noch immer näher steht als beispielsweise das ebenso abstrakte wie rein materialistische Zweckdenken eines Börsenmaklers.

Sogar der Alkohol – der ja doch keineswegs zu den Berauschungsmitteln gehört, die primär innere Erfahrungen begünstigen – spielte und spielt, ganz besonders in der westlichen Gesellschaft, eine kaum zu überschätzende Rolle als „Sprenger des Ich-Bewußtseins“; und sicher nicht zu Unrecht schreibt der Religionswissenschaftler William James:

„Die Herrschaft des Alkohols über die Menschheit ist zweifellos seiner Macht zuzuschreiben, in der menschlichen Natur die *mystischen* Fähigkeiten anzuregen, die üblicherweise niedergehalten werden durch die kalten Fakten und die dürre Kritik des nüchternen Alltag. Nüchternheit vermindert, unterscheidet und sagt ‚nein‘. Trunkenheit erweitert, verbindet und sagt ‚ja‘ ... Das *berauschte Bewußtsein* ist *ein* Teil des *mystischen Bewußtseins;* und unsere gesamte Haltung gegenüber jenem muß eingeschlossen sein in unsere Haltung diesem größeren Ganzen gegenüber.“ [48]

Daß Rausch und Mystik in einem ursächlichen inneren Zusammenhang stehen – und daß eine Gesellschaft, die das eine verneint, auch das andere nicht mehr wirklich bejahen kann – bildet ja auch eine der Grundüberzeugungen dieses Buches. Erinnern wir uns hier der Feststellung von Ludwig Klages, wonach es „vielleicht niemals noch einen echten Ekstatiker gab, der nicht gelegentlich auch Narkotiker war“ [49]. Bedenken wir auch vor allem den unwiderstehlichen Hang fast aller Hochtalente, die man in der westlichen Welt „Genies“ nennt, zu Rausch und Berauschungsmitteln – man vergleiche nur die von Gottfried Benn in seinem Aufsatz „Das Genieproblem“ aufgezählten Beispiele [50] –, und man wird kaum noch leugnen können, daß es der mystische *Durst nach Wirklichkeit* ist, die Sehnsucht nach Sprengung des Ichs und seines engen Kerkers aus Raum und Zeit, die den Menschen den Rausch suchen läßt.

Wenn aber schon der Wein, wie William James sagt, dieser metaphysischen Sehnsucht entgegenkommt, so gilt das für die „magischen Drogen“ (Psychotomimetika) in noch viel höherem Maße. Die Gegner dieser Art Drogen werden nicht müde, immer wieder zu betonen, das Unmoralische und „Schwarzmagische“ von deren Verwendung äußere sich gerade darin, daß die Wirkung unfehlbar und gleichsam „automatisch“ eintrete, also nicht mit ethischen Leistungen bezahlt werden müsse.

Das ist ein in jeder Hinsicht merkwürdiger Einwand. Denn, erstens einmal, macht ja die Droge nur sichtbar, was schon vorher *in* uns enthalten war; sie ist, wie Ernst Jünger so präzis feststellt, ein „Schlüssel“, der nicht *mehr* erschließt, „als unser Inneres verbirgt“ [51] – und es ist schwer einzusehen, warum es grundsätzlich nicht erlaubt sein sollte, den Horizont des Bewußtseins auch auf diese Weise zu erweitern.

Sodann aber liegt doch gerade in der „Unfehlbarkeit“ der Wirkung der Psychomimetika – darin, daß sie das Individuum *zwingen*, die Existenz einer überzeitlichen Realität in sich selbst zu erfahren – auch ein ungeheurer Vorteil. Dies ganz besonders in einer Zeit und Gesellschaft wie der unseren, die *ohne* den Umweg über diese von Chemie und Psychiatrie „wiederentdeckten“ Drogen erst recht in Gefahr wäre, daß für sie die Zeugnisse der großen Mystiker zu einem „Buch mit sieben Siegeln“ würden.

Was schließlich das angeblich „Unverdiente“ der durch Drogen bewirkten inneren Erfahrungen und Einsichten betrifft, so gibt es darauf verschiedene Antworten. Schon die Art dieser Erfahrungen selbst, die ja ebenso qualvoll und zutiefst erschütternd wie beseligend sein können (zu denen das Individuum jedenfalls prädisponiert war, und mit denen es sich nachher nolens volens auseinandersetzen muß), widerlegen meiner Ansicht nach diesen Einwand zur Genüge. Es ist ja so, wie Sidney Cohen in seinem Standardwerk „The Beyond Within. The LSD-Story" schreibt – nachdem er konstatiert hat, daß „wahrscheinlich ein Dauerzustand der Selbst-Transzendenz weder wünschenswert noch erreichbar ist" –: „Was im visionären Zustand erfahren worden ist, muß zurückgebracht werden in unsere gegenwärtige Verfassung und dort seine Anwendung finden gegenüber den Mißlichkeiten und Verwirrungen des alltäglichen Lebens . . ." [52] – Für welchen Mystiker hätte das nicht *auch* gegolten?

Die Möglichkeit subjektiver Gefährdung ist natürlich unbestritten. Auch hier gilt: je extravertierter (im weitesten Sinn) ein Mensch gelebt hat, je weniger er sich, dem *Schein* zuliebe, des *Seins* bewußt geworden war, um so größer ist das Risiko, daß ihn die jähe Konfrontation mit seiner inneren Wirklichkeit – der er dann ja nicht mehr ausweichen kann – überfordert, und daß er in extremen Fällen vielleicht daran zerbricht. Aber selbst dann weiß er doch wenigstens, warum und woran er scheitert; während die Absurdität des Todes in der modernen Zivilisation ja gerade in der furchtbaren Zufälligkeit und blinden Willkür besteht, mit der hier – sei es nun im Krieg oder im Frieden, auf der Autobahn oder durch Herzinfarkt – die menschlichen Existenzen ausgelöscht werden.

Andrerseits kann nun aber gar nicht bezweifelt werden, daß für den modernen Menschen des Westens, den bekanntlich schon Baudelaire „den Beduinen der Zivilisation in der Sahara der Großstädte" [53] genannt hatte, der Rausch – und insbesondere die magischen Drogen – eine (und wohl in den allermeisten Fällen: die einzige) Möglichkeit bildet, das Absolute existentiell zu erfahren und den verschütteten Zugang zur mystischen Wirklichkeit wieder freizulegen.

Mystische Erfahrungen durch Drogen

Sogar eine so sanft wirkende Droge wie das Opium kann dazu führen, daß die „Schallmauer der Zeit" durchbrochen wird, und das menschliche Bewußtsein Anker wirft in der Windstille ewigen Mittags, wo es mit einemmal weiß, was die Mystiker gemeint haben mit dem „Zugleich aller Dinge" und mit dem „Ertrunkensein in einem Meer, wo es weder Vergangenheit noch Zukunft mehr gibt" ('Erâqi). In seinem persischen „Traktat für Opiumraucher" dichtet Abu'l-Qâsem Yazdi:

> „Wärest du auf Verehrung der Opiumpfeife gesonnen,
> wärst der Begegnung der Zeit du inskünftig entronnen ..." [54]

Thomas de Quincey hat dank dem Opium in einer Zeit und Gesellschaft, die solchen Erkenntnissen keineswegs förderlich war, die mystische Gleichzeitigkeit erfahren und sie an einer hochinteressanten Stelle seiner „Bekenntnisse" geschildert. Er geht dort aus vom Erlebnis einer Dame seines Bekanntenkreises, die beinahe ertrunken wäre – und dabei geschah ihr folgendes:

> „An einem bestimmten Punkt dieses Hinuntersinkens schien sie ein Schlag zwischen die Augen zu treffen: sie nahm eine phosphorische Helligkeit wahr, und im gleichen Moment entrollte sich in ihrem Hirn ein ungeheures Theater. In einem Nu von der Dauer eines Wimpernschlags lebte jedes Muster ihres vergangenen Lebens wieder auf, aber nicht im zeitlichen Nacheinander, sondern als Teil eines großen Synchronismus. Ihr Weg bis zurück in die Kindheitsdämmerung lag wie der Weg nach Damaskus plötzlich von Licht übergossen vor ihr." [55]

De Quincey sagt, das eigentlich Bedeutsame dieses vielfach angezweifelten Erlebnisses sei „die Reproduktion verschütteter Gedächtnisinhalte"; und er nennt das „ein Mysterium, das den Zweifel ausschließt; denn den Märtyrern des Opiums wiederholt es sich, es wiederholt sich im Rausch zehntausendmal ..." Im menschlichen Gehirn, so fährt er fort, „haben die unzähligen Schichtungen sich überlagert bis zur Unkenntlichkeit. Und in der Todesstunde, im Fieberdelirium und in den Heimsuchungen des Opiums kommen sie alle in ungebrochener Stärke wieder zum Vorschein. Sie waren nicht tot, sie schliefen nur." [56]

Man sieht: durch seine Erfahrungen mit dem Opium gelangte de Quincey zu einer richtigen Auffassung über so komplexe Dinge wie

das mystische „Zugleich“, die Relativität des Zeitfaktors und das Absinken (oder „Verdrängen“) von Gedächtnisinhalten ins Unbewußte, wo sie aber nicht verloren, sondern nur unterschwellig aufbewahrt werden, um unter gewissen Voraussetzungen wieder über die Horizontlinie des Bewußtseins zu steigen.
Der französische Schriftsteller, Graphiker und Drogenforscher Henri Michaux kommt in seinem Buch „L'infini turbulent“ ebenfalls zu einem sehr vertieften Verständnis der mystischen Wirklichkeit, wenn er beispielsweise aus seinen Selbstversuchen mit der Meskalin-Droge den Schluß zieht:

„Was nach dem Tode geschieht, will man zu substantiell begreifen ... Im Tod würde die vorübergehende Unendlichwerdung (infinisation) zur endgültigen Unendlichwerdung. *Der Tod wäre die Ekstase.* Man wäre dort dem Unendlichen zugewendet und ohne andere Möglichkeit ... Die große mystische Ekstase ist gewöhnlich von einer vollkommenen Unempfindlichkeit begleitet: das eine ist Bedingung des anderen ...“ [57]

Ich selbst habe mehrere Male, und mit Hilfe verschiedener Drogen, einen Bewußtseinszustand erreicht, von dem ich überzeugt bin, daß er demjenigen, den die Mystiker „Entwerden“ und „Vereinigung“ nennen, zumindest außerordentlich nahekommt. Besonders eindrücklich war für mich mein erster Selbstversuch mit einer verhältnismäßig niedrigen Dose (10 mg) Psilocybin, dem Wirkstoff des mexikanischen Zauberpilzes Teonanacatl, am 6. April 1961; und ich möchte hier einen Teil meines nachher in der Zeitschrift „Antaios“ erschienenen Berichtes zitieren:

„Der Rausch trieb rasch einem Höhepunkt zu. Obwohl ich mir fest vorgenommen hatte, ständig Notizen zu machen, erschien mir das nun als reine Zeitverschwendung, die Bewegung des Schreibens als unendlich langsam, die Ausdrucksmöglichkeiten der Sprache als unsäglich armselig – gemessen an der Flut von innerem Erleben, die mich überschwemmte und zu zersprengen drohte. Hundert Jahre, so schien mir, würden nicht ausreichen, um die Erlebnisfülle einer einzigen Minute zu schildern ... Ich ging dann noch weiter fort (die Nähe der andern störte mich) und legte mich in einem Gartenwinkel auf einen sonnenwarmen Holzstoß – meine Finger streichelten dieses Holz ... Zugleich versank ich nach innen; es war ein absoluter Höhepunkt: ein Glücksgefühl durchdrang mich, eine wunschlose Seligkeit – ich befand mich hinter meinen geschlossenen Lidern in einem Hohlraum voll ziegelroter Ornamente und zugleich im ‚Weltmittelpunkt der vollkommenen Windstille‘. Ich wußte: alles war gut – der *Grund* und Ursprung von allem war gut. Aber ich begriff im gleichen Augenblick auch das Leiden und den Ekel, die Mißstimmungen unnd Mißverständnisse des ‚gewöhnlichen Lebens': dort ist man nie ‚ganz', sondern zerteilt, zerhackt und zerspalten in die winzigen Scherben der Sekunden, Minuten, Stunden, Tage, Wochen und Jahre; man ist dort ein Sklave des Molochs Zeit, der einen stückchenweise auffrißt; man ist zu Stammeln, Stümperei und Stückwerk verdammt; man muß das Vollkommene und Absolute, das Zugleich aller Dinge, den Ewigen Nu des Goldenen Zeitalters, diesen Urgrund des Seins – der doch schon immer bestand und immer bestehen wird – ‚dort', im Alltag des Menschseins, als einen tief in der Seele begrabenen Qualstachel, als ein Mahnmal nie erfüllten Anspruches, als eine Fata Morgana von verlorenem und verheißenem Paradies, mit sich dahinschleppen durch diesen Fiebertraum ‚Gegenwart' aus einer verdämmernden ‚Vergangenheit' in eine umnebelte ‚Zukunft'. Ich begriff es. Dieser Rausch war ein Weltraumflug nicht des äußeren, sondern des inneren Menschen, und ich erlebte die Wirklichkeit einen Augenblick von einem Standort aus, der irgendwo jenseits der Schwerkraft der Zeit liegt." [58]

Meer ohne Ufer

Diese Sätze hatte ich unmittelbar nach dem Selbstversuch niedergeschrieben. In den mehr als vier Jahren, die seither vergangen sind, hatte ich Gelegenheit zu zahlreichen weiteren Experimenten mit Psychotomimetika, und ich habe deren Wirkung nicht nur an mir selbst, sondern auch an Menschen verschiedener Herkunft, Rasse und Gesellschaftsschicht in Europa, den USA und Persien beobachtet und eine große Anzahl von Berichten gehört und gelesen.

Auf Grund dieser Erfahrungen und dieses Materials möchte ich annehmen, daß die primär visionenschenkenden Drogen wie etwa Psilocybin, LSD, das ältere Meskalin und (in geringerem Maße) das Haschisch, das menschliche Bewußtsein auf eine Wellenlänge umschalten, die zum Erlebnisbereich der Mystiker gehört. Was geschieht? Nun, was wir im Alltag unser „Ich" heißen, und als solches erfahren, ist doch der Schnittpunkt sämtlicher „Bezüge", die von Vergangenheit und Zukunft her in jedem gegenwärtigen Augenblick unsere Fahrtrichtung bestimmen. Was nun, wenn diese Leitseile mit einemmal durchschnitten werden? Dann gleicht das Bewußtsein einem Segelschiff, das aus einem engen Kanal, der ihm bisher seinen Kurs vorgeschrieben hatte, plötzlich aufs offene Meer hinaus getrieben wird. Die Ufer zu beiden Seiten, die eine Orientierung über Fahrtgeschwindigkeit und Reiseziel ermöglichten, weichen zurück, versinken in der Ferne; und wohin nun das Auge auch schweift, begegnet ihm überall die gleiche Unendlichkeit des Horizontes.

Wie wird der Schiffsbesitzer auf eine solche Entdeckung reagieren? Es gibt dafür verschiedene und gegensätzliche Möglichkeiten. Es mag sein, daß Angst und Schrecken in ihm überwiegen, daß er sich ausgeliefert und verlassen vorkommt, um Hilfe ruft, um sein Leben zittert und sein Geschick verflucht. Es kann aber auch sein, daß er gerade diese Uferlosigkeit des Meeres als sein geheimes Reiseziel erkennt – „toujours avec l'espoir de rencontrer le mer . . . / mordant au citron d'or de l'idéal amer“ [59], heißt es in einem herrlichen Gedicht von Mallarmé –, und daß also seine Seligkeit die Furcht und Unsicherheit, die auch er zuerst gefühlt haben mag, bei weitem übersteigt. Kurz: die jähe Konfrontation mit einer grenzenlosen Freiheit, mit einer Welt „ohne Horizonte“, in der es kein „hier“ und kein „dort“, keinen Ausgangspunkt und kein Ziel mehr gibt, wird zweifellos einen Schock auslösen, der positiv oder negativ erlebt werden kann.

Aber nicht nur das Erlebnis als solches, sondern vor allem auch seine Folgen gilt es zu bedenken. Denn der Segler (um bei unserem Vergleich zu bleiben) muß ja früher oder später zurückkehren in seinen engen Fluß oder Kanal. Diese Rückkehr in die Welt des Gewohnten wird ihn mit Freude und Erleichterung erfüllen, und er wird sich als ein aus einem Sturm geretteten Schiffbrüchiger vorkommen, wenn ihm das Meer nur oder doch in erster Linie seine schrecklichen Gesichter zeigte. Was aber geschieht, wenn das Abenteuer als eine höchste Steigerung und Erfüllung erlebt wurde, wenn unser Schiffer, wie einst Odysseus, den Gesang der Sirenen vernahm, und wenn er im Ewigen Augenblick einer Unio mystica die Vermählung der Unendlichkeit seiner inneren mit der Unendlichkeit der äußeren Horizonte erfuhr?

Dann wird er – und hier sind sich ja die modernen Psychologen mit den Mystikern grundsätzlich einig – dieses sein Absolutheitserlebnis in die „endliche Welt“ aus Raum und Zeit *integrieren* müssen. Ob ihm das leicht oder schwer fällt, gelingt oder mißlingt, hängt aber nicht nur von ihm allein ab, sondern auch in hohem Maße vom Charakter seiner Umwelt.

Die Wüste der Zeit

Wie die Mythen fast aller Völker beharrlich und übereinstimmend behaupten, hat es einst ein „Goldenes Zeitalter" gegeben, in dem der Mensch, ohne altern und sterben zu müssen, ein paradiesisches Dasein geführt hat. Das war „einmal", und in denselben Zustand sollen wir „einst" wieder zurückkehren. Das versprechen jedenfalls die Religionen den Gläubigen.

„Denn alle Lust will Ewigkeit", sagt selbst Nietzsche noch und verkündet seine Lehre von der ewigen Wiederkunft alles Gleichen, weil er die endlose Wiederholung in einer entgötterten Welt doch immerhin erträglicher fand, als jene entsetzliche Sinnlosigkeit des Einmaligen, die schon viel früher der Visionär Jean Paul seinen toten Christus vom leeren Weltall herab bekennen ließ.

Der Verlust des Glaubens ist für die Erben der großen monotheistischen Weltreligionen besonders folgenschwer, weil sie so viele Jahrhunderte lang die Existenz eines persönlichen Gottes mit dem Ewigen und Unvergänglichen schlechthin identifiziert hatten.

„Allahs sind wir, und zu Ihm kehren wir zurück", beteuert der Moslem, wenn ihm eine Trauerbotschaft überbracht wird. Aber wessen sind wir, wohin kehren wir zurück, und was bleibt uns, wenn Gott uns allein läßt, und der Glaube an diesen immer ferneren Schweiger wankt und schwindet?

Dann bleiben uns nur die Schwellen von Geburt und Tod, und dazwischen die Wüste der Zeit. Daß es eine „Wüste" sei, und ein „Jammertal", hat man uns lange und tief genug eingeimpft. Aber wir haben das in Kauf genommen um der Oasen unseres Ursprungs und Reisezieles willen. Wir hofften auf eine Rückkehr in das Paradies, aus dem man uns angeblich einst ausgewiesen hatte, damit wir die Erbsünde abbüßen sollten.

Gott und das Paradies sind für den Gläubigen ewig – das heißt also: jenseits der Zeit. Dasselbe gilt auch für das Goldene Zeitalter; denn in ihm ruhten Löwe und Lamm Seite an Seite, und gab es weder Kampf noch Krankheit, weder Alter noch Tod, weder Werden noch Vergehen.

Wieder müssen wir fragen: was aber geschieht, wenn Anfang und Ende verloren gehen? Wenn nur der Weg übrig bleibt, ohne Ausgangspunkt und Ziel? Nur die Wüste, das Diesseits, die Zeit?

Dann bleibt uns nur übrig, zu versuchen, den Weg selbst zum Ziel zu machen. Die Oasen, die wir außerhalb nicht mehr zu finden hoffen, mit eigenen Händen in der Wüste zu schaffen. Selber die Zeit in Ewigkeit zu verwandeln.

Vom Dilemma des Menschen

„Nicht wer *arm* ist – wer *verlor*, muß weinen", sagt ein Vers von Stefan George; und Thornton Wilder erklärt: „Wir kommen aus einer Welt, in der wir unglaubliche Maßstäbe der Vollkommenheit gekannt haben, und erinnern uns deutlich der Schönheiten, die wir nie festzuhalten vermochten, und kehren wieder in jene Welt zurück." [60]

Wäre der Mensch – religiös gesprochen – nicht aus dem Paradies vertrieben worden, so müßte er auch keine Sehnsucht darnach empfinden und würde seinen gegenwärtigen Zustand als den einzig wirklichen betrachten. Man kann es aber auch anders ausdrücken: je stärker die Erinnerung an das Verlorene nachwirkt, je schärfer zugespitzt dieser Stachel der Ahnung von etwas Absolutem und Vollkommenem ist, um so heftiger wird der Mensch nach „Unmöglichem" verlangen, um so mehr wird er alles Erreichte und Erreichbare stets als nur „vorläufig" betrachten, um so weniger kann es ihm gelingen, die innere Wirklichkeit seines wahren Selbst in die dreidimensionale äußere Realität aus Raum und Zeit zu integrieren.

Das Dilemma besteht nun aber darin, daß ja der Mensch als ein endliches Wesen für eben diese dreidimensionale Realität geschaffen erscheint, während er jenseits von deren Schwerkraft, also im inneren Weltraum (genau wie im äußeren) – wohin doch sein tiefster Kern ihn zieht – nicht zu existieren vermag, oder höchstens vorübergehend in Ausnahmefällen, die man ja, mit den Worten Ernst Jüngers, „sich entschließen müßte, den Körper als Zoll zurückzulassen, wenn man die Grenzen überschreiten will." [61]

Dieses Dilemma des Menschen ist seinem Wesen nach unlösbar; oder besser gesagt: *wenn* es eine Lösung geben sollte, so liegt diese jenseits der menschlichen Daseinsbedingungen. Einer meiner orientalischen Freunde hat diese Situation einmal sehr geistvoll so ausgedrückt: „Der Mensch gleicht einem Fisch, der einen Angelhaken

verschluckt hat, an dem ein Bissen himmlischer Speise befestigt war. Nun ist er ein zwiefach Gezeichneter; denn der Schmerz vom verschluckten Haken in seinem Gaumen läßt ihn zugleich den Geschmack jenes Paradiesbissens niemals vergessen. Damit verglichen, schmeckt alle sonstige Speise schal und abgestanden – und so sucht und jagt denn unser Fisch unermüdlich nach einem zweiten solchen Angelhaken, obwohl er doch weiß, daß er, wenn er ihn findet und verschluckt, sterben muß."
Was bedeutet also, von hier aus gesehen, die Forderung, daß wir mystische Erfahrungen in unser alltägliches Weltbild und Lebensgefühl „integrieren" müßten? *Wie* denn, da doch diese Erfahrungen das „Ich" widerlegen?

Gehört die Zukunft den Drogen?

Ich gestehe, daß ich unsere Psychiater und Psychologen, die für Angehörige der modernen westlichen Gesellschaft auf diese Frage eine Antwort finden sollen, um ihre Aufgabe keineswegs beneide. Von ihnen wird ja erwartet, daß sie den Einzelmenschen, und besonders eben die „schwierigen Fälle" – wozu bekanntlich Idioten wie Genies, Verbrecher wie Heilige gehören – entweder *so* in diesen komplizierten Mechanismus unserer technischen Welt einbauen, daß sie darin einigermaßen reibungslos „funktionieren", oder aber sie als Geisteskranke (und damit als unbrauchbar und unzurechnungsfähig) isolieren.
Ob und wie diese Aufgabe mit den existentiellen Konsequenzen mystischer Erfahrungen in Einklang zu bringen sein wird, weiß ich nicht. Jedenfalls steht es zweifellos fest, daß die „Psychotomimetika" genannten Drogen, die Indianern und Orientalen als Schlüssel zu den Pforten zwischen Diesseits und Jenseits gelten, die meist verschütteten, aber latent vorhandenen mystischen Fähigkeiten auch im modernen Menschen in bisher kaum für möglich gehaltenem Ausmaß reaktivieren. Wie das zu verstehen ist, werden wir im folgenden Abschnitt noch sehen – bei der Besprechung eines mit minuziöser wissenschaftlicher Genauigkeit geplanten und durchgeführten Experimentes des amerikanischen Drogenforschers W. N. Pahnke in der Harvard-Universität.

Hier sei nur vorausgeschickt, daß ich es für durchaus möglich halte, daß die in den letzten Jahren immer leidenschaftlicher geführte Diskussion pro und contra die bewußtseinsändernden Drogen schließlich mit deren offizieller Ächtung enden wird [62]. Was dann aber immer auch die öffentlich genannte Begründung für ein solches Verbot sein mag – der *wahre* Grund wird allein der sein, daß Staat und Gesellschaft die durch diese Drogen bewirkten Einbrüche mystischer Wirklichkeit als eine Bedrohung von innen heraus empfinden, deren Konsequenzen sie nicht ins Gesicht zu sehen wagen, weil sie die Grundlagen unserer technischen Zivilisation, oder doch einige ihrer Lieblindsdogmen, erschüttern und in Frage stellen könnten.
Eine solche Entscheidung würde aber gleichzeitig einen gewollten Verzicht auf Erkenntnis der eigentlichen Bestimmung des Menschen bedeuten; denn die von der modernen Naturwissenschaft wiederentdeckten alten Zauberdrogen werden – mit den Worten von Aldous Huxley – „auf lange Sicht gesehen, dazu führen, das geistige Leben der Gemeinschaften, in denen sie erhältlich sind, zu vertiefen"; und daran schließt Huxley die folgenden bemerkenswerten Sätze:

„Diese berühmte ‚Wiederbelebung der Religion', von der so viele Leute seit so langer Zeit reden, wird nicht eintreten als das Resultat evangelistischer Massen-Meetings oder der Fernseh-Sendungen photogener Geistlicher. Sie wird aber eintreten als das Resultat biochemischer Entdeckungen, die es einer großen Anzahl von Männern und Frauen erlauben werden, radikale Selbst-Transzendenz und ein tieferes Verständnis über das Wesen der Dinge zu erlangen. Und *diese* Wiederbelebung der Religion (revival of religion) wird zugleich eine Revolution sein. Religion wird von einer hauptsächlich mit Symbolen sich befassenden Betätigung in eine solche, die vor allem mit Erfahrung und Intuition zu tun hat, verwandelt werden – eine Mystik des Alltags (everyday mysticism), die der alltäglichen Vernünftigkeit, den alltäglichen Aufgaben und Pflichten, den alltäglichen menschlichen Beziehungen, zugrunde liegen und Sinn geben wird." [63]

Sollte diese Vision von Aldous Huxley jemals Wirklichkeit werden, so würde es sich dabei um eine Art Verbindung der technischen Zivilisation des Okzidents mit der mystischen Seinshaltung des Orients handeln.

Das Experiment von Harvard (W. N. Pahnke)

Den meines Wissens bisher bedeutendsten Versuch, die durch „magische Drogen“ (Psychotomimetika) ausgelösten Bewußtseinsveränderungen mit den Erfahrungen der Mystiker zu konfrontieren, bildet das umfangreiche Werk „Drugs and Mysticism“ des amerikanischen Arztes Dr. Walter Norman Pahnke. Diese Untersuchung, die im Sommer 1963 der Harvard University (Cambridge, USA) vorlag, ist offenbar im Buchhandel noch nicht erschienen; und ich beziehe mich im folgenden auf das Manuskript, in das ich durch die liebenswürdige Vermittlung meines Freundes, Herrn Dr. Albert Hofmann, habe Einsicht nehmen können [64].

Die Abhandlung ist in zwei Hauptteile gegliedert: Der *erste*, theoretische, ist vor allem den Zeugnissen der Mystiker gewidmet; er beschreibt und definiert die Merkmale des mystischen Wirklichkeitserlebens auf Grund zahlreicher Beispiele und Zitate, die große Belesenheit und einen sicheren Blick für das Wesentliche verraten. Im *zweiten*, empirischen Teil werden dann die Ergebnisse eines wissenschaftlichen Experimentes vorgelegt und diskutiert, das im Rahmen eines Gottesdienstes an einem Karfreitag in einer Kapelle in Harvard unter aktiver Beteiligung von 30 Versuchspersonen (davon die Mehrzahl Theologiestudenten) durchgeführt worden ist.

Sehen wir nun zunächst, was Pahnke als für die Erfahrungen der Mystiker besonders charakteristisch bezeichnet. Da wäre an erster Stelle zu nennen das Erlebnis der *Einheit* (unity) – auf höchster Stufe der Unio mystica im Sinne des Aufgehens des Einzelnen im Ganzen, des Relativen im Absoluten, des Subjekts im Objekt, des Ichs im Du, des Menschen in der Gottheit. Naturgemäß ist dieses Erlebnis einer letzten Identität ja insofern ambivalent, als es sowohl die Geburt des „wahren Selbst“ wie auch den Tod des individuellen „Ichs“ bedeutet – dieses Ichs nämlich, dessen Schleier uns nach Ansicht der Mystiker normalerweise den Ausblick auf die Wirklichkeit verhüllen.

Alle weiteren Merkmale des mystischen Zustandes sind, streng genommen, nur Folgeerscheinungen dieser primären und zentralen Erfahrung der Einheit, und je zwingender *diese* ist, um so ausgeprägter werden auch *jene* sein; nämlich: die *Transzendenz von Zeit und Raum* (also die Spengung unserer dreidimensionalen Alltagsrealität); die stark empfundene *Vieldeutigkeit* und entsprechende *Unbeschreiblichkeit* des Erfahrenen, wenn es nachträglich „übersetzt“ werden soll in die menschliche Sprache; ferner das Erlebnis überwältigender *Freude, Liebe und Heiligkeit*; und schließlich die – im Unterschied zum *vorübergehenden* Charakter der Ekstase selbst – *bleibenden* Folgen für die innere Einstellung gegenüber der eigenen Existenz und den Mitmenschen.

Die eigentliche Absicht Pahnkes bestand nun darin, „auf empirischem Wege Material über den durch Drogen bewirkten Bewußtseinszustand zu sammeln“, und hernach dieses zu vergleichen mit seiner „Typologie des mystischen Zustandes des Bewußtseins“.

Als Droge wurde aus praktischen Gründen *Psilocybin* gewählt, weil dessen Wirkung nur 3 bis höchstens 5 Stunden anhält, die von LSD oder Meskalin aber ungefähr doppelt so lang. Den äußeren Rahmen für das Experiment bildete, wie gesagt, ein Karfreitagsgottesdienst, abgehalten in einer Kapelle mit einem Haupt- und drei Nebenräumen, in denen sich die Versuchspersonen unter diskreter Bewachung frei bewegen durften.

Sämtlichen dreißig Teilnehmern an dem Versuch wurden gleich aussehende Kapseln verabreicht, von denen die eine Hälfte Psilocybin enthielt, die andere aber nur ein konventionelles, schwach und sehr kurzfristig wirkendes Anregungsmittel. Dies geschah um halb 11 Uhr morgens. Nach einer 80 Minuten währenden Besinnungszeit begann der Gottesdienst und dauerte bis halb 3 Uhr nachmittags. Um halb 5 Uhr konnten alle Versuchspersonen entlassen werden.

Es würde natürlich viel zu weit führen, wenn wir hier die minuziöse Vorbereitung und Durchführung dieses Experimentes, die Sammlung der Ergebnisse vermittels Tonbändern, Fragebogen, Gesprächen und Aufsätzen, sowie die Sichtung und Verwertung dieses Materials durch verschiedene Instanzen und unter Zuhilfenahme der modernsten Methoden der Psychologie, im einzelnen schildern wollten. In Pahnkes Bericht geschieht das mit aller wünschenswerten wissenschaftlichen Akribie.

Wir aber müssen uns darauf beschränken, die *Resultate*, zu denen Pahnke und seine Mitarbeiter gelangt sind – und die *Schlüsse*, die sie daraus gezogen haben – in aller Kürze hier festzuhalten. Sie lassen sich in die folgenden sieben Punkte zusammenfassen:

1. Ein Vergleich des Materials über die Versuchspersonen, die unter Psilocybin-Einfluß standen, mit dem jener, bei denen das nicht der Fall war, beweist durchwegs und eindeutig die Auslösung latent vorhandener mystischer Fähigkeiten durch die Droge. Dabei ist zu bedenken, daß es sich bei den Versuchspersonen zwar um Theologiestudenten handelte, aber zugleich auch um nach Herkunft, Erziehung und persönlicher Einstellung „ziemlich un-mystische" (rather non-mystical) typische junge Durchschnittsamerikaner aus dem Mittelstand.

2. Genaue und ins einzelne gehende Vergleiche des experimentell gewonnenen Materials mit den Zeugnissen der Mystiker haben den Beweis erbracht, daß Drogen wie Psilocybin „Bewußtseins-Zustände (states of consciousness) bewirken, die offensichtlich von den durch die Mystiker erfahrenen und beschriebenen nicht unterschieden werden können, wenn nicht gar beide überhaupt identisch sind".

3. Ganz besonders ausgeprägt wurden von den Versuchspersonen erfahren: Einheits-Erlebnis – Transzendenz von Zeit und Raum (z. B. „die Zeit schien still zu stehen, endlos zu werden ...") – Vieldeutigkeit und Unfähigkeit zu adäquater Wiedergabe des Erlebten – dauernde und positive Veränderungen gegenüber dem eigenen Selbst und dem Dasein überhaupt. – „Manchmal erschrak ich darüber", beschreibt beispielsweise einer der Teilnehmer rückblickend seinen Zustand, „daß es nichts mehr *außerhalb* gab, nichts mehr *vorher*, nichts mehr *nachher* ..." – Und ein anderer definiert die Wirkung des Erlebnisses auf sein religiöses Weltbild folgendermaßen: „Was bisher nur eine *Konzeption* gewesen war, wurde jetzt *wirklich*."

4. Experimente dieser Art sollten wiederholt und nach verschiedenen Richtungen hin systematisch ausgebaut werden. Von ihnen ist zu erwarten, daß sie ein „neues Licht" werfen auch auf die *psychologischen* und *biochemischen Mechanismen*, die in den sogenannten ‚nicht-künstlich' (d. h. durch asketische Übungen, Fasten, Schlaflosigkeit u. a. m.) bewirkten mystischen Erfahrungen am Werk sind". Künftige Versuche und Versuchsreihen könnten mit solchen anderen Methoden (z. B. mit vorhergehendem Fasten und sexueller Abstinenz) kombiniert werden.

5. Resultat, Richtung und Gesamtcharakter eines solchen Experi-

mentes bilden „eine delikate Kombination“ vom spezifischen Charakter der Droge, der inneren Zielsetzung und dem äußeren Rahmen (drug – set – setting). Das heißt also: die Wirkung der *Droge* ist abhängig von den Fakten von *Subjekt* und *Milieu*. Sie wird sich im Rahmen und unter der Zielsetzung einer psychiatrischen Klinik *anders* äußern, als beispielsweise im Rahmen und unter der Zielsetzung einer kultischen Zeremonie der Indianer oder eben eines christlichen Gottesdienstes in einer Kapelle.

6. Die Psychotomimetika sind „Werkzeuge für das Studium des mystischen Bewußtseins“ – genau so, wie sie andrerseits vom Psychiater als Mittel zur Erzeugung von sogenannten „Modell-Psychosen“ betrachtet werden, die Einblicke in die Vorstellungswelt von Schizophrenen vermitteln sollen. Darum „mögen derartige Versuchsreihen auch das ganze Problem der gegenseitigen Beziehung von *Geisteskrankheiten (psychosis)* einerseits und *mystischem Bewußtsein* andrerseits aufhellen“.

7. Die Hindernisse und Gefahren, die den Drogenforscher erwarten, dürfen nicht unterschätzt werden. Bisher „sind Mystik und Innenschau von den *östlichen* Religionen weit mehr betont worden als von den *westlichen*“. Der Westen hat stattdessen materielle Ziele, Herrschaft über die Natur und wissenschaftlichen Fortschritt angestrebt. Daher bestehen in der westlichen Gesellschaft starke Tabus und Vorurteile sowohl gegen die *Mystik* – weil sie zu einer Abkehr von der äußeren Wirklichkeit mit ihren politischen und gesellschaftlichen Problemen führe –, wie auch gegen jede „nicht rein medizinisch bedingte“ Anwendung von *Drogen*: letzteres teils aus demselben Grund, teils auch „aus puritanischer Mißbilligung jeden Vergnügens oder Genusses um ihrer selbst willen; insbesondere, wenn nicht verdient durch harte Arbeit...“ Deshalb erscheint dem durchschnittlichen Okzidentalen eine durch *Drogen* bewirkte *mystische* Erfahrung doppelt suspekt. Demgegenüber ist aber zu betonen, daß die nachträgliche *Verarbeitung* derartiger Erfahrungen größte Disziplin und Einsicht erfordert, und daß „die mit solcher Forschung Beschäftigten eine schwere Verantwortung tragen“.

Mystik, Wahnsinn und Psychoanalyse

Dem „gesunden Menschenverstand" – so, wie ihn die Gesellschaft gewöhnlich versteht: nämlich als ihre eigene genormte Blindheit – fehlen die Mittel, den „Wahnsinn" als Tarnung und Hülle höherer Einsicht, sei es im Falle eines Hamlet oder eines Madschnun, eines chinesischen Zen-Meisters oder eines persischen Derwischs von primärer Verrücktheit unterscheiden zu können.

Und doch liefert allein die Erkenntnis des *inneren* Rangunterschiedes dieser beiden äußerlich so ähnlichen Zustände den Schlüssel zum Verständnis des Problems. Um das zu illustrieren, bedienen wir uns wiederum der Gestalt von *Madschnun.*

Er, dieses Idol der orientalischen Liebesmystik, ist also „verrückt", wie es schon sein Name besagt. Aber was ist damit wirklich gemeint? Das Wort „Wahnsinn" ist ja nur eine Chiffre. Es ist nicht des Rätsels Lösung, sondern *selbst* dieses Rätsel. Als der Vater Madschnuns den Sohn in der Wildnis besucht, erkennt ihn dieser erst nicht; und beschreibt dann seinen Zustand mit den Versen:

> „Nicht der Vater allein schwand aus meiner Erinnerung hin:
> meine Erinnerung *selbst* schwand aus meinem Innern dahin;
> ich wälze mich in mir selber: wer bin ich?
> Geliebte und Liebender: welcher bin ich?" [65]

Entsinnen wir uns der oben zitierten Worte von Krishnamurti: „Man muß jeden Tag allen seinen Erinnerungen, Erfahrungen, Kenntnissen und Hoffnungen gegenüber absterben ... Wirklichkeit kann man nicht suchen, sie ist da, wenn der Suchende nicht mehr besteht ..." – In *dieser* Wirklichkeit lebt Madschnun. In *ihr* ist er eins mit der Geliebten. Darum ist er Mystiker, und darum auch ist er „wahnsinnig".

Krishnamurti hat in einem sehr aufschlußreichen Gespräch einem Psychoanalytiker die Frage gestellt: „Was versuchen Sie, mit Ihren Patienten zu tun?" „In einfachen Worten" – so lautete die Antwort – „und ohne psychoanalytische Fachausdrücke gesprochen, versuchen wir, ihnen zu helfen, ihre Schwierigkeiten, Depressionen und so weiter zu überwinden, daß sie für die Gesellschaft tauglich werden." – Darauf fragte der Inder weiter: „Halten Sie es wirklich für so wichtig, Menschen für unsere verderbte Gesellschaftsordnung tauglich zu machen?" – „Vielleicht ist sie verdorben", erwiderte der

Psychoanalytiker, „aber die Umgestaltung der Gesellschaft ist nicht unsere Sache. Unsere Aufgabe besteht darin, dem Patienten zu helfen, sich seiner Umgebung anzupassen und ein glücklicherer und nützlicherer Bürger zu werden.“ [66]

Wir brauchen uns nur vorzustellen, Madschnun lebte hier und heute und fiele in die Hände eines Psychoanalytikers, was in Europa wahrscheinlich, in Amerika unausweichlich wäre. Was geschähe? Würden sich die beiden nicht mit Sicherheit mißverstehen? Denn: während für den Mystiker die Frage nach der Wirklichkeit überhaupt erst gestellt werden kann, *nachdem* sich der einzelne aus seiner Verflechtung mit dem gesellschaftlichen Funktionalismus gelöst hat, sind für den Psychoanalytiker „Gesellschaft“ und „Realität“ ein und dasselbe, und ist ihm alles nur Mittel zu seinem Zweck, das Individuum *so* in die Gesellschaft zu integrieren, daß es in deren Mechanismus möglichst reibungslos funktioniert.

Damit ist nichts gegen die Psychoanalyse als eine therapeutische Methode im Dienste von Staat und Gesellschaft gesagt; wohl aber gegen eine Mißdeutung der Mystik aus psychoanalytischer Sicht, wie sie gerade auch im Zusammenhang mit der Diskussion der Psychotomimetika, und auch von deren Befürwortern erfolgt ist. Aldous Huxley beispielsweise geht so weit, neben der durch Drogen erfahrenen Transzendenz andere Methoden der Mystiker als „beim gegenwärtigen Stand des Wissens sinnlos“ zu bezeichnen. Er vergleicht diese letzteren mit dem Vorgehen eines Kochs, der, um ein Schwein zu braten, das ganze Haus niederbrenne, und er empfiehlt dem Mystiker, sich „für technische Hilfe an die Spezialisten zu wenden“ [67].

Ein *echter* Mystiker wird das aber schon darum nie tun, weil er es gar nicht nötig hat; und ein Nicht-Mystiker wird durch so gewonnene Erfahrungen und Einsichten zwar wahrscheinlich der mystischen Seinshaltung gegenüber aufgeschlossener werden, als er dies vorher war, und darin liegt (heute und für ihn selbst) schon ein großer Gewinn. Aber wenn er dabei stehen bleibt, so führt ihn dieser Weg allenfalls zur Vergottung der Droge, mit ihm selbst als deren Propheten, und damit zur Propagierung einer neuen Staatsreligion und Gründung einer neuen Sekte, was alles zwar psychologisch und soziologisch höchst interessant sein mag, auch vielen anderen Beschäftigungen vorzuziehen ist und beim heutigen Stand

der Dinge das Überleben der Menschheit auf diesem Planeten bestimmt eher fördert als umgekehrt; *aber:* damit allein wird ein Mensch noch nicht zum Mystiker.
Wenn wir zum Beispiel sagen (wie dies ein namhafter Psychologe mir gegenüber auch tatsächlich getan hat), Madschnun sei ein Selbsthasser und maßloser Masochist, ein vom Todeswunsch besessener Psychopath und Amokläufer wider sich selbst, der zur Realität der Menschenwelt jede innere Beziehung verliere, ein in seine Sehnsucht Verliebter, ständig auf der Flucht vor Glück und Gesundheit und irdischer Erfüllung – was sich ja alles tatsächlich „belegen" läßt –, und *darum* sei er wahnsinnig; so würden uns zweifellos Madschnun, der Dichter Nezâmi, und die orientalischen Mystiker überhaupt, darauf antworten (und auf ihre Weise tun sie das auch): nein, gerade *weil* Madschnun so ist, und dadurch die Scheinwelt aus Zeit und Raum eintauscht gegen das Ewige und Unzerstörbare in sich selbst, weil er um des Absoluten willen auf das Bedingte und Begrenzte verzichtet, gerade darum ist nicht *er* wahnsinnig, sondern *ihr*, die ihr ihn dafür haltet, weil ihr als Blinde gegenüber dem Sehenden in der Mehrzahl seid. Das eben ist ja die besondere Dialektik oder „Relativitätstheorie" der Mystik, und der persischen ganz besonders, daß sie, was von außen besehen als wahr und wirklich erscheint, als inwendig unwahr und unwirklich entlarvt; und umgekehrt.
Natürlich war und ist bei weitem nicht jeder Mystiker ein derart alle Grenzen der Menschennatur sprengender Liebesekstatiker wie Madschnun; aber der beispiellose Ruhm, den dieser „König der Liebe" nicht nur unter den Sufis selbst, sondern in der ganzen islamischen Welt durch soviele Jahrhunderte bis heute genießt, zeigt doch, wie sehr diese Gestalt als vorbildlich erlebt wurde.

Weltflucht als Realismus

Der Mystiker *ist* ein Revolutionär, und zwar der radikalste; denn er will, wie Krishnamurti sagt, nicht die menschlichen *Verhältnisse* ändern, sondern den Menschen, *sich selbst.* Für ihn sind alle Erscheinungsformen politischer, historischer, ethischer, technischer oder ideologischer Art nur Masken und Larven, hinter denen der Mensch seine wahre und eigentliche, ins Transzendente weisende Bestimmung versteckt.

Darum sagt der nun schon wiederholt zitierte Scheich Fachroddin 'Erâqi:

„Für den, der sein eigenes Innerstes las,
sind Ja und Nein, sind Gut und Böse: was?"

Und etwas später fährt er so fort:

„Ein jeder, dem in Wahrheit die Tür geöffnet wird, der im Innenraum seines Seins und Nichtseins sitzt und im gemeinsamen Spiegel den Freund erkennt, der wird insküftig nicht mehr reisen; denn, wie es heißt: ‚Nach dem Sieg gibt es keinen Auszug mehr' ... Ja, wenn es darnach noch eine Reise gibt, so *in* Ihm und in Seinen Eigenschaften. Abu Yazid (Allah erbarme sich seiner) hörte einmal den Koranvers: ‚Eines Tages bringen wir die Gottesfürchtigen als Abgesandte beim Barmherzigen zusammen' (K. 19,88). Da schrie er auf und sprach: ‚Wohin bringt er *den* dann, der schon bei Ihm ist?' Jemand antwortete: ‚Von Seinem Namen ‚der Bezwingende' (al-dschabbâr) zum Namen ‚der Barmherzige' (ar-rahmân) und vom Namen ‚der Unterwerfende' (al-qahhâr) zum Namen ‚der Erbarmer' (ar-rahim) ..." [68]

Die „Weltabkehr", die man dem Mystiker vorwirft, ist – von ihm selbst aus gesehen – nur sekundäre Folge seiner primären Hinwendung zur Wirklichkeit. Die sufischen Dichter haben das in Form von Geschichten und Gleichnissen wieder und wieder zum Ausdruck gebracht; so in der folgenden von Rumi:

Eines Tages sitzt in einem wundervollen Garten ein Derwisch, das Gesicht auf die Knie gelegt, in tiefer Versunkenheit. Ein oberflächlich Frommer, der vorübergeht, hält diesen Zustand für Schlaf, ärgert sich darüber, belästigt den Mystiker und tadelt ihn mit den Worten: „Wie kannst du nur schlafen am hellichten Tag und in einer so herrlichen Umgebung? Sieh doch die Blumen, die Früchte, die Büsche, die Weiher – lauter Werke und Zeichen des Schöpfers! Hast du denn niemals Gottes Worte vernommen, die da lauten: Öffnet die Augen? Richte also deinen Blick auf die Wunder der Schöpfung, solange du das noch kannst!" – Darauf erwidert der Sufi: „Was das äußere Auge hier schaut, sind nur die Zeichen der Zeichen. Was willst du da draußen schon finden? Was du erblickst, hier und dort, ist nur flüchtiges Spiegelbild im Fluß der Zeit. Hoffst du denn, diese Früchte machten dich satt? Nur immer hungriger machen sie dich. Hinab und hinein in dein eigenes Innere mußt du steigen; denn *dort* ist der Garten, der wahre, wirkliche, von dem die Welt nur Abbild und Abglanz ist ... Ihr aber rennt euch selber davon; und wenn ihr erwacht, ist es zu spät, und bleibt ihr allein und verzweifelt. Glaub' mir, nur *der* findet Seligkeit, der *vor* dem Sterben schon stirbt.“ [69]

Es soll so sein, sagt auch Nezâmi, daß „die Welt im Menschen stirbt, nicht der Mensch in der Welt“ [70]; und *der* Teil des Menschen, der in der „Welt“ wurzelt, muß sterben mit ihr: nämlich das individuelle „Ich“.

Ist Mystik asozial?

Es stellt sich hier die Frage, ob der mystische Existentialismus *überhaupt* mit den Grundlagen und Voraussetzungen einer menschlichen Gesellschaft vereinbart werden kann. Gewiß – in weiten Teilen Asiens ist diese Verschmelzung in einem erstaunlich hohen Ausmaß Wirklichkeit gewesen. Aber die praktischen Konsequenzen, die sich hieraus ergeben haben, widersprechen derart fundamental dem Menschenideal der technischen Zivilisation, daß eine auch nur teilweise Integration in die politische und gesellschaftliche Realität des 20. Jahrhunderts unwahrscheinlich erscheint.

Selbst Sidney Cohen diskutiert die Erwägung, „ob wohl das Haschisch den Mittleren und Nahen Osten rückständig, verelendet und ohne den Willen, sich zu bessern, gehalten“ habe; und obwohl er persönlich diese Theorie für „sehr zweifelhaft“ ansieht, schreibt er dann doch den bezeichnenden Satz: „Größere Kräfte als der Gebrauch des indischen Hanfs haben die Passivität und das Fehlen von Entwicklung dieser Gesellschaften bewirkt ...“ [71]. Welche „größeren Kräfte“ wohl, wenn nicht Einfluß und Vorbild mystischen Seinshaltung fast der gesamten geistigen Elite des Orients? Man kann nicht *beides* zugleich haben: den technischen Fortschritt, die materielle Expansion ad infinitum *und* die Verankerung des inneren Menschen im Transzendenten.

„Der orientalische Ausblick ist geradezu zerstörend“, sagte ein europäischer Kritiker, dem man Ehrlichkeit nicht absprechen kann, zu Krishnamurti, „sehen Sie nur, wohin er den Orient gebracht hat! Ihre negative Haltung und ganz besonders Ihr Betonen des Sich-

Freimachens von allem Denken ist für *uns Abendländer* sehr irreführend, wir sind aktiv und fleißig, sowohl unserem Temperament nach, wie aus Notwendigkeit. Was Sie lehren, steht in vollkommenem Gegensatz zu unserer Lebensart ..." – Darauf antwortete der Inder unter anderem: „Die sogenannt rückständigen Völker können *auch* Wissen erlangen und werden sich nur zu *rasch* die Fähigkeiten des Westens zu eigen machen, sie können ebensogut Kriegshetzer, Generäle, Anwälte, Schutzleute und Tyrannen mit ihren Konzentrationslagern und allem übrigen werden. Aber Kultur ist etwas vollkommen anderes." [72]

West-östlicher Ausblick

Tatsächlich kommt in solchen Sätzen, wie sie so oder ähnlich in westöstlichen Gesprächen immer wieder auftauchen, eine Verschiedenheit der geistigen Grundlagen und existentiellen Schwerpunkte von Orient und Okzident zum Ausdruck, die auch in einer künftigen weltumspannenden Einheitszivilisation nur allmählich überbrückt werden könnte. Es handelt sich hier ja nicht um bloße „Meinungsverschiedenheiten", sondern um eine gegensätzliche seelische Gerichtetheit, ein in den Schichten des Unbewußten verankertes Erbe von Jahrhunderten, das daher dem bewußten Denken und seinen Argumenten nur ganz an der Oberfläche zugänglich ist.

Auch wenn der Orientale, mehr oder weniger gezwungenermaßen, die äußeren Formen der westlichen Zivilisation übernimmt, so bleiben ihm doch deren innermenschliche Voraussetzungen *fremd*. Er fühlt sich dann trotz seines vielleicht großen Willens zur Anpassung in der angelernten Rolle unsicher, wie „verkleidet", ja, ver-rückt (im ursprünglichen Sinn dieses Wortes). Sein tieferes Wesen, sein Selbst, rebelliert gegen sein bewußtes „Ich"; und daraus entstehen jene Spannungen, Konflikte, Widersprüche und chaotischen Zustände, die für den heutigen Orient so bezeichnend sind.

Umgekehrt werden aber die orientalischen, asiatischen und überhaupt außereuropäischen Existenzformen und geistig-seelischen Leitbilder, mit denen der Westen nun mehr und mehr konfrontiert wird, diesen genauso erschüttern, verwirren und von innen heraus in Frage stellen. Dieser Prozeß ist bereits im Gange. Der langsam aber stetig wachsende Einstrom asiatischen, vor allem indischen (Yoga), chinesisch-japanischen (Zen) und sufisch-islamischen Lebensgefühls; das Aufeinanderprallen angelsächsischen Puritanertums und afrikanischer Ekstatik in den USA, die immer leidenschaftlicher werdende Kontroverse um die indianischen und orientalischen „magischen Drogen" und deren Verhältnis zu Mystik und Transzendenz einerseits, zu Psychologie und Geisteskrankheit andrerseits: das alles sind ja nur Symptome dieser der äußeren *Verwestlichung* der Welt nun folgenden inneren *Veröstlichung* des Westens. Dieser Ausgleich wird und muß auch kommen. Mit ihm verglichen, hat der politische und ideologische Ost-West-Gegensatz von USA und UdSSR – falls er jedenfalls nicht in einen die Erde zerstörenden Krieg entgleist – fast episodenhaften Charakter.

Anmerkungen

Orient und Okzident

1 M. Minowi, Âzâdi o roschd-e edschtemâ'i mostalzem-e jekdigar and, in: Âzâdi o heisiat-e ensâni, ed. M. A. Djamâlzâdeh, Teheran 1338/1960, S. 42.
2 A. Camus, Le mythe de Sisyphe, Paris 1942.
3 A. J. Toynbee, Der Gang der Weltgeschichte, 4. Aufl., Zürich 1954, S. 5, 204. – Dazu vgl. R. Gelpke, Die iranische Prosaliteratur im 20. Jahrhundert I, Wiesbaden 1962, S. 52 f.
4 Konrad Lorenz, Das sogenannte Böse, Zur Naturgeschichte der Aggression, Wien 1963, S. 243–250.
5 M. A. Eslâmi, Demukrâsi dar scharq; vgl. meine deutsche Übersetzung in: Die iranische Prosaliteratur im 20. Jahrhundert I, S. 85 ff.
6 Lorenz, op. cit., S. 249.
7 H. H. Schaeder, Der Mensch in Orient und Okzident (Abhandlungen), München 1960.
8 Ibid., S. 282.
9 E. Yârshâter, Sche'r-e fârsi dar 'ahd-e Schâhroch, Teheran 1334/1955, S. 153.
10 Schaeder, op. cit., S. 288–301.
11 Mohammad Iqbal (Eqbâl), Le Livre de l'Éternité (trad. de E. Meyerovitch et M. Mokri), Paris 1962.
12 M. Schaltut, Der Islam (aus dem Arabischen von R. Gelpke, in: Nawrath, Ägypten, Bern 1962).
13 F. Schâdemân, Taschir-e tamaddon-e farangi, Teheran 1326/1948. – Das sehr gescheit geschriebene Buch analysiert die tödliche Bedrohung der persischen und islamischen Traditionswelt durch die technische Zivilisation des Westens.
14 M. A. Eslami, Eine Affäre im Westen (deutsch von R. Gelpke), Herrenalb 1964.

Vom Opium

1 Mitteilung von Herrn M. A. Djamâlzâdeh in einem Brief v. 15. 8. 1960.
2 Hâfez (Hafis), Diwân, Taschenbuchausgabe Teheran 1341/1962, S. 206.
3 H. Kuhi-Kermâni, Târich-e teryâk o teryâki dar Irân, Teheran 1324/1945, S. 281 ff.

4 Thomas de Quincey, Bekenntnisse eines englischen Opiumessers (deutsch von Walter Schmiele), Stuttgart 1962, S. 14, 70 f.
5 M. Beihaqi, Târich-e Beihaqi (Ed. S. Nafisi), Teheran 1319–1332/1940–1953, III, S. 734.
6 S. Hedâyat, „Buf-e kur", 6. Aufl., Teheran 1336/1957, S. 86.
7 R. de Ropp, Drugs and the Mind (Black Cat Edition), New York 1961, S. 116, 148 f., 156 f. – Eine deutsche Ausgabe erschien unter dem Titel: Bewußtsein und Rausch (übersetzt v. A. Dohm), München 1964.
8 M. A. Djamâlzâdeh, Schâhkâr I, 2. Aufl. 1336/1957, S. 89 f.
9 De Quincey, op. cit., S. 19, 89, 131.
10 R. de Ropp, op. cit., S. 145 f., 155.
11 Robert Payne, Persische Reise, Salzburg o. J., S. 62.
12 Jean Herbert, Asien. Denken und Lebensformen der östlichen Welt, München 1959, S. 122.
13 Zit. nach: Dictionnaire de Sexologie (Pauvert), Paris 1962, S. 347.
14 S. Hedâyat, Buf-e kur, zit. nach der deutschen Ausgabe: Die blinde Eule (übersetzt v. Moayyad / Kegel / Riemerschmidt), Genf-Hamburg 1960, S. 59 ff., 133.
15 H. Michaux, L'infini turbulent, Paris 1957, S. 121 f. – Deutsche Ausgabe: Turbulenz im Unendlichen (übers. v. K. Leonhard), Frankfurt 1961.
16 De Quincey, op. cit., S. 70.
17 Ernst Jünger, Heliopolis, Tübingen 1949, S. 319 f.
18 Johannes Cremerius, Was ist Süchtigkeit, Zürich 1960, S. 63.
19 P. From-Hansen, Die Sucht nach Genußmitteln und Rauschgiften, in: Møller, Rauschgifte und Genußmittel, Basel 1951, S. 39.
20 Vgl. A. Mosig, Chinesische Materia medica, in: Planta Medica, Jg. 3, H. 3, Stuttgart 1955, S. 90 ff.
21 Kalyanamalla, Anangaranga (Ed. Leiter/Thal), Leipzig/Wien 1929.
22 Âb-e zendagâni (persische Ausgabe), Teheran o. J.
23 O. H. Volk, Afghanische Drogen, in: Planta Medica, Jg. 3, H. 5, Stuttgart 1955, S. 129 ff.
24 E. Pur-e Dâwod, Hormazdnâmeh, Teheran 1331/1953, S. 120, 403 f.
25 Vgl. aber R. de Ropp, op. cit., S. 64 (Haschisch in China „Befreier der Sünde" und „Entzückenspender" genannt).
26 K. O. Møller, op. cit., S. 361.
27 Pur-e Dâwod, op. cit., S. 118.
28 Ibid., S. 117.
29 H. Pezeschg-zâd, Ketâb-e tamâyoz-e ruhiât-e scharq o gharb, Teheran 1337/1959, S. 301.
30 Tarâneh-hâ-ye Cheiyâm (Ed. Hedâyat), Teheran 1313/1934, S. 111.
31 Vgl. Erika Jannsen, Vom Theriak, in: Planta Medica, Jg. 4, H. 2, Stuttgart 1956, S. 51 ff.: Demnach bestand der europäische Theriak aus 12, nach einer spanischen Vorschrift aus 18 Bestandteilen, deren einer Opium war. Im Griechischen bedeutete das Wort ursprünglich „Gegengift gegen Schlangenbiß". Aus lateinisch „theriaca" entstand alt-französisch „tiriaque" und im Mittel-

hochdeutschen „tyriacke“ ... „Das Giftmittel Traiko aus dem Talmud ist allem Anschein nach mit Theriak identisch ...“

32 Pur-e Dâwod, op. cit., S. 107.

33 Maktab-e Schams (Ed. Endjawi), Teheran 1336/1958, S. 244.

34 Die zwei Ausgaben des Werkes (Bombay 1898, Teheran 1905) sind mir unzugänglich. Das Traktat wurde aber von H. Kuhi-Kermâni aufgenommen in sein Buch „Târich-e teryâk o teryâki dar Irân“ (= Geschichte des Opiums und Opiumrauchers in Iran), Bd. 1 Teheran 1324/1945, S. 219–252. Darnach zitiere ich. – Ch. Moschâr in seinem persisch-arabischen biographischen Lexikon (Bd. 1, Teheran 1340/1961, S. 261 f.) gibt als vollen Namen des Autors: Abu'l-Qâsem Sâheb b. Hâddschi Mohammad Bâqer Tâdscher Yazdi.

35 Ibid., S. 220.

36 Georg Jacob, Unio mystica, Hannover 1922, S. 30.

37 Yazdi, in: Kuhi-Kermâni, op. cit., S. 234 ff.

38 Ibid., S. 231 f.

39 Vgl. Erik Jacobsen, Physiologie und Pharmakologie des Alkohols, in: Møller, op. cit., S. 160 ff., 187 f.

40 Hâfez, op. cit., S. 362.

41 Hans Blüher, Die Rolle der Erotik in der männlichen Gesellschaft (Neuausgabe v. H. J. Schoeps), Stuttgart 1962, S. 113 f.

42 Carl van Bolen, Erotik des Orients, Teufen 1955, S. 141 f.

43 H. H. Schaeder, Der Mensch in Orient und Okzident, München 1960, S. 293.

44 Yazdi, op. cit., S. 239 ff.

Wein und Haschisch im Orient

1 Huschang Mostoufi, Scho'arâ-ye bozorg-e Irân, Teheran 1334/1955, S. 41.

2 M. Beihaqi, Târich-e Beihaqi (Ed. S. Nafisi), 3 Bde., Teheran 1319–1332/1940–1953. – Vgl. R. Gelpke, Sultan Mas'ud I. von Ghazna, München 1957, S. 25 f.

3 E. Pur-e Dâwod, Hormazdnâmeh, Teheran 1331/1952, S. 105.

4 Im Frühjahr 1960, als ich einige Wochen dort weilte, lebten in Yazd und Umgebung rund 8000 Zarathustrier. Die meisten von ihnen sind Bauern. Sie werden von den indischen Parsen in Bombay unterstützt, besitzen einen Feuertempel, eine eigene Schule und zwei, noch in Gebrauch stehende „Türme des Schweigens“.

5 Nouruznâmeh (Ed. Minowi), Teheran 1312/1933, S. 65 ff. – Vgl. meine deutsche Fassung in: Persisches Schatzkästlein, Basel 1957, S. 13 ff.

6 Ali al-Mas'udi, Morudsch az-zahab wa ma'âden al-dschouhar (Ed. et trad. par de Meynard et de Courteille), 9 Bde., Paris 1861–1877, Bd. 2, S. 88 ff.

7 Fritz Meier, Die schöne Mahsati, Bd. 1, Wiesbaden 1963, S. 89.

8 Ebn al-Marzobân, Fadl al-kelâb, Kairo 1341, S. 22 (Ich verdanke diesen Hinweis Herrn Professor Fritz Meier, Basel). – Ende des 18. Jahrhunderts gab es in Paris die sogenannten „Endormeurs“ (Einschläferer), die sich mit Stechapfelsamen (Datura stramonium) vergifteten Schnupftabaks bedienten, wo-

mit sie ihre Opfer betäubten, um sie hernach auszurauben. Siehe L. Lewin, Die Gifte in der Weltgeschichte, Berlin 1920, S. 109.

9 Vgl. Fritz Meier, op. cit. – Der 2. Band dieses Werkes befindet sich in Vorbereitung. Er wird den erwähnten Volksroman enthalten, dem unsere 8 Haschisch-Vierzeiler entnommen sind.

10 Siehe Anm. 9.

11 Fozuli (Fuzûlî), Benk u Bâde (übers. von Nedjati Hüsnü Lugal u. O. Reser), Istanbul 1943, S. 150 ff.

12 Alle diese Vorwürfe sind als negative Folgen des Mißbrauchs von Haschisch allgemein bekannt; vgl. etwa R. Brunel, Le monachisme errant dans l'Islam, Paris 1955, S. 306, 313 f.

13 Daß im Haschisch-Rausch Mondlicht mit Wasser verwechselt wird, geschieht häufig. Der persische Schriftsteller M. A. Djamâlzâdeh erzählte mir von einem Derwisch, der in seiner Gegenwart nach dem Genuß von Haschisch im „Mondmeer" mit allen Anzeichen größten Entzückens „badete".

14 „dschâm-e Dscham(schid)" = der Pokal des Dschamschid: in ihm soll wie in einem Zauberspiegel die ganze Welt sichtbar gewesen sein – ein in der persischen Dichtung immer wiederkehrendes Bild.

15 Baudelaire, Les Paradis artificiels (Ed. M. Nadeau), Paris 1962, S. 62 ff. über „madjound" (entstellt) = „dawamesk". – Vgl. R. Brunel, op. cit., S. 303 ff. über Bezeichnungen und Zubereitung der verschiedenen Hanfpräparate.

16 Auch Hâfez (Hafis) sagt in seinem ersten Ghasel: „Den Gebetsteppich färbe mit Wein, heißt dich's der Magierweise ...": s. R. Hohl / R. Gelpke, Iranische Bild- und Verskunst, Bern/Stuttgart 1964, Tafel 19.

17 So M. A. Djamâlzâdeh, Schâhkâr, 2. Aufl., Teheran 1336/1957, S. 26.

18 Bei der Zubereitung der meisten Hanfpräparate werden Blätter und Körner gekocht; vgl. Brunel, op. cit., S. 303.

19 Ibid., S. 281 (nach Maqrizi).

20 Ibid., S. 289 („... surtout dans la classe la plus basse de la population ...").

21 Zit. ibid., S. 281 (arabisch „al-helm dadd al-'elm").

22 Inschrift an der berühmten Tadsch Mahall-Moschee.

23 Maktab-e Schams (Ed. Endjawi), Teheran 1336/1957, S. 271.

24 M. A. Djamâlzâdeh, Gändsch-e schâygân, Berlin 1918, S. 30 f.

25 Vgl. B. Alavi, Das Land der Rosen und der Nachtigallen, Berlin 1957, S. 155.

26 So A. A. Hekmat in Kuhi-Kermâni, Târich-e teryâk o teryâki dar Irân, Teheran 1324/1945, S. 75.

27 Baudelaire, op. cit., S. 50.

28 Ibid., S. 51.

29 Vgl. Pur-e Dâwod, op. cit., S. 99 f.; Brunel, op. cit., S. 314.

30 Vgl. Les Cahiers de LA TOUR SAINT JACQUES I, Paris 1960, S. 67 f. (A. Csernus: „Aussi les classiques de la littérature des drogues se trouvent surtout en France et en Angleterre ..." etc.)

31 Ibid., S. 5 (J. Vinchon, La Drogue et les drogues).

32 Ibid., S. 6.

33 R. de Ropp, Drugs and the Mind, New York 1961, S. 102 ff.

34 Op. cit., S. 105.
35 M. Beihaqi, op. cit., S. 734.
36 H. Pezeschg-zâd, Ketâb-e tamâyoz . . ., Teheran 1337/1959, S. 301. – W. Hinz, Iranische Reise, Berlin 1938, S. 41 f.
37 F. Hekmat in: Râhnamâ-ye ketâb 1/VII, Teheran 1343/1964, S. 27 f.
38 Persisch „sabzé“ (arabisch „chadrâ“ = französisch „drogue verte“); vgl. Brunel, op. cit., S. 304.
39 Hekmat, op. cit., S. 28.
40 Chândamir, Habib os-siar, Teheran 1333/1954, III, S. 376 f. – Ich verdanke die Kenntnis dieser Stelle Herrn Professor Fritz Meier.
41 So Fachroddin Erâqi, Kolliât (Ed. Nafisi), 2. Aufl. Teheran 1336/1957, S. 412.
42 Vgl. Pur-e Dâwod, op. cit., S. 100; Brunel, op. cit., S. 295.
43 Nizami, Die sieben Geschichten der sieben Prinzessinnen (deutsch v. R. Gelpke), Zürich 1959, S. 160 ff.
44 Brunel, op. cit., S. 291.
45 Ibid., S. 304.
46 Ibid., S. 315 f.
47 Vgl. meine Einleitung zu Naqib al-Mamalek, Liebe und Abenteuer des Amir Arsalan, Zürich 1965.
48 Henri Michaux, Misérable Miracle, Monaco 1956, S. 59.
49 L. Mátéfi, Mezcalin- und Lysergsäurediäthylamid-Rausch, in: Confinia Neurologica, Bd. 12, H. 3, Basel/New York (1952), S. 146 ff., 172.
50 Ibid., S. 176.

Haschisch und islamische Kunst

1 Vgl. R. Gelpke, Das Schicksal des Amir Arsalân (in: Festschrift Alfred Bühler, Basel 1965, S. 127 ff.). – Vgl. ferner Naqib al-Mamalek, Liebe und Abenteuer des Amir Arsalan (deutsch v. R. Gelpke), Zürich 1965.
2 Vgl. Nizami, Die sieben Geschichten der sieben Prinzessinnnen (dtsch. v. R. Gelpke), Zürich 1959, S. 206 ff.
3 Vgl. S. Cohen, „Marihuana (= Haschisch) was a ‚good‘ drug when it was taken by Asian mystics to assist in their meditations; it was ‚bad‘ as it was used by the Assassins . . .“ (The Beyond within, New York 1964, S. 244).
4 Z. B. F. Erâqi, Kolliât (Ed. Nafisi), 2. Aufl., Teheran 1336/1957, S. 412.
5 H. Michaux, L’infini turbulent, Paris 1957, S. 146.
6 H. Michaux, Mécanisme des drogues (in: Les Cahiers de LA TOUR DE SAINT JACQUES I, Paris 1960, S. 148 ff., 155 f.).
7 Georg Jacob, Märchen und Traum, Hannover 1923, S. 73.
8 Ibid., S. 75.
9 Ibid., S. 77, 79 (Hervorhebungen von mir).
10 Die Erzählungen aus den 1001 Nächten (deutsch von E. Littmannn), Bd. 2, Wiesbaden 1953, S. 193 ff.
11 So der Psychiater P. Kielholz (Basel) an einer dem Thema „Haschisch“ ge-

widmeten Tagung im Oktober 1964 in London: „We believe that the aim of the drug taker is to forget what is and what will be. The effect that he likes is the escape from reality ...“ (Hashish: its chemistry and pharmacology, CIBA Foundation Study Group 21, London 1965, S. 68.)

12 J. Krishnamurti, Konflikt und Klarheit (dtsch. v. A. Vigeveno), Bern o. J., S. 15.

13 Vgl. H. Heimann: „Lachen ist eine Reaktion auf durch Mehrsinnigkeit charakterisierte Grenzlagen ...“ (Ausdrucksphänomenologie der Modellpsychosen (Psilocybin), in: Psychiat. Neurol., (Nr. 141), Basel 1961, S. 81.)

14 G. Jacob, op. cit., S. 76.

15 Ich stimme grundsätzlich überein mit dem britischen Schriftsteller und Drogenkenner Alexander Trocchi, wenn er sagt: „Experts agree that marijuana (= Haschisch has no aphrodisiac effect, and in this as in a large percentage of their judgments they are entirely wrong. If one is sexually bent, if it occurs to one that it would be pleasant to make love, the judicious use of the drug will stimulate the desire and heighten the pleasure immeasurably, for it is perhaps the principal effect of marijuana to take one more intensely into whatever experience. I should recommend its use in schools to make the pleasures of poetry, art, and music available to pupils who, to the terrible detriment of our civilization, are congenitally or by infection insensitive to symbolic expression.“ (A. Trocchi, Cain's Book, London 1963, S. 123.)

Der Geheimbund von Alamut

1 Zit. M. G. S. Hodgson, The Order of Assassins, s'Gravenhage 1955, S. 1.

2 Vgl. Le livre de Marco Polo (texte intégral ed. A. t'Serstevens), Paris 1955, S. 114 ff. – Schon im 12. Jahrhundert verfaßte der Abt Arnold von Lübeck einen sehr ähnlich lautenden Bericht über die „Heissessin“; vgl. L. Lewin, Die Gifte in der Weltgeschichte, Berlin 1920, S. 211.

3 Silvestre de Sacy, Sur la dynastie des Assassins et sur l'origine de leur nom, Paris 1809.

4 Der iranische Gelehrte E. Pur-e Dâwod schreibt, die in Ägypten gebräuchliche Form sei „haschschâschin“ gewesen, und daraus sei „assassin“ entstanden: Hormazdnâmeh, Teheran 1331/1953, S. 101.

5 Der Sinn des Wortes „Assassine“ war offenbar den Abendländern damals unbekannt. Der Kanzler des Königreichs Jerusalem, Erzbischof Wilhelm von Tyrus, gesteht, die Bedeutung der Bezeichnung (lateinisch „assysini“) nicht herausgefunden zu haben: „Hos tam nostrie quam Sarraceni (nescimus unde deducto nomine) *Assysinos* vocant ...“ (Guilelmus Tyrus, Belli sacri historia, lib. XX, cap. 31, Basilea 1549, S. 150. – Zit. bei L. Lewin, Die Gifte in der Weltgeschichte, S. 212.)

6 J. von Hammer, Fundgruben des Orients III (1813), S. 201 ff.

7 J. von Hammer, Die Geschichte der Assassinen, Stuttgart/Tübingen 1818, S. 212 ff.

8 H. Kuhi-Kermâni, Târich-e teryâk o teryâki dar Irân, Bd. 1, Teheran 1324/1945, S. 11.

9 E. Pur-e Dâwod, op. cit., S. 99 f.

10 Nizami, Die sieben Geschichten der sieben Prinzessinnen, deutsch von R. Gelpke, Zürich 1959.

11 Nizami, op. cit., S. 7–64. – Vgl. R. Gelpke, Das astrologische Weltbild in Nizamis Haft Peikar, in: Symbolon II, Basel/Stuttgart 1961, S. 63 ff.

12 Nizami (Nezâmi), Haft peikar (Ed. Dastgerdi), 2. Aufl., Teheran 1334/1956, S. 180.

13 Jean Servier, Le Haschisch et les rêves du pouvoir, in: Les Cahiers de LA TOUR SAINT JACQUES I, Paris 1960, S. 38 ff., 41 f.

14 Hodgson, op. cit., S. 134 ff.

15 Âref Tâmer, in: al-Maschreq, Beirut Juli 1957, S. 603.

16 Hodgson, op. cit., S. 218.

17 Ibid., S. 225.

18 L. Lewin schreibt über die Assassinen: „Die Vernichtungswerkzeuge, die Profanen, wurden von den Oberen gelenkt. Sieben Ränge des Ordens gab es ... Die Höchsten allein waren in die letzten Ordensziele eingeweiht – alle durch Eid zum unverbrüchlichsten Stillschweigen und blindesten Gehorsam gebunden ..." (op. cit., S. 210). – Ich glaube nicht, daß es sich bei den ausgesandten Attentätern um „Profane" handelte, sondern um (weitgehend) Eingeweihte, wenn auch kaum um Angehörige des *innersten* Kreises.

19 Amir Mas'ud Sepahrom, Târich-e bargozidagân ..., Teheran 1341/1962, S. 602.

20 Vgl. Lewin, op. cit., S. 212 f

21 Hodgson, op. cit., S. 84.

22 S. Hedâyat, Tarâneh-hâ-ye Cheiyâm, Teheran 1313/1934, S. 36.

23 Schahrastâni, Al-melal wa 'n-nehal I, (Ed. A. F. Mohammad), Kairo 1948, S. 339 ff. – Englische Übersetzung bei Hodgson, op. cit., S. 325 ff.

24 S. de Sacy, Chrestomathie arabe I, S. 210 ff. – Dazu vgl. R. Brunel, Le monachisme errant dans l'Islam, Paris 1955, S. 281 f.

25 Vgl. Hodgson, op. cit., S. 83.

26 Vgl. G. E. v. Grunebaum, Der Islam, in: Propyläen-Weltgeschichte, Bd. 5, Berlin 1963, S. 135 f.

27 Hodgson, op. cit., S. 153 ff.

28 Ibid., S. 147. – Nachdem dieses Buch schon geschrieben war, erschien in persischer Sprache das bisher beste Werk über den Gründer der „Assassinen", deren Organisation und Weltbild – nämlich die Monographie von K. Keschâwarz, Hasan-e Sabbâh, Teheran 1344/Ende 1965. Die Sicht des iranischen Gelehrten deckt sich in allen wesentlichen Zügen mit unserer eigenen, bietet aber darüber hinaus eine Darstellung der ismailitischen Geheimlehre, die meines Wissens zum erstenmal die in ihrer Vielfalt verwirrenden Bruchstücke zu einer scharfsinnigen und in die Tiefe dringenden Gesamtschau zusammenfügt.

1 Vgl. P. F. Hansen, Benzedrin und verwandte Stoffe, in: Møller, Rauschgifte und Genußmittel, Basel 1951, S. 314 ff.
2 A. Mosig, Die Bedeutung der Arzneipflanzen in der chinesischen Materia medica, in: Planta Medica III, 1–6, Stuttgart 1955, S. 92.
3 S. Cohen, The Beyond within. The LSD-Story, New York 1964, S. 83.
4 Ibid., S. 242.
5 Vgl. Baudelaire, Les Paradis artificiels (Ed. M. Nadeau), Paris 1962, S. 30 f. (über E. T. A. Hoffmann). – Zu letzterem vgl. die ausgezeichnete Monographie von Arthur Gloor, E. T. A. Hoffmann. Der Dichter der entwurzelten Geistigkeit, Zürich 1947. – Den Hinweis auf Jean Paul verdanke ich dem Leiter des Manesse-Verlags, Herrn Dr. Walther Meier. Ich vermutete übrigens, Jean Paul habe auch den Haschisch gekannt. Herr Professor Eduard Berend vom Schiller-Nationalmuseum in Marbach, an den ich mich deswegen wandte, antwortete mir folgendes: „Die Angabe, Jean Paul habe ein Hanf-Präparat gekannt und zu sich genommen, erklärt sich möglicherweise daraus, daß er in einem Aufsatz ‚Springbrief eines Nachtwandlers', der am 17. 6. 1807 in Nr. 144 des Cottaischen Morgenblatts erschien, ein von einer Frau Heim in Effelder erfundenes Pulver erwähnt, das als Ersatz für den damals infolge der Kontinentalsperre mangelnden echten Kaffee dienen sollte. In seiner Jugend hatte Jean Paul starken Kaffee als Anregungsmittel beim Schreiben benutzt. Später ging er dafür zu Bier und Wein über ..."
6 A. Butenandt, Förderung der Forschung in Deutschland, in: Bild der Wissenschaft, H. 3, Stuttgart 1965, S. 193.
7 Ibid., S. 199.
8 R. Brunel, Le monachisme errant dans l'Islam, Paris 1955, S. 316–323.
9 C. Hartwich, Die menschlichen Genußmittel, Leipzig 1911, S. 236.
10 Charles Baudelaire, Les Paradis artificiels (Préface de M. Nadeau), Paris 1962, S. 68 ff.
11 Brunel, op. cit., S. 322 f.
12 R. Guénon, Orient et Occident, Paris 1930, S. 151 ff.
13 A. Huxley, The Doors of Perception, New York 1954.
14 R. C. Zaehner, Mystik. Religiös und profan, Stuttgart 1960.
15 Jan Rypka, Iranische Literaturgeschichte, Leipzig 1959, S. 215.
16 Moh. Iqbal (Eqbâl), Le Livre de l'Éternité, Paris 1962, S. 120.
17 R. Gelpke, Von Fahrten in den Weltraum der Seele, in: Antaios, Jg. 3, H. 5, Stuttgart 1962, S. 393 ff.
18 H. Kuhi-Kermâni, Târich-e teryâk ..., Teheran 1324/1945, S. 67 ff.
19 A. Mez, Die Renaissance des Islâms, Heidelberg 1922, S. 380.
20 G. Schenk, Das Buch der Gifte, Berlin 1954, S. 275.
21 L. Klages, Vom kosmogonischen Eros, 2. Aufl., Jena 1926, S. 71.
22 Ibid., S. 73.
23 R. Guénon, op. cit.
24 G. Benn, Provoziertes Leben, Berlin 1960, S. 135.

25 Vgl. Guénon, op. cit., S. 40: „Quoi qu'il en soit, ce que les Occidentaux appellent civilisation, les autres l'appelleraient plutôt barbarie, parce qu'il y manque précisément l'essentiel, c'est-à-dire un principe d'ordre supérieuer ..." etc.
26 Benn, op. cit., S. 136.
27 Ibid., S. 136 ff.
28 E. Jünger, Heliopolis, Tübingen 1949, S. 64. – „Peri" (auszusprechen „päri") ist das persische Wort für „Fee".
29 Ibid., S. 73.
30 Ibid., S. 326.
31 Ibid., S. 75.
32 Ibid., S. 317.
33 Budur (= „bodur", resp. „budûr" heißt arabisch-persisch „Vollmonde" (Plural von „bädr").
34 Ibid., S. 317 f.
35 Ibid., S. 328.
36 Thomas de Quincey, Bekenntnisse eines englischen Opiumessers, Stuttgart 1962, S. 114.
37 Ibid., S. 114.
38 Ibid., S. 121 ff.
39 Jünger, op. cit., S. 393.
40 Ibid., S. 394 (Hervorhebung von mir).
41 Baudelaire, op. cit., S. 49.
42 Ibid., S. 64.
43 Ibid., S. 88.
44 Ibid., S. 98, (vgl. auch S. 51, 99).
45 Ibid., S. 96.
46 Ibid., S. 101.
47 Ibid., S. 145.
48 Jünger, op. cit., S. 326.
49 Ibid., S. 326.
50 Ibid., S. 382.
51 Ibid., S. 193.
52 A. W. Watts, This is it. Essays on Zen and spiritual Experience, London 1961, S. 127 ff.
53 Ibid., S. 144 ff.
54 Vgl. die interessante Sondernummer der „Psychedelie Review" anläßlich des Todes von Aldous Huxley. (Vol. 1, no. 3, Cambridge/Mass. 1964; mit Beiträgen von G. Heard, A. W. Watts, T. Leary, R. G. Wasson, A. Hofmann u. a. m.)
55 Vgl. René Robert, Contribution à l'étude des manifestations neuropsychiques induites par la psylocibine chez le sujet normal (35 protocoles réalisés chez des peintres), Thèse de médicine, Paris 1962. – Rezension dieses Werkes durch Roger Heim, L'art aztèque a-t-il puisé son inspiration dans la drogue? (Le Figaro littéraire 4. 8. 1962, S. 12).

56 A. Hofmann, Die psychotropen Wirkstoffe der mexikanischen Zauberpilze, in: Chimia (Aarau) 14/1960, S. 309 ff.

57 Ibid., S. 310.

58 Ibid., S. 311 f. (Hervorhebungen von mir).

59 Gelpke, op. cit., S. 399 ff.

60 Kaj Birket-Smith, Genußmittel und Rauschgifte bei exotischen Völkern, in: Møller, op. cit., S. 59 f.

61 Vgl. etwa S. Cohen: „For millenia men have explored the psychedelic transformation for a diversity of reasons. Many sought it as a release from the cares of the day; others have hoped to approach their gods with this aid. Some have looked for fearlessness and ferocity and a few for a saturnalia of the senses. They have been used as an ordeal, an initiation, a therapy . . ." (Notes on the Hallucinogenic State, in: International Record of Medecine, vol. 173, no. 6, June 1960, S. 386).

62 Vgl. Baudelaire, op. cit., S. 98: „La volonté surtout est attaquée, de toutes les facultés la plus précieuse."

63 Vgl. Møller, op. cit., S. 22 f.

64 Ibid., S. 23 f.

65 Vgl. H. Pezeschg-zâd, Ketâb-e tamâyoz . . ., Teheran 1337/1959, S. 303. – Bozorg Alavi, Das Land der Rosen und der Nachtigallen, Berlin 1957, S. 151 ff.

66 Hashish: its chemistry and pharmacology (ed. by Wolstenholme and Knight, Ciba Foundation Study Group No. 21), London 1965, S. 1. Ich verdanke den Hinweis meinem Freund, Herrn René Gass, dem Leiter der CIBA-Bibliothek in Basel.

67 Ibid., S. 5.

68 Ibid., S. 14.

69 Vgl. das Kapitel „Der Geheimbund von Alamut – Legende und Wirklichkeit". – Der berühmte Toxikologe L. Lewin schreibt: „Daß die Zubereitungen des indischen Hanfes Wirkungen hervorrufen können, wie die Assassinen sie wünschten, habe ich eingehend dargelegt . . . Es ließe sich ohne Zwang vorstellen, daß eine gewisse Dosis eines Hanfpräparates ihnen zu ihrem Tun den augenblicklichen Willen gegeben habe, wie der *Alkohol* dies unzählige Male getan." (Die Gifte in der Weltgeschichte, Berlin 1920, S. 212 f.)

70 Hashish . . . op. cit., S. 66.

71 Ibid., S. 67.

72 Ibid., S. 91.

73 Ibid., S. 93.

Süchtigkeit und sexuelle Perversion

1 Per From-Hansen, Die Sucht nach Genußmitteln und Rauschgiften, in: Møller, Rauschgifte und Genußmittel, Basel 1951, S. 29 ff., 41.

2 Johannes Cremerius, Was ist Süchtigkeit, Zürich/Stuttgart 1960, S. 51.

3 Ibid., S. 51 f.
4 Ibid., S. 54 ff.
5 Zwei Beispiele solcher Heilungen in meinen Anthologien „Persisches Schatzkästlein" (Basel 1957, S. 67 ff.) und „Ewiges Morgenland" (Basel/Stuttgart 1958, S. 105 ff.).
6 Hans Blüher, Die Rolle der Erotik in der männlichen Gesellschaft, 2. Aufl., Bd. 1, Jena 1919, S. 171 f. – Neuausgabe des Buches durch H.-J. Schoeps, Stuttgart 1962.
7 Ibid., S. 175.
8 Konrad Wolff, Hans Blüher – Wanderer und Philosoph, in: „Basler Nachrichten" vom 22. Juli 1962, S. 12.
9 Blüher, op. cit., S. 105 ff.
10 Ibid., S. 92.
11 Ibid., S. 184, 187.
12 Vgl. S. Cohen, The Beyond within, New York 1964, S. 244.
13 Vgl. H. Helweg (Professor und Oberarzt der psychiatrischen Abteilung des Reichshospitals Kopenhagen): „Während der chronische Alkoholmißbrauch Erkrankungen von Herz, Magen, Leber und Nieren, ja von Nerven und Gehirn mit sich bringt, bleiben die inneren Organe des *Morphinisten* in der Hauptsache ungeschädigt ... Wenn ein solcher Patient die Menge Morphin erhält, die er verwenden muß, und also nicht einer aufreibenden Morphinjagd ausgesetzt wird, kann er sich viele Jahre, ja vielleicht sein ganzes Leben lang halten, ohne daß der Morphinismus Macht über ihn gewänne und ohne daß sich die üblen Folgen geltend machen." (Opium und Morphin, in: Møller, op. cit., S. 334 f.).
14 Vgl. H. Michaux, L'infini turbulent, 2. Aufl., Paris 1964, S. 199. Anm. 1: „D'ailleurs l'alcoolisme y (dans l'ancien Mexique) était puni de mort, tandis que le peyotl, l'aliment des dieux, participait de la religion ..."
15 Vgl. R. Brunel, Le monachisme errant dans l'Islam, Paris 1955, S. 286.
16 Ich verkenne keineswegs die bedeutende Rolle jener mehr oder weniger esoterischen Kreise, die etwa im deutschen Sprachgebiet vom Erbe Stefan Georges zehren, oder die in Frankreich dem Beispiel von André Gide und seinem „Corydon" folgen. Aber diese Menschen führen ein Insel- oder Oasendasein, und die Erfahrung lehrt, daß sie Ausbruchsversuche in die „Welt der anderen" kaum je heil überstehen.
17 Dasselbe gilt auch etwa für Afghanistan; so schreibt O. H. Volk: „Vor der Opiumkonvention spielte die Opiumgewinnung in der Wirtschaft der verkehrsfernen Orte eine sehr wichtige Rolle. Das Verbot der öffentlichen Gewinnung und des Opiumhandels führte zu schweren wirtschaftlichen Rückschlägen, die auch heute noch nicht ganz überwunden sind." (Afghanische Drogen, in Planta Medica, Jg. 3, H. 5, Stuttgart 1955, S 145 – ebenda: „Opiate finden in zahlreichen Geheimmitteln Verwendung ...").
18 Man vergleiche den Artikel Mille et une nuits, in: Dictionnaire de Sexologie (Ed. J.-J. Pauvert, Paris 1962, S. 301 ff.), etwa S. 304: „La vision érotique qui se dégage des ‚Mille et une nuits' est parmi les plus totales qu'une

civilisation ait jamais conçues ... Nous ne croyons pas qu'un tel miracle se soit répété dans d'autres formes de civilisations, bien que l'Inde, la Chine et le Japon en aient approché."

19 D. A. F. Marquis de Sade, Les cent-vingt journées de Sodome (Editionen 1904 und 1935).

20 Sade, Justine (Ed. G. Bataille), Paris 1958, S. 213.

21 André Malraux, La voie royale, Paris 1961, S. 10

22 Françoise d'Eaubonne, Eros noir, Paris 1962, vgl. bes. S. 325 f.

23 Gottfried Benn, Das Genieproblem, in: Provoziertes Leben, Berlin 1960, S. 58 f.

24 Joris-Karl Huysmans, Gegen den Strich (deutsch v. H. Jacob), Zürich 1965, S. 365 ff. (Hervorhebungen von mir).

25 Die beste, mir bekannte Darstellung und Deutung der Gestalt des Monarchen aus abendländischer Sicht ist das Werk von Philipp Wolff-Windegg, Die Gekrönten: Sinn und Sinnbilder des Königstums, Stuttgart 1958.

Rausch und Mystik

1 „Leb und lebe nicht in mir,
um solch hohes Leben werbe,
sterbe, weil ich noch nicht sterbe ..." (deutsch v. M. Vordtriede, in: Castrum Peregrini, Heft 9, Amsterdam 1952, S. 51 ff.).

2 Rumi, Maktab-e Schams (Ed. Endjawi), Teheran 1336/1957, S. 111.

3 Ibid., S. 97.

4 Attâr, Manteq ot-teir (Ed. de Tassy), Paris 1857, S. 157 f.; vgl. meine deutsche Nacherzählung in: R. Gelpke, Ewiges Morgenland, Basel/Stuttgart 1958, S. 110 ff.

5 Erâqi, Kolliât (Ed. Nafisi), 2. Aufl., Teheran 1336/1957, S. 376, 381.

6 Nezâmi (Nizami), Leilâ wa Madschnun (Ed. Dastgerdi), 2. Aufl., Teheran 1333/1954, S. 224.

7 Erâqi, op. cit., S. 380 f.

8 Sa'di, Golestân (Ed. Foroughi), Neudruck Teheran 1329/1950, S. 162.

9 Rumi, op. cit., S. 158.

10 Hâfez, Diwân (Ed. Qazwini-Ghani), Teheran 1341/1962, S. 70.

11 Jan Rypka, Iranische Literaturgeschichte (deutsche Ausgabe), Leipzig 1959, S. 83.

12 Vgl. R. Gelpke, Die iranische Prosaliteratur im 20. Jahrhundert, Wiesbaden 1962, S. 70 ff.

13 Ibid., S. 65.

14 Ibid., S. 78.

15 Ahmad Samarqandi, Tschahâr maqâleh (Ed. Browne), London 1920, S. 51.

16 A. J. Toynbee, Civilization on Trial, London 1946 (4. Aufl. 1957), S. 88.

17 Hans Werthmüller, Der Weltprozeß und die Farben. Grundriß eines integralen Analogiesystems, Stuttgart 1950, S. 16.

18 Ibid., S. 152.
19 Ibid., S. 183.
20 Ibid., S. 97.
21 Ibid., S. 97 f.
22 Ibid., S. 131.
23 Mario Praz, La carne, la morte e il diavolo nella letteratura romantica, Firenze 1930. – Zit. nach der dt. Ausgabe: Liebe, Tod und Teufel, München 1963, S. 141.
24 Nezâmi, Haft peikar (Ed. Dastgerdi), 2. Aufl., Teheran 1334/1956, S. 178 u. Anm. 4.
25 Hundert Fragmente des Novalis, in: Castrum Peregrini, Heft 13, Amsterdam 1953, S. 50.
26 Julius Evola, Metafisica del Sesso, zit. nach der dt. Ausgabe: Metaphysik des Sexus, Stuttgart 1962, S. 142.
27 Jean Herbert, Asien, München 1959, S. 178.
28 Brief vom 15. 5. 1965.
29 Erâqi, op. cit., S. 384.
30 Vgl. Nizami, Leila und Madschnun (Übersetzung und Nachwort v. R. Gelpke), Zürich 1963. – R. Gelpke, Liebe und Wahnsinn als Thema eines persischen Dichters, in: Symbolon, Bd. 4, Basel/Stuttgart 1964, S. 105 ff.
31 Nezâmi, Leili o Madschnun (Ed. Darstgerdi), 2. Aufl., Teheran 1333/1954, S. 62.
32 R. Gelpke, op. cit., S. 111 f.
33 Rumi, op. cit., S. 28.
34 Omar Cheyâm, Tarâneh-hâ-ye Cheiyâm (Ed. Hedâyat), Teheran 1313/1934, S. 102.
35 Ibid., S. 74.
36 R. Gelpke, Die iranische Prosaliteratur im 20. Jahrhundert, Wiesbaden 1962, S. 45.
37 Ibid., S. 74.
38 Ibid., S. 33 f. – Vollständige Übersetzung in: Persische Meistererzähler der Gegenwart (hrsg. v. R. Gelpke), Zürich 1961, S. 157 ff.
39 Op. cit., S. 167 f., 174 f.
40 Vgl. Helmuth v. Glasenapp, Die fünf großen Religionen, Bd. 1, Düsseldorf/Köln 1951, S. 207.
41 Ibid., S. 209, 218.
42 Nizami, Leila und Madschnun, Zürich 1963, S. 299 ff.
43 J. Krishnamurti, Konflikt und Klarheit (Ed. D. Rajagopal), Bern o. J., S. 15, 45.
44 Ibid., S. 204, 213, 230.
45 Zit. nach Kuhi-Kermâni, Târich-e teryâk o teryâki dar Irân, Teheran 1324/1945, S. 84 ff.
46 S. Cohen, The Beyond within, New York 1964, S. 12.
47 Ibid., S. 244 f.
48 Zit. nach A. Huxley, Collected Essays, New York 1960, S. 337.

49 L. Klages, Vom Kosmogonischen Eros, 2. Aufl., Jena 1926, S. 71.
50 G. Benn, Provoziertes Leben, Berlin 1960, S. 57 f.
51 E. Jünger, Heliopolis, Tübingen 1949, S. 394.
52 S. Cohen, op. cit., S. 227.
53 Ch. Baudelaire, Les Paradis artificiels, Paris 1962, S. 121.
54 Kuhi-Kermâni, op. cit., S. 238.
55 Th. de Quincey, Bekenntnisse eines englischen Opiumessers (deutsch v. W. Schmiele), Stuttgart 1962, S. 232.
56 Ibid., S. 232 f.
57 H. Michaux, L'infini turbulent, 2. Aufl., Paris 1964, S. 82 (Anm. 2,3: „la mort serait l'éxtase . . .").
58 R. Gelpke, Von Fahrten in den Weltraum der Seele; über Selbstversuche mit LSD und Psilocybin, in: Antaios, Jg. 3, H. 5, Stuttgart 1962, S. 394 f.
59 S. Mallarmé, Poésies complètes, 2. Aufl., Genève 1948, S. 17 (aus dem Gedicht „Le Guignon").
60 Zit. nach G. Benn, op. cit., S. 139.
61 E. Jünger, op. cit., S. 318.
62 Im gegenwärtigen Zeitpunkt (Herbst 1965) sieht es ganz so aus, als ob die planmäßige Hetze gegen die weitere Erforschung und Anwendung der sakralen Drogen ihr Ziel erreichen sollte. Jedenfalls hat sich die Leitung der Firma Sandoz (Basel) veranlaßt gesehen, die Herstellung von LSD und Psilocybin vorläufig einzustellen.
63 A. Huxley, Drugs that Shape Men's Minds, in: Collected Essays, New York 1960, S. 346.
64 W. N. Pahnke, Drugs and Mysticism. An Analysis of the Relationship between Psychedelic Drugs and the Mystical Consciousness (Manuskript S. 1–260, Harvard University, Cambridge/USA 1963).
65 Nezâmi, Leili o Madschnun, 2. Aufl., Teheran 1333/1954, S. 157.
66 Krishnamurti, op. cit., S. 215 f.
67 Zit. nach Cohen, op. cit., S. 98.
68 Erâqi, op. cit., S. 384 ff.
69 Vgl. meine deutsche Fassung in: Ewiges Morgenland, Basel/Stuttgart 1958, S. 131 f.
70 Nezâmi, op. cit., S. 160.
71 S. Cohen, op. cit., S. 243 f.
72 Krishnamurti, op. cit., S. 234 f.

Nachwort von Michael Klett

Dieses Buch wieder vorzustellen hat einiges Erwägen gekostet. Drogen und Sucht ist in aller Munde. Es gibt eine Faktion, die von Bekämpfung redet mit politischen Protagonisten, die geradezu von Kriegslagen sprechen, und eine andere, die für alle möglichen Varianten von Freigabe votiert. Drogensyndikate und weltumspannende Großkriminalität zwingen wohl auch zu extremen Positionen und radikalen Phantasien.

Mit dieser Gegebenheit hat *Vom Rausch im Orient und Okzident* allerdings wohl nur mittelbar zu tun. Es dürfte die Debatte von umfassend argumentierenden Kreisen beleben. Unter Ärzten, Psychologen, Drogenspezialisten und nachdenklichen Intellektuellen wird auf den anthropologischen Bestand des Rauschbedürfnisses, auf die Ambivalenz von Rausch und psychisch-physiologischer Dependenz von Rauschmitteln und anderen rauschartigen Dispositionen hingewiesen, auf die fundamentale Polarität zwischen Sucht und Genuß. Für diese Auseinandersetzung ist das Buch so neu und unentbehrlich wie vor bald dreißig Jahren, als es ängstlichen Bewahrphilistern und verengten Sicherheitsaposteln eine grundsätzliche Sichtweise auf die Bedingungen menschlicher Existenz geben wollte. Gelpkes Versuch hat deshalb auch einen apologetischen Ton, den er heute nicht mehr haben müßte. Die Erkenntnislage ist naturgemäß eine andere, weil die praktischen Erfahrungen der Drogendezernate, psychoanalytischen und ärztlichen Einrichtungen das Geschehen natürlich enorm bereichern. Insbesondere die Hirn- und Nervenforschung führen uns in ein weites Spektrum von Erkenntnissen vor, die der Leser in diesem Klassiker der jüngeren Rauschliteratur nicht finden kann. Auch berührt dieses Buch nicht das Szenario von Drogen, die gezielt auf Abhängigkeit und Sucht konstruiert sind.

Gelpke tastet sich an etwas anderes heran, indem er zwischen den Zeilen die Frage stellt: Wie soll es mit dem Menschen in der modernen Welt weitergehen? Technik, Massengesellschaft, umfassende Organisation bringen den Menschen immer mehr in einen Zustand, für den er nicht gemacht ist. Wie sich in diesem Treiben eine menschliche Lebenskultur durchsetzen kann, ist offen. Aber die oben angedeutete Symptomatik spricht eine eindeutige Sprache, und in dieser Situation gibt eben die Spannung zwischen rationaler okzidentaler und orientaler oder vormoderner Welt, wie sie Gelpke ausbreitet, einen faszinierenden Anstoß. Die Sehnsucht der Menschen nach einem seelisch reichen Leben, einem Leben, das freilich ohne Fährnisse nicht gelebt werden kann, ist denn auch der Kernaspekt von Gelpkes Anliegen.

Rudolf Gelpke (1928–1972) gehört in die Reihe der Intellektuellen, die sich seit Beginn der Moderne, seit De Quinceys Konfession in der *Terra incognita,* einer Welt der anderen Wahrnehmung, ergehen. Er zitiert und beruft sich auf sie, ob sie nun vorsichtig experimentieren wie eben De Quincey, Aldous Huxley, Michaud oder Ernst Jünger, ob sie ihre künstlerischen Kräfte steigern wollen wie Fusely, Walter Scott und Coleridge, oder ob sie ihrer Insomnia mit einem traumreichen Schlaf begegnen wollen wie Charles Dickens oder Georg IV. von England.

Rudolf Gelpke war nicht eigentlich Literat. Dieses Buch ist denn auch die Arbeit eines Engagierten, der nach Jahren des Reisens und Forschens in dem westlichen ebenso wie dem zu seiner Zeit noch immer exotischen morgenländischen Kulturkreis zu einem klaren Bild des Menschen und seiner Lage in der modernen Welt gelangt ist. Während er seine Professur in Los Angeles versah, kam er in intensive Verbindung mit Timothy Leary und den amerikanischen Intellektuellen, deren Ansinnen sich bis zu Anträgen für eine offizielle Anerkennung privater Drogen- und Rauschkultivierung als Religion steigerte. In Europa waren es vor allem Albert Hoffmann, der Erfinder des LSD, Philipp Wolff-Windegg, der Schriftleiter der Zeitschrift *Antaios,* und Ernst Jünger, mit denen er sein Anliegen erörterte. Die Gespräche hatten, dessen erinnere ich mich gut, die Intensität des ganz Neuen und Anderen. Ein Stimmung des Abenteuerlichen, Gefährlichen herrschte bei diesen Begegnungen. Mit meinem Vater, Ernst Klett, war ich manchmal zugegen und wie jeder eingenommen von der zauberischen Ausstrahlung, die dieser anziehende Mann spendete. Gelpke verfügte über eine Darstellungskraft der Rede, von der sein Buch nur eine schwache Ahnung vermitteln kann.

Ein Mann wie Gelpke beschäftigte die Phantasie eines jeden, der ihn kannte. So mag ich in der Erinnerung etwas mehr zusammentragen als bei weniger exotischen Zeitgenossen. Wenn er zu Besuch kam, so meine ich deshalb, ihn mit einem eleganten Köfferchen vor mir zu sehen, in dem er eine beträchtliche Sammlung von Rauschmitteln aus allen Ecken dieser Erde versammelt hatte: türkisches und indisches Opium, den Rest dieser Essenz aus heruntergerauchten chinesischen Pfeifen, Haschisch aus Nepal, vom Rif, oder Marihuana in verschiedenen Crus, Ololuiqui, die nihilistische Droge, Mescalin und Peyotl, Extrakte sibirischer Fliegenpilze, Hyoscyamus und vieles andere. Er versuchte natürlich auch, allerdings nach ausgedehnter kulturpolitischer Exegese, Proselyten zu machen.

Was er von dem orientalischen Drogenleben berichtete, wies auf eine Kultur, die im Einklang ist zwischen grauen Alltag und Rausch, einen Zustand, den die westliche Welt bislang nicht finden konnte. Sie wird nicht anders können, als unter ihren Bedingungen und nach den Maßstäben ihrer Identität eine ähnliche Balance herzustellen. *Vom Rausch im Orient und Okzident* wird zu den klassischen Handreichungen auf dem schwierigen Weg dahin gehören.

19. Dezember 1994

Kostis Papajorgis
Der Rausch
Ein philosophischer Aperitif

Aus dem Neugriechischen von Gaby Wurster
1993. 182 Seiten, Leinen, ISBN 3-608-91625-3

Wer trinkt, gefällt sich, labt sich, leidet. Es verlangt ihn nach einem Seelenzustand, dessen Geheimnis in einem erbarmungslosen Verlust der Selbstkontrolle liegt. Er ist das gebrochene Glied der sozialen Kette; er öffnet den bösen Geistern der Nüchternheit Tür und Tor – dem Chaos, der Verwirrung, dem Lächerlichen, eben jenem Wahnsinn. Kurz: Er will nicht aufhören, seinen Verstand zu verlieren.

Gestützt auf bekannte und unbekannte Werke der abendländischen Kultur, geführt von den historischen Protagonisten des Alkohols, entfaltet Kostis Papajorgis eine Philosophie der Leidenschaft für das Delirium. Sie beginnt bei Homer und endet bei Malcolm Lowry. Er ist weit davon entfernt, die Betäubung alltäglicher Sorgen zu rechtfertigen oder eine lallende Geselligkeit zu verteidigen.

Klett-Cotta

46.–